Karten und Pläne

Service

Gardasee Impressionen

Ein köstliches Schauspiel

»Selbst Neptun ließ das Meer im Stich und versuchte, dem Benacus die Herrschaft zu entreißen.« Agostino Brenzone

Seit der Antike wurde der Gardasee, den die Römer *Lacus benacus* nannten, seiner Anmut und Schönheit wegen immer wieder von Literaten gerühmt.

»Heute Abend hätte ich können in Verona sein, aber es lag mir noch eine herrliche Naturwirkung an der Seite, ein köstliches Schauspiel, der Gardasee, den wollte ich nicht versäumen, und ich bin herrlich für meinen Umweg belohnt«, schrieb Goethe im September 1786 am Beginn seiner Italienreise.

Was für den Dichter ein Umweg war, ist inzwischen für viele zum ersehnten Ziel geworden. Kaum eine Landschaft hat Nordeuropäer so fasziniert und angezogen wie der Gardasee, der seit langem als Inbegriff des Italienerlebnisses gilt. Das milde Klima, die Vielfalt an Farben und Stimmungen, der beeindruckende Gegensatz von dramatischem Gebirge und sanften Hügeln zog über Jahrhunderte Schriftsteller, Dichter, Wissenschaftler und Humanisten an.

In den letzten dreißig Jahren hat sich der **Gardasee** zu einem idealen **Feriengebiet** entwickelt. Die landschaftliche Vielfalt ermöglicht neben jeder Art von *Wassersport* auch andere Aktivsportarten wie *Bergsteigen*, *Wandern*, *Reiten* und *Golfspielen*. Nicht zuletzt präsentieren sich die Orte am Gardasee und die Städte in der näheren Umgebung dem Bildungsreisenden als eine bedeutende *Kulturlandschaft*, deren Denkmäler bis in die Bronzezeit zurückreichen. Etrusker, Römer, Ostgoten, Langobarden, Franken, Scaliger und Venetier beherrschten im

Verlauf der Jahrhunderte die Region und hinterließen eine Vielfalt an Architektur und Kunstwerken. Neben Resten römischer Villen in **Desenzano** und **Sirmione** tritt vor allem die Kirchenbaukunst der Romanik mit bedeutenden Beispielen u. a. in **Verona**, **Trient** und **Brescia** hervor. Bauwerke der italienischen Frühgotik und der Renaissance venezianischer Prägung sind Zeugnisse der folgenden Epochen. Die Malerei bringt unter dem Einfluss von Meistern aus Padua (Mantegna) und Venedig (Tiepolo, Tintoretto) beachtenswerte Werke hervor.

Dem Verlauf der Uferstraßen am Gardasee folgend, gliedert sich die Reisebeschreibung der Orte und Landschaften zunächst in zwei Hauptteile, die jeweils durch Ausflüge ins Hinterland ergänzt werden.

Links: *Das Dante-Denkmal auf der Piazza dei Signori in Verona erinnert daran, dass der Dichter 1302 hier Zuflucht fand*
Unten: *Die schönsten Sonnenuntergänge erlebt man auf der Punta San Vigilio*

Die erste Reiseroute führt den Besucher entlang des Ostufers über die **Gardesana orientale** von Torbole bis Sirmione. Auf der zweiten Route über die **Gardesana occidentale** wird das Westufer von Riva del Garda bis Desenzano erkundet. Es schließen sich **Lonato** und **Brescia** westlich des Gardasees an. Im dritten Abschnitt werden zwischen **Trient** und **Verona** die bedeutenden Städte und Landschaften der östlich vom Gardasee gelegenen Region vorgestellt.

Hinweise auf Informationsstellen, Hotels und Restaurants sind den jeweiligen Städten und Orten angegliedert, um schnelles Auffinden zu ermöglichen. Die Auswahl basiert auf persönlichen Erfahrungen und ist daher subjektiv.

Gebirgslandschaft mit südlichem Flair

Als »edelsteinhafte Transparenz, jenseitiges Blau« beschrieb Eckart Peterich die ungewöhnlichen Farbnuancen des Was-

Oben links: *Auf dem Domplatz von Trient erhebt sich der barocke Neptunbrunnen; im Hintergrund die Fassaden der Rella-Häuser*
Unten links: *Jeden Tag findet der Markt in irgendeinem Ort am Gardasee statt*
Oben rechts: *Die malerische Dachlandschaft von Limone*
Unten Mitte: *Die Hochebene von Tremosine*

sers, das die Winde des Südens oft mit intensivem Grün mischen, während die von Norden wehenden ein tiefes Blau, ja sogar eine unheimliche Schwärze erzeugen.

Fjordartig drängt sich der **Nordteil** des Sees zwischen das beherrschende Monte-Baldo-Massiv und die Brescianer Alpen. Kristallklar und kühl bietet er das typische Bild eines Gebirgssees. Nach Süden hin öffnet er sich fächerartig, anmutig schmiegt er sich in das sanft gewellte ›Moränenamphitheater‹. Ölbäume und Weinstöcke charakterisieren die Hänge am **Ost-** und **Südufer**, während sich im **Westen**, sobald das Gebirge mit den steilen Felsabstürzen zu Ende geht, eine üppige subtropische Vegetation entwickelt. Pflanzen, die den Mittelmeerraum vorausnehmen, gedeihen hier in verschwenderischer Pracht: Oleander, Mimosen, Akazien, Hibiskus und Bougainvillea. Früher belebten auch Zitrushaine die Ufer des Sees. Ihre Früchte waren Markenzeichen für die Qualität der heimischen Produkte. Kalte Winter und Konkurrenz aus dem Süden machten ihnen den Garaus. Nur hier und da blieben ein paar ›Limonaie‹ (eine Kombination aus Zitronenhain und Gewächshaus) erhalten; sie wecken die Erinnerung an Zeiten, als auch der Gardasee ein Land war, »wo die Zitronen blühen«.

Am Rande der großen Durchgangsstraßen von Norden nach Süden und von

Osten nach Westen gelegen, lockt der See als eine südländische Oase zwischen Alpen und Poebene, ein Ruhepol und Verbindungsglied zwischen Nordeuropa und dem Mittelmeerraum.

Mit fast 52 km Länge und einer Ausdehnung von ca. 370 km^2 ist er der größte See Italiens. In der Tiefe erreicht er 346 m. **Erdgeschichtlich** geht sein Ursprung auf die Eiszeiten zurück, deren gewaltige Gletscher tiefe Einschnitte in das Gebirge gruben und jene gigantischen Felsformationen schufen, die sowohl das Etschtal als auch das Sarcatal auszeichnen. Als das Eis schmolz und nach Süden abfloss, lagerte sich der Schutt des zermahlenen Gerölls als Moränenhügel zwischen Verona und Brescia ab, welche die Menschen seit Jahrhunderten als fruchtbares Weinland nutzen. In der mit schmelzendem Eis ausgefüllten riesigen Talmulde bildete sich die Wasserfläche des Sees, dessen Ränder tief in die fast senkrecht abstürzenden Bergwände reichten.

Einen besonderen Platz in der Entwicklungsgeschichte des Gardasees nimmt der **Monte Baldo** am Ostufer ein. Während das Eis meterdick die Täler füllte, blieb das über 2000 m hohe Massiv unbedeckt. Seine Höhen bewahrten dadurch eine eigentümliche endemische **Flora**, die später auftretende Alpengewächse bereicherten. Seit dem 15. Jh. begannen Botaniker, diesen ›Garten Italiens‹ zu erforschen, und sie berichteten von der »süßen, unglaublichen und erhabenen« Schönheit dieser Landschaft und ihrer Pflanzenwelt. Einzigartig sind die *Baldoanemonen* (*Anemone baldensis*), die wilden, rotblühenden *Pfingstrosen* sowie die *Segge* vom Monte Baldo (*Carex baldensis*), zu denen sich Edelweiß, Enzian, Alpenrosen und seltene Orchideenarten gesellen. Im frühen Sommer fügen sie sich zu einem ganz besonderen Farb- und Duftteppich. Vielfältig sind auch die *Heilkräuter*, die in dem weiten Almengebiet wachsen. Das lang hingestreckte Massiv mit den Gipfeln Monte Altissimo, Bocca di Navene, Valdritta, Monte Maggiore und Coàl Santo ist darüber hinaus ein abwechslungsreiches Wandergebiet, in das Hütten, Almbauernhöfe und kleine Dörfer eingebettet liegen. Im Winter lockt es die Skifahrer an, die mit der Seilbahn von Malcesine herauffahren.

Beherrscht von vielen Völkern

Nach der Eiszeit begannen sich die Menschen in den Hügeln und Talböden anzusiedeln. Überreste prähistorischer Pfahlbauten fand man zwischen Desenzano und Lonato sowie am Ledrosee. Höhlenzeichnungen an den Hängen des Monte Baldo bei Torri del Benaco berichten von frühen Kulturen. Im Laufe der Jahrhunderte ließen sich verschiedene Volksstämme an den Ufern des Sees nieder. Die **Kelten** gaben ihm den Namen ›Benacus‹, was vermutlich ›See der Halbinseln‹ bedeutet.

Oben links: *Die Arena von Verona im Glanz einer nächtlichen Aufführung der Oper Aida*
Oben rechts: *Kulinarische Freuden unter freiem Himmel in Riva*
Unten Mitte: *Die Marina von Lazise schiebt sich weit in den Ort hinein*

Mit den **Römern** begann im 2. Jh. v. Chr. die systematische Kultivierung der Region. Infolge der Christianisierung seit dem 4. Jh. entstanden neben Klöstern auch Straßen, die vor allem im Süden das Seegebiet erschlossen. Die wechselnde Herrschaft von Visconti, Scaligern, Trienter und Brescianer Bischöfen in den folgenden Jahrhunderten prägte die Kultur und die Architektur am See. Sie gab Orten wie Riva del Garda, Malcesine, Torri del Benaco, Garda, Sirmione, Salò oder Desenzano ihren besonderen Charakter. Vor allem Verona und Brescia machten ihren Einfluss geltend, ehe **Venedigs** lange Herrschaft begann. Doch auch Langobarden, Franken, Staufer und andere Herrscher des Nordens hinterließen ihre Spuren in dieser großartigen Landschaft, die schon früh die Sehnsucht und Begierde der Völker des Nordens erregte. Ihnen

verdankt der See auch den neuen Namen ›Garda‹.

Nach den Venezianern kamen **Franzosen** und **Österreicher**. Zielstrebig bemächtigten sie sich der strategisch wichtigen Straßen, die den Norden mit dem Süden verbinden. Lange sollte es dauern, bis Oberitalien endlich seine Eigenständigkeit wiedererkämpft hatte.

Beliebt bei allen Urlaubern

Den kriegerischen Heeren folgte der **Tourismus**, langsam zuerst und mit Noblesse. Vor allem das Gebiet um Salò und Gardone bewahrt die Erinnerung und die Zeugnisse dieser Epoche. Nach dem Zweiten Weltkrieg setzte der Massentourismus ein. Segler und Surfer entdeckten die sportliche Herausforderung der Winde, die über den See fegen. Die Urlauber der Neuzeit lösten die feinsinnigen Genießer der Vergangenheit ab, die Landschaft, Natur und Kultur noch um ihrer selbst willen gefeiert hatten. Dieser moderne Tourismus erschloss den Seebewohnern zwar reiche Geldquellen, er veränderte aber das harmonische Bild dieser Landschaft ebenso wie die traditionelle Lebensart ihrer Bewohner. Erst jetzt, da die Probleme eines überdimensionierten Tourismus immer drängender werden, beginnt man sich neu zu besinnen. Zaghafte Anzeichen einer Wende von Quantität zu Qualität und einer Wiederbelebung alter Traditionen machen sich bemerkbar.

Der Reiseführer

Dieser Band stellt das **Reisegebiet Gardasee** mit den Städten **Brescia**, **Trient** und **Verona** in *fünf Kapiteln* vor. Die Autorin beschreibt zunächst die Sehenswürdigkeiten der Ostküste des Sees (Gardesana orientale), dann die der Westküste (Gardesana occidentale), wobei die Reise jeweils von Nord nach Süd führt. Die Darstellung der großen Städte schließt sich an. *Übersichtskarten* und *Stadtpläne* erleichtern die Orientierung. Besondere Empfehlungen zu Sehenswürdigkeiten, Hotels, Restaurants oder schönen Landschaften bieten die **Top Tipps**. Den Besichtigungspunkten sind **Praktische Hinweise** mit Tourismusbüros sowie Hotel- und Restaurantadressen angegliedert. Der **Aktuelle Teil** bietet alphabetisch geordnet Nützliches von Informationen vor Reiseantritt über Sportmöglichkeiten bis zu Verkehrsmitteln. Hinzu kommt ein umfangreicher **Sprachführer**. **Kurzessays** runden den Reiseführer ab.

Geschichte, Kunst, Kultur im Überblick

Von Kelten, Römern, Goten, Venezianern, Langobarden und Urlaubern aus aller Welt

Das Gardaseegebiet und das benachbarte Etschtal, die am Schnittpunkt bedeutender Durchgangsstraßen von Norden nach Süden und von Osten nach Westen liegen, haben eine lange, bewegte Geschichte. Die Wurzeln der Besiedlung reichen weit zurück.

2000 v. Chr. Die Pfahlbautenfunde in der Nähe von Malcesine und Pai, am Ledrosee und im Tennotal zeugen ebenso wie die Felszeichnungen an den Hängen des Monte Baldo (z. B. bei Torri) von prähistorischen Kulturen.

um 1000 v. Chr. Ligurer besiedeln den Westen Oberitaliens, die Veneter den Osten.

6. Jh. v. Chr. Bedrängt von Etruskern, ziehen sich die Veneter zurück.

5. Jh. v. Chr. Besiedlung durch gallische Cenomanen, die u. a. Verona und Brixia (Brescia) gründen. ›Benacus‹, der alte Name des Gardasees, soll auf diese Kelten zurückgehen.

2. Jh. v. Chr. Gründung der römischen Provinz Gallia Cisalpina. Anomannen und Veneter arrangieren sich mit dem Römischen Reich.

101 v. Chr. Kimbern und Teutonen dringen durch das Etschtal nach Oberitalien vor.

89 v. Chr. Verona wird römische Kolonie und erhält damit neue Rechte. 49 v. Chr. erlangen die Einwohner der Stadt das römische Bürgerrecht.

Römische Münze mit dem Bildnis Caesars

Rekonstruktion von Pfahlbauten am Ledrosee

59–49 v. Chr. Caesar ist Statthalter der Provinz Gallia Cisalpina. Verona wird zu einem strategisch wichtigen Kreuzungspunkt an der Via Gallia von Brixia (Brescia) zur Adria und der Via Claudia Augusta von der Etsch über die Alpen nach Norden. Zur Sicherung der Via Claudia Augusta wird Trient, eine Gründung von Cenomanen aus dem 5. Jh., zur Militärstation ausgebaut. 46 n. Chr. erhalten die Bewohner des Trentino römische Bürgerrechte.

4. Jh. n. Chr. Das Christentum breitet sich an den Ufern des Gardasees und in den umliegenden Provinzen aus. In Verona gelingt Bischof San Zeno (gest. 372) eine durchgreifende Christianisierung.

395 Teilung des Römischen Reiches in Westrom und Ostrom; Norditalien fällt an das Weströmische Reich.

401 Einfälle der Westgoten unter Alarich in die Region.

403 Belagerung Veronas durch Alarich, die jedoch abgewehrt werden kann.

452 Attilas Heere erobern Verona und verwüsten die Stadt. Papst Leo I. trifft sich mit dem Hunnenkönig in Peschiera; die asiatischen Reiterscharen ziehen sich auf sein Drängen zurück.

476 Der Germane Odoaker – ein Söldnerführer westgotischer Abstammung – ernennt sich selbst zum römischen König.

493 Sieg des Ostgotenkönigs Theoderich (Dietrich von Bern) über Odoaker. Bis zu seinem Tod 526 residiert der König abwechselnd in Ravenna und Verona. Er regiert das Weströmische Reich bis zu seinem Tod im Jahre 526.

568 Die Langobarden dringen mit ihrem Führer Alboin in Oberitalien ein. Verona wird Sitz der langobardischen Fürsten und Könige.

773–774 Karl d. Gr. erobert das langobardische Reich und verleiht seinem Sohn Pippin den Königstitel von Italien. Die Mark Verona, zu der auch der Gardasee gehört, wird gegründet. Die häufige Anwesenheit Pippins verleiht Verona den Charakter einer Hauptstadt.

ca. 800 Am Ostufer des Gardasees hat sich ein Gebiet eigener Gerichtsbarkeit gebildet, die ›Corte di Garda‹. Ab 849 zunehmende Unabhängigkeit von Verona.

888–962 Das Erstarken einheimischer Vasallenfürsten

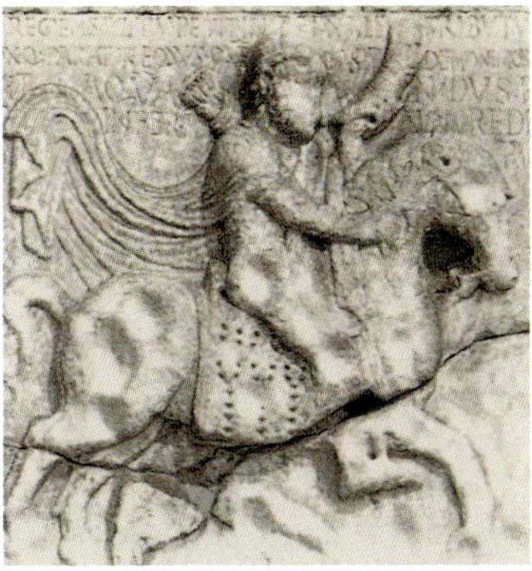

Der Ostgotenkönig Theoderich trat das Erbe des untergegangenen Römischen Reiches an

Wappen des Geschlechts der Scaliger mit der Leiter (Scala)

bringt eine Zeit politischer Wirren und Kämpfe.

888–924 Der Langobardenkönig Berengar I. versucht die Wiedererrichtung eines italienischen Königreiches, wird von den Burgundern besiegt und in Verona ermordet.

951 Die Wirren in der Nachfolge Berengars rufen Otto I. auf den Plan. Er besetzt Oberitalien und wird 962 vom Papst gekrönt. Die deutschen Kaiser betrachten hinfort Italien als legitimes Erbe. Die Mark Verona und der Gardasee fallen an das Herzogtum Bayern.

976 Reichstag in Verona unter Otto II., es entstehen unabhängige Stadtstaaten, die sich aus dem Joch der Fürsten zu lösen versuchen. Die Bürger der Städte übernehmen nun selbst die Regierung. Nur in den Marken, in Friaul, Verona und Tuszien herrscht vorerst noch der Feudaladel. Beginn der Kämpfe zwischen kaisertreuen Ghibellinen und papsttreuen Guelfen.

ab 1000 Die erstarkenden italienischen Stadtstaaten lösen sich mehr und mehr aus dem Joch der Fürsten.

1154–83 Kriegszüge Kaiser Friedrich Barbarossas gegen die lombardischen Städte, die inzwischen große Macht erlangt haben. Auch die Ortschaften am östlichen Ufer des Gardasees werden in Mitleidenschaft gezogen. Im Etschtal wird die Veroneser Klause von den Kaiserlichen gestürmt. Dagegen behaupten sich Garda und Torri 1158 gegen die kaiserlichen Heere.

1163/64 Gründung der Veroneser Liga gegen den Kaiser.

1168 Die oberitalienischen Städte schließen sich zur Lega Lombarda, der Lombardischen Liga, zusammen und vereinen sich mit der Veroneser Liga.

1176 Sieg des Städtebundes über Barbarossa bei Legnano.

1183 Frieden von Konstanz: Die Städte der Lombardischen Liga erhalten

1435 transportieren die Venezianer Galeeren über den Pass von Nago zum Gardasee

Oben: *Kaiser Otto II. hält 976 Reichstag in Verona*
Unten: *Seine Familie prägte die Region um den Gardasee: Cansignorio della Scala*

weitgehend das Recht zur Selbstverwaltung.

1227–59 Heftige Auseinandersetzungen zwischen Guelfen und Ghibellinen, die vor allem in Verona zu blutigen Kämpfen führen. 1226 ist Ezzelino da Romano, ein Verbündeter Friedrichs II., in Verona als ›Podestà‹ an die Macht gelangt. 1258 gelingt es ihm, Brescia zu erobern.

1260–1387 Die guelfischen Adelsfamilien Veronas verbinden sich gegen Ezzelino und werden von Mantua, Ferrara sowie Papst Innozenz IV. unterstützt. Nach Ezzelinos Niederlage in der Schlacht von Cassano d'Adda gelangt Mastino della Scala 1259 an die Macht. Mit ihm beginnt die lange Herrschaftsperiode der Scaliger in Verona, die in ihrem Wappen eine Leiter (Scala) als Emblem tragen. Verona sowie die Region Gardasee erleben unter ihrer Regierung eine große Blütezeit. Unter Cangrande della Scala (1311–29) werden die Ghibellinen zur wichtigsten politischen Stütze des Kaisers in Oberitalien.

1387–1405 Die von Tyrannei und Brudermord begleitete Herrschaft der letzten Scaliger endet 1387 mit der Flucht Antonio della Scalas. Das Mailänder Geschlecht der Visconti bemächtigt sich Veronas und des Gardasees.

1405 Venedig entreißt dem Erzrivalen Mailand Verona und die veronesischen Marken und gliedert sie seinem Besitz auf der Terra ferma, dem Festland, an.

1428 Die Republik Venedig erobert auch Brescia, das bis 1797 unter der Herrschaft des ›Löwen von San Marco‹ bleibt.

1437 Der Konflikt Venedigs mit den Visconti führt zu einem Seekrieg auf dem Gardasee. Venedig schafft 6 Galeeren und 25 Barken von der Etsch über den Pass von Nago nach Torbole.

1521 Riva geht an den Kaiser verloren und wird dem Fürstbistum Trient angegliedert.

1796 Napoleon erobert die Lombardei und Venetien; damit ist das Ende der venezianischen Republik besiegelt.

1797 Frieden von Campo Formio: Das westliche Ufer des Gardasees fällt an die von Napoleon gegründete Cisalpinische Republik, das Ostufer und Verona werden österreichisch.

1805 Im Frieden von Pressburg muss Österreich Venetien an das von Napoleon gegründete Königreich Italien abtreten; Trient fällt an Bayern.

1814–15 Der Wiener Kongress verfügt nach Napoleons Sturz, dass das Veneto und die Lombardei wieder Österreich zugeteilt werden.

1848–70 Die italienische Einigungsbewegung – das Risorgimento – führt zu blutigen Kämpfen im Verlauf der italienisch-österreichischen Kriege von 1859 (Schlacht von Solferino) und 1866 (Schlacht bei Custoza).

1861 Vittorio Emanuele II. von Sardinien wird mit Billigung des ersten italienischen Parlaments König von Italien.

1866 Die Lombardei und das Veneto werden an das neu gegründete Königreich Italien abgetreten. Das Trentino mit Riva bleibt bei Österreich.

1870 Einigung ganz Italiens; Rom wird Hauptstadt.

1918 Im Ersten Weltkrieg erbitterte Kämpfe der Italiener gegen die Österreicher, vor allem bei Rovereto.

1919 Im Frieden von Saint Germain muss Österreich auch das nördliche Ufer des Gardasees und Trient an Italien abgeben.

1928/29 Extreme Fröste zerstören die meisten Orangen- und Zitonenhaine am Gardasee. Viele Bauern verlieren ihre Existenzgrundlage. Vom ›schwarzen Winter‹ erholt sich die Produktion nicht mehr.

1938 Der Dichter Gabriele d'Annunzio stirbt in seiner Villa in Gardone am Gardasee.

1943 Benito Mussolini, Verbündeter Hitlers im Zweiten Weltkrieg, gründet nach seinem Sturz in Rom in Salò am Gardasee eine faschistische Republik, die de facto von der deutschen SS kontrolliert wird. Die Alliierten rücken von Süditalien nach Norden vor.

1945 Auf der Flucht in die Schweiz wird Mussolini, der ›Duce‹, am Comer See von kommunistischen Partisanen erschossen und der Leichnam in Mailand öffentlich aufgehängt.

1946 Italien wird Republik.

1948 Trient wird ebenso wie Südtirol eine autonome Provinz mit Landesrat und Landesregierung.

1955 Gründung der Comunità del Garda, einer Institution, die sich provinzübergreifend um die wirtschaftlichen und touristischen Belange der Gemeinden rund um den See, in den Bergregionen und einem Teil des Minciotals kümmert.

1970 Einteilung des italienischen Staates in 20 Regionen. Beginn einer wachsenden touristischen Entwicklung im Gebiet rund um den Gardasee.

1977 Planung und Bau eines groß angelegten Kanalsystems zur Reinhaltung des Gardasees. In Peschiera entsteht eine zentrale Kläranlage für die Abwässer der Seegemeinden. Kleinere Kläranlagen werden in Torbole, Riva, Limone, Tremosine und Tignale gebaut.

1982 In Trient beginnen nun grundlegende Restaurierungsarbeiten, die der Stadt in den folgenden 15 Jahren ihren alten Glanz wiederverleihen.

1960–90 Der Tourismus breitet sich im Gardaseegebiet kontinuierlich aus. Von ca. 2,2 Mio. Gästen 1960 steigt die Zahl auf 4,5 Mio. im Jahr 1990. Starker Ausbau der Beherbergungskapazitäten.

1996 Seit Beginn der 1990er-Jahre ist die Entwicklung des Tourismus starken Schwankungen unterworfen. Man besinnt sich auf mehr Qualität statt Quantität.

2000 Eröffnung des Museums der Stadt Brescia ›Santa Giulia‹ in einem mittelalterlichen Klosterkomplex. – Die UNESCO ernennt die Altstadt von Verona zum Weltkulturerbe.

2002 Zwischen Malcesine und dem Monte Baldo wird eine hochmoderne Seilbahn eröffnet. – Am 15. Dezember öffnet in Rovereto das neu erbaute Museo d'Arte Moderna e Contemporanea di Trento e Rovereto (MART) seine Pforten.

2004 In Brescia wird das Museo della Mille Miglia in dem ehemaligen Klosterkomplex S. Eufemia eingeweiht. – Im November erschüttert ein Erdbeben der Stärke 5,2 die Region. Vor allem in der Umgebung von Salò und im Valténesi richtet es schwere Schäden an. Einige Menschen werden leicht verletzt.

◁ *Die ersten vier Präsidenten der Republik Italien (v.l.n.r.): Antonio Segni (1962–64), Enrico de Nicola (1946–48), Giovanni Gronchi (1955–62), Luigi Einaudi (1948-55)*

An der Punta San Vigilio zeigt sich der Gardasee von seiner schönsten Seite

Unterwegs

Gardesana orientale – Traumlandschaft zwischen See und Olivenhainen

Fjordartig schiebt sich der Gardasee an seinem nördlichen Ende zwischen das Gebirge. Südlich von Riva und Torbole fallen auf beiden Seiten steile Felswände in den See, die von Gletschern glatt geschliffen wurden und nur schwer zu überwinden sind. Über Jahrhunderte gab es nur Saumpfade, die mühsam und gefahrvoll zu begehen waren. Erst nach dem Abzug der österreichischen Truppen aus dem Trentino 1918 machte man sich daran, **Straßen** zu bauen. Die Gardesana orientale am Ostufer war 1929 fertig gestellt, die Straße am Westufer, Gardesana occidentale, erst zwei Jahre später. Bis dahin dienten Boote als Verkehrsmittel, mit denen man von einer Ortschaft zur anderen gelangte, was unter Umständen recht gefährlich und abenteuerlich sein konnte, denn die heftigen Winde des nördlichen Gardasees darf man nicht unterschätzen.

Durch die Temperaturunterschiede zwischen Wasser und Land entstehen die regelmäßig über den See wehenden **Winde**. Am Vormittag fällt der Tramon-

tana oder Sover aus dem Gebirge im Norden herab. Um die Mittagszeit, nach einer kurzen Pause, kommt die Ora auf, die aus dem Süden nach Norden weht. Stürmisch und tückisch können die Fallwinde aus den Seitentälern und von den Hügeln im Süden sein.

Die **Gardesana orientale** führt auf einer Länge von 65 km am Ostufer des Gardasees entlang. Sie verbindet Torbole im Norden mit Peschiera im Süden. Wie Perlen reihen sich die Ortschaften mit kleinen Häfen, krummen Gassen und bunten Häusern am Ufer aneinander. Man nennt diese Strecke auch **Riviera degli Olivi**, denn die jahrhundertealten Olivenbäume sind gewissermaßen die Wahrzeichen des östlichen Gardaseeufers. Die mediterrane Vegetation des Ufers verliert sich mit zunehmender Höhe. Die silbern schimmernden Olivenhaine machen der einzigartigen und charakteristischen Flora des **Monte Baldo** Platz, der die Alpenlandschaft des Trentino mit der Veroneser Ebene verbindet und mit seinem gewaltigen Rücken den Gardasee vom Etschtal trennt. Dank der Vielfalt an Blumen, Pflanzen und Kräutern nennt man ihn **Hortus Europae**. Viele der hier anzutreffenden Gewächse sind endemisch: Da die Gipfelregionen während der Eiszeiten frei von Vergletscherungen blieben, konnten sich Pflanzenarten erhalten, die im übrigen Alpenraum nicht mehr vorkommen, wie beispielsweise die wilden Pfingstrosen oder die Baldoanemonen. Der dem Süden zugewendete Kalkrücken des Monte Baldo gleicht daher einem riesigen Alpengarten.

Torbole am Nordende des Gardasees; diese Landschaft inspirierte Goethe bei seiner ›Iphigenie‹

Die Bucht von Torbole lockt mit ihren starken Winden die Surfer an

1 Torbole

Ein Dorado für Segler und Surfer.

Das ehemalige Fischerdorf breitet sich an der Mündung der Sarca in einem sonnigen Talgrund zwischen der schroffen Felsbank des Monte Brione (374 m) und den Ausläufern des Monte Baldo aus. Als Goethe hier am 12. September 1786 eintraf, war der Ort noch ein verträumtes Nest mit einem malerischen Hafen zu Füßen des schützenden Berghanges. Das Zollhäuschen an der Hafenmole erinnert an den Aufenthalt des Dichters, ebenso ein Medaillon am Albertihaus im Ortskern. Im Zollhaus soll Goethe die Umarbeitung der 1779 beendeten ›Iphigenie auf Tauris‹ begonnen haben. Die Dichtung, die er selbst als »höckerig« und »übelklingend« bezeichnete, sollte hier verbessert werden. Die italienische Landschaft als Abglanz des klassischen Griechenland erschien ihm als geeigneter Ort für neue Inspirationen. »Am Gardasee ... zog ich die ersten Linien der neuen Bearbeitung.«

Bei Nago: Geschützt durch die Berghänge gedeihen Weinreben im Sarcatal

Von der Beschaulichkeit aus Goethes Zeiten ist heute nichts mehr zu spüren. Torbole ist zu einem quirligen Platz für Surfer geworden, die die aus den Höhen von Nago einfallenden starken Winde nutzen. In den Straßen entlang der Uferpromenade parkt Auto an Auto, drängen sich Sportler und Schaulustige, denn der Anblick der bunten, kunstvoll über den See flitzenden Segel vor der grandiosen Bergkulisse hat einen besonderen Reiz.

Ruhiger und altertümlicher erscheint der über Torbole liegende Ortsteil **Nago**. Seine verwinkelten Gassen und pittoresken Häuser laden zum Entdecken ein.

Sehenswert sind die nahe der Straße zwischen Nago und Torbole gelegenen **Marmitte dei Giganti** (der Fußpfad dorthin ist ausgeschildert), runde, in den Fels tief eingeschliffene Gletschermühlen aus der Eiszeit. Auf einem kahlen, über den See vorspringenden Fels steht unweit von Nago die Ruine des einst mächtigen **Castello Penede**. Es bewachte bis zu seiner Zerstörung durch die Franzosen 1703 die strategisch wichtige Zugangsstraße zum See. Die Burg war zwischen den Familien der Castelbarco, der Arco und der Bischöfe von Trient heftig umkämpft; später fiel sie in die Hände der Venezianer. Ein Ausflug zu der Ruine lohnt schon wegen des malerischen Panoramablickes über den Gardasee und die umliegenden Ortschaften.

i Praktische Hinweise

Information

IAT-Ufficio Informazioni Torbole, Via Lungolago Verona, 19, Torbole Tel. 04 64 50 51 77, Fax 04 64 50 56 43

Hotels

******Atlantic Clubhotel**, Nago, Tel. 04 64 54 82 00, Fax 04 64 54 82 29, www.atlanticclubhotel.it. Die klare, moderne Architektur und die Lage mit einem einzigartigen Blick über den Nordteil des Sees geben dem Hotel eine besondere Note

******Hotel Lido Blu**, Via Foci del Sarca, 1, Torbole, Tel. 04 64 50 51 80, Fax 04 64 50 59 31, www.lidoblu.it. Modernes Surfhotel direkt am See.

******Piccolo Mondo**, Via Matteotti, 7, Torbole, Tel. 04 64 50 52 71, Fax 04 64 50 52 95, www.hotelpiccolomondotorbole.it. Haus der Familie Chiesa in Seenähe, vor allem für Sportfans.

Der Schiffstransport über Land

Der Pass San Giovanni zwischen dem Etschtal und Torbole ist durch ein besonderes Ereignis in die Geschichte eingegangen.

1437 lagen die **Venezianer** mit den **Visconti** von Mailand in einem erbitterten Krieg. Brescia, das Venedig gehörte, war von Mailändischen Truppen eingeschlossen. Um der Stadt zu Hilfe zu kommen, gab es nur den Weg über den Gardasee, wo die Mailänder jedoch Riva besetzt hielten. Den Venezianern blieb nur der Weg über das Gebirge, da der Wasserweg im Süden über den Mincio von den Visconti durch die gewaltige befestigte Brücke bei Valeggio gesperrt war. **Nicolo Sorbolo** entwickelte den abenteuerlichen Plan, Galeeren und Boote über das Gebirge nach Torbole zu schaffen, um von dort aus die Visconti anzugreifen.

Der Chronist und Historiker **Sebellico** hat das Unterfangen geschildert: »Er verbrachte also die Boote (von der Adria) die Etsch hinauf bis Verona; nachdem er Ochsen ins Joch gelegt, brachte er sie unter enormer Mühe zu einem Ort, der Mauro (Mori) genannt wird ...«. Sebellico schildert dann, wie die Schiffe über den Loppiosee gebracht und unter größten Schwierigkeiten den Pass hinaufgeschafft wurden. Nicht minder schwierig war der steile Abstieg zum Gardasee. »Und ich habe diesen Ort (den Pass) oftmals nicht ohne großes Erstaunen betrachtet und niemand hätte mich davon überzeugen können, dass so großes Gewicht durch diese Wildnis des Bergs hätte gezogen werden können ...«.

Nachdem 6 Galeeren, 2 Galeonen und 26 Barken auf den See gesetzt worden waren, kam es am 20. 11. 1439 zum Gefecht mit den Mailändern, die einen Teil der venezianischen Flotte versenkten. Neue Schiffe mussten – diesmal vor Ort – gebaut werden. Die Entscheidungsschlacht konnten die Venezianer im April 1440 jedoch für sich gewinnen. Bei Riva besiegten sie die Visconti-Flotte und nahmen die Stadt ein. Damit hatten sie die Herrschaft über den Gardasee gewonnen.

Malcesine: zwischen See und dem Massiv des Monte Baldo gelegen

Restaurant

TOP TIPP **La Terrazza**, Via Benaco, 14, Torbole, Tel. 04 64 50 60 83. Stimmungsvolles Restaurant am See mit sehr guten Fischgerichten.

2 Malcesine

Ein mittelalterlicher Ort mit Scaligerburg, in der der ahnungslose Goethe beinah als Spion verhaftet worden wäre.

Seiner schönen Lage und seines romantischen Ambientes wegen ist dieser Ort einer der beliebtesten am See, allerdings auch einer der touristisch am meisten überlaufenen. Die beeindruckendste Aussicht hat man, wenn man sich dem Ort mit seiner kühn auf einem Kalkfelsen thronenden **Burg** per Schiff vom See her nähert. Malcesine kam durch Goethes Beschreibung zu literarischem Weltruhm. Dass er beinahe als österreichischer Spion verhaftet wurde, als er eine Skizze der Burg zeichnete, schildert er ausführlich in seiner ›Italienischen Reise‹. Diese Geschichte hat Malcesine im Nachhinein zu einem besonderen Renommee verholfen. Das **Ortsbild** Malcesines mit einem Gewirr mittelalterlicher Gassen, reizvoller Häuserfronten und einem bunten, malerischen Hafen hat zweifelsohne einen besonderen Reiz. Aber Boutiquen und Souvenirläden verfremden das alte gewachsene Ortsbild.

Geschichte Der **Burgfelsen**, um den sich der alte Ort gruppiert, ragt unvermittelt aus den engen Gassen auf. Die Anfänge der Besiedlung verlieren sich in grauer Vorzeit. Erste historische Funde stammen aus der Römerzeit. Im 5. Jh. christianisierte der Trienter Bischof Vigilio die Bewohner am See. Die erste Burg bauten die Langobarden um 568. Sie wurde 590 zerstört und von den Franken unter Karl dem Großen wieder aufgebaut. 774 wurde sein Sohn Pippin in Verona zum italienischen König ernannt; er kam 806 auch Malcesine, um zwei auf dem Monte Baldo hausende Heilige zu besuchen. Nach dem Ende des Frankenreiches fielen Ort und Burg Malcesine zunächst an den Bischof von Verona, später an die Scaliger. Sie erweiterten die Burg und bauten jene Anlage, die heute noch stolz und eindrucksvoll über dem See thront. Mastino II. gründete schließlich die ›*Capitanato del Lago*‹, einen Seebund, der von den Visconti, den Carrara von Padua und von Venedig anerkannt wurde. Unter der venezianischen Herrschaft hatte der Seebund seinen Hauptsitz im *Palazzo dei Capitani* am Hafen. Der Capitano residierte abwechselnd in Garda, Torri und Malcesine als venezianischer Gouverneur.

Später entstand die ›*Gardesana dell' Acqua*‹, eine autonome Föderation von zehn Gemeinden, die sich dazu verpflichtet hatten, die Grenzen der Gardesana zu verteidigen. Beide Einrichtungen blieben bis zum Ende der venezianischen Herrschaft (1797) bestehen.

Besichtigung Der **Palazzo dei Capitani**, der schon Ende des 13. Jh. von den Scaligern für ihren Statthalter erbaut worden war, wurde im 15. Jh. im Stil der venezianischen Gotik modernisiert. Betritt man den Palast durch die unteren offenen Gewölbe, gelangt man in einen kleinen, mit Palmen bewachsenen Garten am Ufer des Sees. Hier befand sich die Anlegestelle der Barke des Capitano. Die Front des Gebäudes zeigt sich auf dieser dem See zugewandten Seite als eine repräsentative, mit Balkonen und Galerien reich verzierte, typisch venezianische Fassade. Im oberen Stock, dem piano nobile, liegen die Repräsentationsräume des Capitano, deren Ausstattung mit Malereien und Fresken noch erhalten ist. Durch die Fenster des Saales, der besichtigt werden kann, öffnet sich ein unvergleichlicher Blick über den See. Auch Innenhof und Garten sind öffentlich zugänglich.

TOP TIPP Die Scaligerburg, das **Castello Scaligero** (April–Okt. tgl. 9.30–18, Dez. 10–17 Uhr), erreicht man von der Stadt durch das so genannte Sarazenentor. Drei ummauerte Höfe bilden die gut erhaltene Anlage, die durch ein ausgeklügeltes System von Treppen und Rampen verbunden ist und die Verteidigung der Burg garantierte.

Im untersten Hof steht der *Palazzo Inferiore*, den Venedig 1620 für seine Garnison erbauen ließ. In diesem ›Casermetta‹ genannten Gebäude befinden sich zwei Naturkundemuseen: *Museo del Baldo* und *Museo del Garda*. Sie sind der vielfältigen Flora, Fauna und der Geologie des Monte Baldo sowie der Tier- und Pflanzenwelt des Gardasees gewidmet. Über eine Treppe erreicht man den zweiten Hof, den die ehemalige Pulverkammer der Österreicher begrenzt. In ihr ist ein kleines *Goethe-Museum* untergebracht, in dem auch die Skizzen zu sehen sind, die Goethe von dem Kastell zeichnete und derentwegen er beinahe verhaftet worden wäre. In einem kleinen Garten vor dem Museum wurde eine bronzene *Büste des Dichters* aufgestellt.

Die alte Kernburg mit Palas und Bergfried der Scaliger erreicht man über den letzten Hof. Beachtung verdienen hier vor allem die alte Zisterne sowie das gut erhaltene *Fresko* einer thronenden Muttergottes an der Nordostwand im spätbyzantinischen Stil.

Der *große Saal* des Palas im 1. Stock ruht auf pfeilergestützten Bögen. Er dient heute als Kongresssaal und Ausstellungsraum. Im Erdgeschoss ist ein sehenswer-

Die charakteristischen Zinnen der ghibellinischen Burganlagen bekrönen auch den Turm des Kastells von Malcesine

Goethes Büste erinnert an den Besuch des Dichters auf der Burg 1786

tes *Fischereimuseum* untergebracht sowie eine interessante Darstellung zum Transport der venezianischen Kriegsschiffe über den Pass von Nago zum Gardasee (1435) [vgl. S. 21].

Der fünfeckige *Turm*, der 70 m über den See aufragt, war ursprünglich durch eine Zugbrücke im 2. Geschoss begehbar. Dieser Bauabschnitt stammt noch aus langobardischer Zeit. Die weiteren Stockwerke entstanden später. Von der obersten, offenen Plattform des Turmes öffnet sich ein wunderschöner Ausblick auf die zinnengeschmückte Burganlage, die Dachlandschaft des alten Malcesine und auf den See mit dem umliegenden Bergpanorama.

Die Pfarrkirche **Santo Stefano** liegt oberhalb des alten Ortskerns. Die Barockkirche des frühen 18. Jh. bewahrt ein sehenswertes Altarbild der Grablegung von Gerolamo dai Libri.

Zwischen Malcesine und dem gegenüberliegenden Limone verkehrt mehrmals am Tag eine Fähre. Südlich des von Cafés und Restaurants belebten Hafens von Malcesine beginnt die beliebte **Strandpromenade**, gesäumt von Pflanzen wie Palmen, Oleander, Mimosen und Zedern. Vor der Landzunge, wo das **Val di Sogno** in den Gardasee mündet, liegen die kleinen, dicht bewaldeten Inseln *Isola dell' Olivo* und *Isola di Sogno*.

Wanderung über den Monte Baldo

Der Monte Baldo erstreckt sich von Norden nach Süden zwischen dem Passo San Giovanni und Costermano, von Westen nach Osten zwischen Gardasee und Val Lagarina. Einen einzelnen Gipfel ›Monte Baldo‹ gibt es nicht. Der Kamm des Bergmassivs reicht vom Monte Altissimo di Nago (2078 m) bis zum Monte Maggiore (›Punta Telegrafo‹, 2200 m), von wo er allmählich nach Süden hin in den Hügeln ausläuft.

Der Weg über den Hauptkamm des Monte-Baldo-Massivs beginnt bei der Bergstation der **Seilbahn von Malcesine** (1752 m) und führt gut erkennbar ausgezeichnet (Wg Nr. 651) nach Süden. Nach der Überquerung der Bocca di Tratto Spino steigt man zur Cima delle Pozzette (2132 m) auf (ca. 1,5 Std.), deren Westseite schroff zum See hin abfällt.

Über die Cima del Longino, von wo man auf Malcesine herabblickt und sich von den Perspektiven auf das Kar des Val Finestra beeindrucken lässt, erreicht man nach 2–3 Std. die **Cima Valdritta** (2218 m), den großartigsten Punkt des Monte Baldo. Atemberaubend die Aussichten auf den Gardasee! Die Cima Valdritta liegt etwas abseits der Hauptroute, zu der man nun zurückkehrt. Ein bequemer Weg führt entlang des Grates bis zur Abzweigung rechts zum Monte Maggiore, auch ›Punta Telegrafo‹ genannt (2200 m). Von dort erreicht man nach kurzem Abstieg die bewirtschaftete Schutzhütte **Rifugio Gaetano Barana** (2147 m), wo sich der Wanderer stärken kann.

Die Gehzeit hin und zurück beträgt etwa 6–8 Std. Je nach Kondition empfiehlt es sich, die Route abzukürzen und zur Seilbahn zurückzukehren. Reizvoll bei dieser Wanderung ist der Gegensatz zwischen den sanft nach Osten abfallenden, grünen Almabhängen und den schroff abstürzenden Felsgraten im Westen. Der Fremdenverkehrsverband ›Riviera degli Olivi‹ hat eine Wanderkarte ›Monte Baldo/Malcesine‹ aufgelegt, die man bei den Touristeninformationen erhält.

Von Malcesine führt eine Seilbahn (tgl. 8–18 Uhr) mit sich drehenden Kabinen auf das **Monte-Baldo-Massiv**, dessen verschiedene Gipfel lohnende Wanderziele sind. Die Bergstation **Bocca Tratto Spino** liegt in 1783 m Höhe. An klaren Tagen bietet sich von hier aus ein unvergleichlicher Blick über den See und die Alpen.

TOP TIPP

i Praktische Hinweise

Information

IAT-Ufficio Informazioni, Palazzo dei Capitani, Malcesine, Tel. 04 57 40 00 44, Fax 04 57 40 16 33

Hotels

****Park Hotel Querceto**, Via Panoramica, 113, Malcesine, Tel. 04 57 40 03 44, Fax 04 57 40 08 48, www.parkhotelquerceto.com. Luxuriöses Haus im rustikalen Stil in sehr schöner Lage über dem See; das Feinschmeckerrestaurant pflegt die Küche der Region.

***Hotel Villa Monica**, Loc. Baitone, 1, Malcesine, Tel. 04 57 40 03 95, Fax 04 56 57 01 12, www.villamonica.com. Kleines sympathisches Hotel etwas außerhalb direkt am See mit Hallenbad, schöner Terrasse und Seezugang.

Restaurant

Trattoria Vecchia Malcesine, Via Pisort, 6, Malcesine, Tel. 04 57 40 04 69. In der Altstadt gelegene Trattoria mit gehobenem kulinarischen Anspruch, der durchaus erfüllt wird.

3 Brenzone

Eine Reihe alter und idyllischer Dörfer abseits der Hauptstraße.

Die Gemeinde Brenzone besteht aus mehreren kleinen Orten, die teils am See, teils am Hang liegen. Es sind die Dörfer **Magugnano**, **Porto**, **Marniga** und **Castelletto**. Jenseits der Durchgangsstraße kann man in den alten Dorfkernen noch ruhige Gassen und Plätze finden, in denen sich das Flair der alten Fischerdörfer erhalten hat. Steigt man zwischen den Olivenhainen weiter hinauf, öffnen sich großartige Ausblicke über den See und das Gebirge. Der Massentourismus hat hier noch nicht Einzug gehalten. Er konzentriert sich um die kleinen Häfen am Seeufer. Nicht weit vom Ufer liegt die kleine Insel **Trimellone**, die im 10. Jh. von den Küstenbewohnern befestigt wurde. Heute sieht man nur noch die Ruinen eines Pulvermagazins der Österreicher.

Vor der Küste von Brenzone erreichte der Forscher Jacques Picard mit seinem Unterseeboot ›Forel‹ 350 m Tiefe. Eine der ältesten Kirchen des Gardasees ist **San Zeno** bei Castelletto. Sie geht auf das 12. Jh. zurück. Drei Apsiden schließen die zweischiffige Basilika ab, die im Innern einen Freskenzyklus aus dem 13. Jh. aufweist, der Johannes dem Täufer gewidmet ist. Kirche und Turm sind aus behauenen Quadersteinen errichtet. Im Volksmund heißt sie ›San Zen de l'oselet‹ – San Zeno vom Vögelchen. Der Name bezieht sich auf den Hahn, der die Kirchturmspitze ziert und von Ferne einem Vogel gleicht.

Von besonderer Schönheit sind die Olivenhaine, die über dem von engen Gassen durchzogenen Dorfkern an den Hängen des Monte Baldo gedeihen und von uralten Natursteinmauern umgeben sind.

i Praktische Hinweise

Restaurant

Alla Fassa, Via M. G. Nascimbeni, 13, Brenzone, Tel. 0457 43 03 19. Schöner Garten am See; köstliche Fischspezialitäten.

4 Torri del Benaco

TOP TIPP

Reizvoller Ort mit mittelalterlichem Gepräge.

Torri, das noch den alten Namen des Gardasees trägt, gehört zu den schönsten Orten der Gardesana orientale. Es liegt auf einer Landzunge, die in den See hineinragt und einen freien Blick sowohl auf die nördliche als auch die südliche Seehälfte gewährt. Tief schiebt sich der Fjord nach Norden in die markante Bergkulisse, während sich im Süden eine anmutige Seenlandschaft öffnet, von sanften Hügeln begrenzt. Der Monte Baldo verliert seine beeindruckende Höhe und läuft in einer Hügelkette von 800–900 m Höhe aus.

Torri del Benaco ist vergleichsweise ruhig geblieben. Der mittelalterlich anmutende Ort zeichnet sich durch seine engen, gewundenen Gassen aus, die immer wieder malerische Durchblicke zum See zulassen. Das ovale Hafenbecken ragt mit

Den Charme vergangener Zeiten hat sich der Hafen von Torri del Benaco bewahrt

bunten Booten und Jachten tief in den Ort hinein. Die Uferpromenade zieht sich bis zur *Punta Cavallo* hin, ein hübscher Spazierweg zwischen dem blauschimmernden Wasser und der abwechslungsreichen Häuserfront.

Geschichte Torri ist ein sehr alter Ort. Prähistorische Funde, Pfahlbauten und Felszeichnungen lassen auf eine Besiedlung schon vor 4000 Jahren schließen. Etwa zur gleichen Zeit wie Verona wurde Torri von den **Römern** kolonisiert. Aus dieser Epoche blieben Teile des Ostturms der Burg sowie Überreste des ›Trincero‹, einer Zitadelle aus bossierten Steinen, neben der Pfarrkirche erhalten. Im frühen 10. Jh. baute der langobardische König **Berengar I.** die Zitadelle zu einer Burg aus. Nach dem Zerfall des fränkischen Reiches unternahm er noch einmal den Versuch, ein langobardisches Königreich zu errichten. 915 krönte der Papst ihn sogar zum Kaiser, doch währte seine Herrschaft nicht lange, zahlreiche Feinde verbündeten sich gegen ihn. Weil er sich in seinem Kastell in Verona nicht mehr sicher fühlte, nahm er seinen Sitz zeitweise in Torri del Benaco und ließ die Stadt mit Mauern und Türmen befestigen. Dennoch gelang es seinen Widersachern, ihn 924 in Verona zu ermorden. Teile der Stadtmauer sowie einer der Ecktürme der Anlage, der *Berengar-Turm*, sind erhalten.

Im **Mittelalter**, zur Zeit der **Scaliger**, erlangten Torri und das benachbarte Garda gewisse Privilegien für eine Selbstverwaltung. Der sich ausbreitende, von den Scaligern geförderte Handel brachte Torri Wohlstand und eine Zeit großer Blüte. Damals entstand das ansehnliche Stadtbild mit den schmalen Gassen und den verträumten Plätzen. Die Bewohner lebten vorwiegend von Schiffsbau, Fischfang und Marmorbruch. Zur Zeit der **venezianischen Herrschaft** wurde Torri Hauptsitz des ›*Gardesana dell'Acqua*‹, der 10 Gemeinden des Veroneser Ufers angehörten. Die Versammlungen der Gardesana, an denen auch der Capitano del Lago teilnahm, fanden in dem heutigen Hotel Gardesana am Hafen statt. Der Speisesaal des Hotels war einst der Ratssaal.

Besichtigung Das **Hafenbecken** wird von einigen schönen mittelalterlichen Häusern gerahmt. Neben dem Hotel Gardesana, einem ansehnlichen Bau mit Arkaden und Loggien, befindet sich die Dreifaltigkeitskirche **Santa Trinità** aus dem 14. Jh., heute Gefallenengedenkstätte. Sie ist mit sehenswerten *Fres*ken aus der Schule Giottos ausgestattet. Neben einer Darstellung ›Christus in der Mandorla, umgeben von Evangelisten‹, einer Kreuzigung und einer thronenden Muttergottes verdient das ›Abendmahl‹ neben dem Altar Beachtung. Trotz des schlechten Zustandes der Fresken lässt sich ihr spätbyzantinischer Stil erkennen, der in Verona bis ins 14. Jh. fortdauerte.

Unweit des Hafens erhebt sich die **Scaligerburg**, die Antonio della Scala 1383 auf den Resten einer römischen Befestigungsanlage und einem Kastell des Berengar errichten ließ. Von der mächtigen Anlage blieben ein Wohngebäude und die mit ghibellinischen Zinnen geschmückte Außenmauer mit drei Türmen erhalten. Die Befestigungen zur Hafenseite sind jedoch zerstört. In den restaurierten Räumlichkeiten dokumentiert das **Museo del Castello Scaligero** (Juni–Sept. 9.30–13 und 16.30–19, April/Mai/Okt. 9.30–12.30 und 14.30–18 Uhr) die Geschichte der Felszeichnungen, Olivenverarbeitung und Fischerei.

Im Windschutz der Burgmauern gibt es eine **Limonaia**, ein Relikt der vielen Zitronenhaine, die ehemals an den Ufern des Gardasees gediehen.

Zu Beginn des 18. Jh. wurde die barocke Pfarrkirche **SS. Pietro e Paolo** gebaut. Von besonderem Wert ist die Orgel von Angelo Bonettii aus Desenzano.

Von Torri aus überquert eine **Autofähre** den See nach Maderno am Westufer. Jenseits der Gardesana orientale beginnt – unweit von Torri – eine außerordentlich reizvolle Landschaft. Silbern leuchtende Ölbäume ziehen sich den Berghang hinauf. Gärten mit Blumen und subtropischen Bäumen beleben das Bild. Unübertroffen ist der Blick von der Kirche von **Albisano** über Torri und den See bis hinüber zum anderen Ufer. Dunkle Zypressen setzen zwischen Häusern und Olivenkulturen südländische Akzente. Eine kleine Straße, die von Albisano weiter südlich verläuft, öffnet bezaubernde Aussichten auf die *Punta San Vigilio* und die *Baia delle Sirene* (Sirenenbucht). Hier oben, fern des lauten Durchgangsverkehrs der Hauptstraße, kann man noch den besonderen Reiz der Landschaft um den Gardasee zu erleben.

Von hier aus erreicht man auch die glatt geschliffenen Felsenhänge des **Monte Lúppia**, an denen man 1964 **prähistorische Felszeichnungen** entdeckte. Bei *Brancolino* sind der ›Pietra dei Cavallieri‹ und der ›Griselle-Felsen‹ zu besichtigen, in die die Menschen des Bronzezeitalters Figuren und Reiter, Waffen, Tiere und Boote sowie Sonnensymbole und rätselhafte geometrische Darstellungen einritzten. Diese Zeichnungen – zusammen mit dem ›Pietra Grande‹ bei Crero sind es annähernd 3000 – gehören zu den bedeutendsten Kulturzeugnissen dieser Art im Alpenraum.

In **San Zeno di Montagna**, oft als *Balkon des Gardasees* bezeichnet, ist ein abwechslungsreicher *Abenteuerpark* (Juni–Aug. tgl. 9–19, Mai/Sept. 10–18 Uhr) vor allem für Kinder entstanden, die hier mit Seilen gesichert Baumwipfel erklimmen und auf hölzernen Stegen von Baum zu Baum klettern können.

i Praktische Hinweise

Information

IAT-Ufficio Informazioni, Viale F.lli Lavanda, Torri del Benaco, Tel. 04 57 22 51 20

Hotel

*****Hotel Gardesana**, Piazza Calderini, 20, Torri del Benaco, Tel. 04 57 22 54 11, Fax 04 57 22 57 71, www.hotel-gardesana.com. Direkt am Hafen mit Blick auf die Scaligerburg; traditionsreiches, restauriertes Hotel mit illustren Namen im Gästebuch; empfehlenswertes Restaurant, dessen freundlicher Service angenehm auffällt.

Restaurants

Hotel Ristorante Galvani, Loc. Pontirola, Torri del Benaco, Tel. 04 57 22 51 03. Die selbst gemachten Teigwaren schmecken hier besonders gut.

Ristorante Al Caval, Via Gardesana, 186, Torri del Benaco, Tel. 04 57 22 56 66. Elegantes Restaurant, dessen Ravioli mit Baldo-Trüffeln zu empfehlen sind.

5 San Vigilio

Heitere Harmonie zwischen Natur und Architektur.

TOP TIPP

Südlich von Torri del Benaco schiebt sich die **Punta San Vigilio**, der letzte Ausläufer des Monte Baldo, in den Gardasee. Kaum ein Ort am Seeufer wurde emphatischer besungen als diese Landzunge, die sich als ein gelungenes Gesamtkunstwerk von Natur und Architektur präsentiert.

Gegen Ende des 18. Jh. beschrieb der Kanoniker Marai den malerischen Platz: »An jenem Ort kennt man weder den trüben Dezember, noch den grausigen Februar. Der Lorbeer, die Myrte, die Orangen und die Aloe gedeihen ganz von allein. ... Vielleicht gab es an den berühmtesten Orten des antiken Griechenland oder Italien keine Aussicht von größerer Heiterkeit als diese.«

Die ganze Anlage der Punta ist wohl überlegt gestaltet und wirkt doch ganz natürlich. Man folgt, vom Parkplatz kom-

Punta San Vigilio: die Villa Brenzone am »schönsten Ort der Welt«

mend, einer dunklen, von uralten Zypressen gesäumten Allee, die am Garten der auf der höchsten Stelle erbauten **Villa Brenzone** endet. Aus dem Dunkel der Zypressen tritt man jäh in die mediterrane Helle einer heiteren Gartenlandschaft vor der leuchtenden Kulisse des Sees.

Die Villa wurde zwischen 1538 und 1542 von dem Humanisten *Agostino Brenzone* gebaut. Der Entwurf stammt von dem berühmten Veroneser Baumeister *Michele Sanmicheli*. In ihrer schlichten Architektur mit Loggien und einem Portal zum See hin wirkt sie außerordentlich elegant, streng und zugleich vollendet. Ein **Park**, geschmückt mit Blumen und Statuen, führt terrassenförmig zum See hinab.

Brenzone hatte sich einen Ort geschaffen, wohin er sich mit seinem Freund *Aretino* und anderen Schriftstellern und Künstlern zurückziehen konnte, um in Schönheit, Einsamkeit und gelehrter Diskussion zu leben. Von ihm stammt auch der berühmte Diskurs über den »schönsten Ort der Welt«, der in keinem Reiseführer über diese Region fehlen darf: »Ich möchte, dass Eure Exzellenz zur Kenntnis nehmen, dass San Vigilio der schönste Ort der Welt ist, und zwar auf folgende Weise: Die ganze Welt besteht aus drei Teilen: Afrika, Asien und Europa. Der schönste Erdteil ist Europa, und davon ist Italien der schönste Teil, von Italien wiederum die Lombardei, und von dieser der Gardasee, und an diesem San Vigilio. Ergo ist San Vigilio der schönste Ort der Welt.«

Die Villa ist heute im Besitz der Familie des Grafen Guarienti di Brenzone und kann nicht besichtigt werden.

Auf der einen Seite der kleinen Halbinsel öffnet sich die liebliche Bucht **Baia delle Sirene**, gesäumt von einem romantischen Olivenhain, in dessen Schatten sich Tiere eines kleinen Landgutes aufhalten. Auf der anderen Seite liegt der winzige Hafen, zu dem man zwischen hohen Mauern über einen grob gepflasterten Weg gelangt. Man erreicht einen schmalen Platz, an dem die Locanda des Grafen – ein Restaurant und ein kleines Hotel – stehen und wo eine verträumte *Limonaia* ihren Duft verströmt. Durch einen Rundbogen tritt man aus dem schattigen Platz in den lichtdurchfluteten **Hafen**. Tische und Stühle einer alten Taverne am Rande der Mole laden zur Rast ein. Weit öffnet sich hier der See in die Bucht von Garda; am anderen Ufer erkennt man Gardone, den Felsen von Manerba und die Bucht von Salò. Die sich mit dem Stand der Sonne verändernden Farben und die Sonnenuntergänge über dem See sind unvergesslich!

Neben der Locanda erhebt sich die kleine Kirche **San Vigilio** aus dem 13. Jh., die dem hl. Bischof Vigilio geweiht ist und der Punta ihren Namen gab. Die Schönheit dieses Ortes hat viele Persönlichkeiten angezogen. Die Namenliste der Prominenz, die in der Villa Brenzone weilte, ist lang, sie reicht von Marie-Louise – der Gattin Napoleons – über Zar

Alexander III., Churchill, Lawrence Olivier und Vivien Leigh bis zu Prinz Charles und König Juan Carlos von Spanien. Sie alle genossen die Ruhe, die Harmonie zwischen Natur und Baukunst des »schönsten Ortes der Welt«.

i Praktische Hinweise

Hotel

******Locanda San Vigilio**, Tel. 04 57 25 66 88, Fax 04 57 25 65 51, www.locanda-sanvigilio.it. Das romantische Haus mit stilvollem Restaurant verfügt nur über 8 Zimmer; Exklusivität wird hier bewusst gepflegt, was jedoch seinen Preis hat.

6 Garda

Der venezianisch geprägte Ort hat eine bewegte Geschichte.

»Dort hinten erhebt Garda seine trutzige Burg, über dem fließenden Spiegel, das Märchen alter, versunkener Städte und Königinnen der Barbaren singend.«

So schildert der italienische Dichter und Literat Giosuè Carducci (gest. 1907) die Rocca, die die Bucht von Garda beherrscht und über Jahrhunderte eine Schlüsselstellung in Oberitalien besaß. Die Königinnen der Barbaren – *Theodolinde* und *Adelheid* – sind Hauptpersonen der zahlreichen Geschichten, die sich hier zugetragen haben.

Geschichte Die Ursprünge der **Rocca** reichen zurück bis in keltische Zeiten, als sich auf dem flachen Berg über dem See ein *Heiligtum* erhob. Zu Füßen des Berges fand man Reste eines *Pfahlbautendorfes*. Die spätere Burg wurde vermutlich von den Ostgoten erbaut. Im 5. Jh. herrschte auf der Rocca *Hildebrand*, der Heerführer Theoderichs d. Gr., der in Verona residierte [Nr. 36]. Der Legende nach ehelichte die bayerische Prinzessin *Theodolinde* Ende des 6. Jh. den Langobardenkönig Authari auf der Burg von Garda. Nachdem die Franken die Langobarden

Venezianische Architektur am See: der Palazzo dei Capitani in Garda

besiegt hatten und *Karl d. Gr.* seinen Sohn *Pippin* in Verona als König eingesetzt hatte, entstand die **Grafschaft Garda**, die über das ganze Seegebiet herrschte und ihm fortan den Namen gab. Schon in den alten Sagen war die Burg ›Garden‹ genannt worden, was sich von dem germanischen ›warden‹ = Ausguck, Warte, auch Wächter ableitet. Die Rocca war wachte über den Benacus.

Die tragische Geschichte der **Adelheid** spielte sich im 10. Jh. ab, als auf der Burg von Garda *Berengar II.* von Ivrea herrschte. Nach dem Tod – vermutlich durch Mord – des jungen Königs Lothar von der Provence verschleppte er dessen Witwe Adelheid auf die Rocca, um sie mit seinem Sohn Adelbert zu verheiraten und damit seinen Anspruch auf die italienische Krone zu legitimieren. Adelheid widersetzte sich jedoch. Mithilfe eines Mönches und eines Fischers gelang es ihr, aus der Burg zu entkommen und über den See und weiter bis nach Canossa zu entfliehen. 951 heiratete sie *Otto d. Gr.*, der Berengar besiegte und die Herrschaft der deutschen Kaiser über Italien wieder herstellte. 1158 versuchte *Kaiser Friedrich Barbarossa* vergeblich, die Burg von Garda zu stürmen. Später kam sie in den Besitz der Scaliger von Verona, verlor jedoch mehr und mehr an Bedeutung und wurde im 16. Jh. vollständig zerstört.

Besichtigung Zu Füßen der finsteren Rocca, die sich 309 m über den See erhebt, öffnet sich die weite **Bucht**, an deren Rand sich das Städtchen Garda entwickelt hat. Im Norden schützt der *Monte Lúppia* die Bucht vor den rauen Nordwinden, sodass sich am Ufer des Sees eine üppige, vielfältige Vegetation entfalten konnte. Rasch können hier die Winde wechseln und mit ihnen ändert sich auch die Farbe des Wassers von leuchtendem Blau zu tiefem Grün, von schimmerndem Silber zu bedrohlichem Schwarz.

Über Jahrhunderte war Garda ein malerisches Fischerstädtchen, bis der Tourismus begann und den Ort mit Geschäften, Lokalen und Sportangeboten veränderte. Das mittelalterliche Ortsbild –

◁ *Anmutig schmiegt sich das Städtchen Garda in die weit ausschwingende Bucht*

von zwei **Stadttoren** begrenzt – zeugt noch von längst vergangenen Zeiten.

Architektonisch ist Garda ganz dem *venezianischen Baustil* verpflichtet; bestes Beispiel ist der **Palazzo dei Capitani** am Hafen mit einer feierlichen venezianisch-gotischen Fassade des 15. Jh. Früher reichte das Hafenbecken bis an den Palast heran, sodass der Capitano seine Barke direkt vor der Haustür ankern konnte. Leider wurde die für die Orte am Gardasee typische, tief einschneidende Hafenanlage später zugeschüttet und durch eine in den See ragende Mole ersetzt.

In Hafennähe steht auch der **Palazzo Carlotti**, dessen seeseitige Fassade – die so genannte ›Losa‹ – von fünf Arkaden im Untergeschoss und fünf Loggien im Obergeschoss gegliedert wird. Diesen Palast, der stadtseitig stark verändert wurde, soll der Veroneser Architekt *Sanmicheli* entworfen haben.

Nördlich vor der Altstadt liegt in einem üppigen, prunkvoll umzäunten Park die **Villa Albertini**. Wie ein Schloss ist sie mit Türmen und ghibellinischen Zinnen geschmückt. Sie gehört zu den schönsten Adelssitzen am See. Am 10. 6. 1848 empfing hier König Carlo Alberto von Piemont das Ergebnis der Volksabstimmung, mit der die Lombardei Anschluss an Piemont verlangte.

Vor dem südlichen Stadttor erhebt sich die große Pfarrkirche **Santa Maria Maggiore**. Der im 15. Jh. entstandene Bau wurde 1774 und 1830 barockisiert; von Interesse ist ein hölzernes Kreuz des 16. Jh. Rechts neben dem Portal erreicht man durch ein Tor den ehemaligen *Kreuzgang* aus dem 14. Jh. Bemerkenswert sind die im Turm eingelassenen langobardischen Skulpturen aus dem 8. Jh.: ein Lebensbaum, die Taube und der Engel, Symbol-

Die blauhaarige Engardina

Ein Ausflug auf die Rocca lohnt wegen der schönen Aussicht über den See, dessen Ufer hier weit auseinander liegen, und über die Bucht von Garda. Sie gleicht einem paradiesischen Garten mit ihren hellen Kiesstränden inmitten des üppigen Grüns der vielfältigen Vegetation, der verschwenderischen Blütenpracht und den herrlichen Farbnuancen des Wasserspiegels. Hier oben mag man an die Legende von der Bergnymphe **Engardina** denken, deren Haupt leuchtend blaues Haar schmückte. Sie lebte als Herrin der Almen und eines kleinen Sees im Monte-Baldo-Massiv und ihre Untertanen waren Zwerge. Eines Tages betrat der junge Wassergott **Benacus** ihr Reich und verlockte sie, mit ihm zu gehen. Doch Engardina trauerte um ihr kleines Reich mit dem See in der Mitte. Da versprach der Gott ihr einen viel schöneren, größeren See. Mit seinem Dreizack schlug er an einen Felsen; donnernd brach das Gestein auf, Wassermassen rauschten in die Tiefe und füllten das Tal zum See. Engardina und Benacus vermählten sich in den klaren Fluten und das Haar der Fee färbte das Wasser mit jenem tiefen, leuchtenden Blau, das seither die Besucher des Gardasees entzückt.

Die Villa Albertini ist einer der nobelsten Adelssitze am See

Bizarre Wolkengebilde schieben sich vom See hinauf zwischen die Felsabstürze des Monte Baldo

figur des Evangelisten Matthäus. Die ungewöhnliche Lage der Pfarrkirche außerhalb der Altstadt lässt die Vermutung zu, dass sie auf dem Areal der früheren Burgkapelle errichtet worden ist.

Im 17. Jh. bauten auf dem der Rocca benachbarten Hügel Kamaldulenser ein Kloster, die **Eremo di San Giorgio**. Ein alter Weg führt von Garda hinauf in die Klause, die heute nur noch von wenigen Mönchen bewohnt wird.

Ausflüge

Das Hinterland von Garda bietet schöne Möglichkeiten für Ausflüge und Wanderungen. Im Ortsteil **Costermano** kann man den **deutschen Soldatenfriedhof** besuchen. Über 20 000 Gefallene aus dem Zweiten Weltkrieg fanden hier ihre letzte Ruhestätte. Die terrassenförmig angelegten Gräberfelder sind mit Schneeheide bepflanzt; steinerne Kreuze und Platten tragen die Namen und Daten der Toten (soweit bekannt) und erinnern schmerzlich an den sinnlosen Tod vornehmlich sehr junger Männer. Beeindruckend ist die schöne, friedliche Lage der Stätte mit einem weiten Blick über das von Zypressen und Weinbergen bewachsene Hügelland zum See hin und über die Alpenkette im Norden. Der Friedhof wurde von der Deutschen Kriegsgräberfürsorge gebaut und 1967 eingeweiht.

An die südöstlichen Ausläufer des Monte Baldo schmiegt sich zwischen Obstplantagen und grünen Hügeln das Städtchen **Caprino**. Von hier aus kann man hinauffahren in den Ort **Spiazzi**, der schon an der Tausendmetergrenze liegt. Der östliche Teil des Monte-Baldo-Massivs öffnet sich als eine reizvolle alpine Landschaft, die ausgezeichnete Wandermöglichkeiten bietet. Zum Etschtal fallen steile, unzugänglich erscheinende Felswände ab. Ein schmaler, gewundener Weg führt von Spiazzi hinab zu einer schroffen Wand, an die sich das Heiligtum **Madonna della Corona** wie ein Schwalbennest klammert, ein beliebter, außerordentlich romantisch gelegener Wallfahrtsort. Die neugotische Kirche schmiegt sich wie schutzsuchend in den Stein. Im Inneren fallen einige moderne Skulpturen auf. Verehrt wird jedoch eine wundertätige Pietà von 1432 aus bemaltem Stein. Votivtafeln und alte Handschriften erzählen von den Wundern, die die trauernde Madonna vollbracht hat.

i Praktische Hinweise

Information

IAT-Ufficio Informazioni,
Via Don Gnocchi, 23/25, Garda,
Tel. 04 56 27 03 84, Fax 04 57 25 67 20

Hotels

******Hotel Garden**, Via della Madrina, 2, Garda, Tel. 04 57 25 51 38, Fax 04 57 25 56 73, www.gardengarda.it. Das freundliche Hotel mit 36 Zimmern befindet sich nur wenige Schritte vom Stadtzentrum entfernt. Ein großer Park mit Swimmingpool garantiert Ruhe und Entspannung.

******Hotel Regina Adelaide**, Via San Francesco d'Assisi, 23, Garda, Tel. 04 57 25 59 77, Fax 04 57 25 62 63, www.regina-adelaide.it. Gepflegtes Hotel an der Seepromenade mit großem Schwimmbad und vielseitigem Wellness-Angebot.

******Villa Madrina**, Via Paolo Veronese, Garda, Tel. 04 56 27 01 44, Fax 04 57 25 67 16, www.villamadrina.it. Geschmackvoll eingerichtetes kleines Hotel in ruhiger Lage. Die einzelnen Zimmer sind sehr individuell gestaltet.

Restaurant

Trattoria da Pino 2, Via Giare, 1, Tel. 04 57 25 56 94. Das im Ortsteil Giare gelegene, modern eingerichtete Lokal zeigt eine Ausstellung alter Fotografien von Garda. Spezialitäten sind heimische Fischgerichte; vernünftige Preise.

7 Bardolino

Beliebter Weinort am südlichen Teil des Sees.

Bekannt ist Bardolino vor allem wegen seines hellroten, leichten Rotweins (es gibt jedoch auch einen weißen Bardolino-Wein). Zugleich ist der Ort eines der beliebtesten Ferienziele am Gardasee. Zwei von der Höhe des Monte Baldo he-

Flanieren, schauen, einkaufen: die Piazza vor der Kirche Santi Nicolo e Severo in Bardolino

Einen unübersehbaren Akzent setzt der Turm der romanischen Kirche San Severo in das Ortsbild von Bardolino

rabstürzende Bäche schufen durch weit in den See reichende Ablagerungen die natürlichen Begrenzungen für die Altstadt und den Hafen, der zwischen *Punta Cornicello* und *Punta Mirabello* einen geschützten Platz fand.

Treffpunkt von Einheimischen und Gästen ist die große **Piazza** vor dem neoklassizistischen Portal der Kirche **Santi Nicolo e Severo** mit Cafés und Trattorien, mit Boutiquen und Souvenirläden.

Das **Stadtbild** Bardolinos ist dem Veroneser Stil verpflichtet. Parkanlagen und Gärten umgeben herrschaftliche Villen wie die *Villa Pellegrini, Guerrieri Gianfilippi* u. a. Im Mittelalter hatte auch Bardolino ein Scaligerkastell, von dem nur die Turmruine geblieben ist.

Ein kunsthistorisches Kleinod ist die Kirche **San Severo** am nördlichen Stadteingang, die mit ihrem hohen Campanile schon von weitem zu sehen ist. Die Spitze des aus Naturstein errichteten Turmes schließt eine Haube aus rotem Ton ab. Der heutige Bau stammt aus dem 11. Jh. Doch erstmals wurde die Kirche 893 erwähnt. Die hinter dem Hochaltar ausgegrabene Krypta zeugt von einem langobardischen Vorgängerbau: Zwei gedrungene Säulchen und mehrere Pfeiler tragen die charakteristische langobardische Flechtbandornamentik. Die Ostpartie der Kirche endet in drei Apsiden, die außen mit schmückenden Gesimsen und Rundbogenfriesen reizvoll verziert sind.

Das **Innere** des dreischiffigen, mit einem rustikalen Holzdach abgeschlossenen Raumes weist recht gut erhaltene *Fresken* aus dem 12. Jh. auf. An den Bögen des Mittelschiffs erkennt man Szenen aus dem Leben Jesu, darüber Darstellungen von Ritterkämpfen. Auf der gegenüber liegenden Seite sind die Apostel abgebildet und darüber Motive aus der Apokalypse des Johannes. Bemerkenswert ist das für die Zeit ungewöhnlich lebhafte erzählerische Element.

Von kunsthistorischem Wert ist auch die Kirche **San Zeno**, ein karolingischer Bau des 9. Jh. mit kreuzförmigem Grundriss. Sie liegt versteckt in einem Gehöft südlich von San Severo an der Via San Zeno. Sie ist vor allem wegen der sechs Säulen interessant, deren Kapitelle nach römischen Vorbildern gestaltet wurden, ohne freilich deren Finesse und Formenreichtum zu errreichen.

Im südlicher gelegenen Ortsteil **Cisano** sollte der kunstinteressierte Reisende die Pfarrkirche **Santa Maria** besuchen. Im 19. Jh. wurde das Gotteshaus zwischen Apsis und Fassade neoklassizistisch erneuert. So ist nur die *Fassade* mit wertvollen lombardisch-romanischen Steinmetzarbeiten des 12. Jh. interessant: ein Reiter mit Schwert und Schild, ein Fisch und ein Adler. Am Vorbau und dem darüber liegenden Biforienfenster befinden sich zwei ungewöhnliche Schmuckplatten mit lombardischen Flechtbandornamenten, ergänzt durch Darstellungen eines Drachen, einer Schlange mit Trauben sowie von Vögeln.

i Praktische Hinweise

Information

IAT-Ufficio Informazioni, Piazzale Aldo Moro, 53, Bardolino, Tel. 04 57 21 00 78, Fax 04 57 21 08 72

Restaurant

Ristorante Biri, Via Solferino, 3, Bardolino, Tel. 04 57 21 08 73. Verschiedene Pilzgerichte, Gardaseefische sowie Pferdesteaks sind die Spezialitäten des Lokals.

8 Lazise

Das wichtigste Handelszentrum der venezianischen Zeit ist von mittelalterlichen Mauern und Türmen eingefasst.

Gen Süden, an Rebhügeln entlangfahrend, erreicht man Lazise, einen der ältesten Orte am See, der sich sein mittelalterliches Aussehen erhalten hat. Ein starker **Mauerring** aus der Zeit um 1370 umschließt die Altstadt vollständig. Der Verkehr bleibt aus den reizvollen verwinkelten Gässchen, den Plätzen und der Uferpromenade ausgeschlossen. Sechs Türme und Wehrgänge mit ghibellinischem Zinnenkranz umgeben die Stadt und schließen das **Kastell** mit ein: eine typische Festungsstadt der Scaliger. Die Burganlage selbst gehört heute zu der Villa des Grafen Bernini und kann deshalb nicht besichtigt werden.

Geschichte Lazise war im Laufe der Jahrhunderte Ziel zahlreicher Belagerungen und Eroberungen. Während der kriegerischen Auseinandersetzungen zwischen Mailand und Venedig baute die Serenissima den Fischerhafen zu einem *Kriegshafen* aus und integrierte ihn in die bestehende Festungsanlage. Venedig unterhielt zum Schutz der Ufer zwei bestückte Galeeren und mehrere bewaffnete Boote. Als der Stadtstaat 1509 im Krieg gegen die *Liga von Cambrai* unterlag, ließ der venezianische Capitano Zaccaria Loredan die Flotte von Lazise verbrennen. Die Schiffe liegen noch heute vor der Stadt auf dem Grund des Sees.

Besichtigung Der **Hafen**, der wie in vielen Gardaseeorten tief ins Ufer einschneidet, wird auf der einen Seite von der Dogana und der Kirche San Nicolo, auf der anderen Seite von hübschen, alten Häusern gesäumt. An seinem oberen Ende öffnet er sich zu dem großen **Platz**, auf dem früher der Markt war und der ebenfalls noch von den charakteristischen Häuserfassaden vergangener Zeiten umrahmt wird. Wer in Lazise weilt, wenn es noch ruhig zugeht auf dem Platz und in den angrenzenden Gassen, wird die Schönheit und Harmonie des Ensembles besonders genießen.

Die Kirche **San Nicolo** am Hafen stammt aus dem 12. Jh., wurde aber im Laufe der Zeit vielfach beschädigt und durch Soldaten, die im benachbarten Arsenal Dogana stationiert waren, mehrfach verwüstet. Erst 1953 hat man sie restauriert und die Fresken, die aus der Zeit Giottos stammen, wieder hergestellt.

Die **Dogana** gleich neben der Kirche, ein Gebäude von beachtlichen Ausmaßen mit zwei wuchtigen Arkaden und einem Zinnenkranz, gehörte ehemals zur Werft und diente dem Bau und der Wartung der *Seeflotte*. Im Jahre 1607 wurde das Bauwerk, das zwischenzeitlich als Arsenal und sogar als Salpeterfabrik genutzt worden war, zum Zollhaus für die Transitwaren von Venetien über den See in die Lombardei erklärt. Die Dogana wird derzeit restauriert.

Ausflüge

Die Strecke zwischen Lazise und Peschiera ist weniger reizvoll. Andrerseits entstanden hier gleich mehrere große Freizeitparks, die Unterhaltung versprechen und vor allem sonn- und feiertags Tausende von Besuchern anziehen. Zunächst gelangt man zum **Canevaworld Resort** (www.canevaworld.it) mit zwei Themenparks, dem **Aqua Paradise** (Juli/Aug. tgl. 10–19, Mitte Mai–Juni/Sept. 10–18 Uhr) und den **Movie Studios** (Juli/Aug. Mo–Fr 10–19 Sa/So 10–23, Mitte März–Juni/Sept. tgl. 10–18, Okt. Sa/So 10–18 Uhr). In Castelnuovo del Garda erreicht man dann das im Stil von Disneyland gestaltete **Gardaland** (Juli/Aug. tgl. 9–24, Mitte März–Juni/Sept. tgl. 10–18 Uhr, www.gardaland.it).

Empfehlenswert ist auch ein Besuch des **Parco Natura Viva** bei *Bussolengo*, einem Auto-Safari-Park mit beeindruckenden Freigehegen und einem *tropischen Vogelhaus* sowie Nachbildungen von Sauriern in einer der Vorzeit nachempfundenen Landschaft.

Einen Abstecher lohnt die **Villa dei Cedri** mit ihrem **Parco Termale del Garda** (Piazza di Sopra, 4, Mo–Do 10–21, Fr/Sa 10–2, So 10–23 Uhr, Tel. 04 57 59 09 88, Fax 04 56 49 03 82, www.villadeicedri.com) in Colà di Lazise, einem natürlichen Park mit Thermalsee (ca. 5 000 m^2, 37 °C) und jahrhundertealten Bäumen sowie einem modernen Schwimmbad (Mo–Do 16–23.30, Fr 16–0.30, Sa 11–0.30, So 11–23.30 Uhr).

i Praktische Hinweise

Information

IAT-Ufficio Informazioni, Via F. Fontana, 14, Lazise, Tel. 04 57 58 01 14, Fax 04 57 58 01 40

Restaurants

Il Porticciolo, Lungolago Marconi, 22, Lazise, Tel. 04 57 58 02 54. Gepflegte einheimische Küche, in der nur frische Produkte der Region verwendet werden; auf dem großen Kamingrill bereitet der Küchenchef verschiedene Köstlichkeiten zu.

La Taverna da Oreste, Via F. Fontana, 22, Lazise, Tel. 04 57 58 00 19. Direkt am Hafen; traditionsreiches Restaurant in altem Gewölbe mit abwechslungsreicher Speisekarte.

9 Peschiera

Eine alte Festungsstadt von großer historischer Bedeutung.

Dort, wo der Mincio aus dem Gardasee abfließt, entstand an strategisch wichtiger Stelle Peschiera, eine stark befestigte Stadt, die im Laufe der Jahrhunderte immer wieder erneuert und ausgebaut wurde. Schon die **Römer** sicherten den Ort, den sie ›Arilica‹ nannten, gegen feindliche Übergriffe. Die Menschen lebten hier vor allem vom Fischfang. Aale genossen einen besonderen Ruhm: Das Wappen Peschieras zeigt zwei silberne Aale, über denen ein goldener Stern schwebt.

Ein entscheidendes Jahr für die Geschichte Peschieras, ja ganz Italiens, war 422. Damals gelang es **Papst Leo d. Gr.**, der nach Peschiera geeilt war, die unter ihrem Führer Attila eingefallenen **Hunnen** von einem geplanten Marsch auf Rom abzuhalten. In Peschiera sammelte auch **Friedrich Barbarossa** Mitte des 12. Jh. sein Heer, um gegen die Lombardische Liga vorzugehen. Als die **Scaliger** an die Macht gekommen waren, bauten sie – wie vielerorts am Veroneser Ufer des Gardasees – auch in Peschiera eine mächtige **Burg** mit einem 35 m hohen Bergfried. Peschiera – als Durchgangsort der **Via Gallia**, die die wichtigsten Städte der Poebene verband – lag immer im Brennpunkt kriegerischer Auseinandersetzungen in Oberitalien und nahm strategisch eine Schlüsselstellung ein. Dazu kam, dass der Mincio im Mittelalter bis zum Po schiffbar war und als wichtige Verbindung zwischen Adria und Gardasee diente.

1387 bemächtigte sich **Gian Galeazzo Visconti** Peschieras auf seinem Feldzug gegen Verona. Er baute jenen legendären Damm über den Mincio, der die Stadt Mantua trockenlegen sollte [s. S. 37]. Bis 1404 blieb Peschiera im Besitz der Mailänder Signorie. Nachdem 1516 nach vielem kriegerischen Hin und Her **Venedig** die Herrschaft über Peschiera erlangt hatte, begann die Serenissima, neue Wehranlagen zu bauen. Die Pläne für diese Arbeiten stammten von dem Veroneser Festungsbauer *Michele Sanmicheli*. Mit der Besetzung des südlichen Sees durch Napoleon und die Österreicher erhielt die Stadt Kasernen, Kasematten und von Wasser umgebene Wälle, die heute noch ihr Gesicht prägen. Die **Habsburger** errichteten in Oberitalien das anfangs sehr wirksame *›Strategische Viereck‹*, starke Befestigungen in Verona und Legnano gegen Venetien und in Mantua und Peschiera gegen die Lombardei.

Das 19. Jh. prägten zahllose Kämpfe und Auseinandersetzungen zwischen Österreich und Piemont sowie Österreich und dem **Risorgimento**, der italienischen Einigungsbewegung gegen die Fremdherrschaft der Habsburger. Eine Entscheidung brachte die blutige Schlacht von Solferino am 24.6.1859, in der die Italiener – inzwischen mit Napoleon III. verbündet – die Österreicher entscheidend schlugen. Dieser Sieg trug wesentlich zur Vertreibung der Habsburger und der Errichtung des **Königreichs Italien** unter **Vittorio Emanuele II.** bei. Das ›Strategische Viereck‹ wurde nicht zerstört, verlor aber im geeinten Italien seine militärische Bedeutung.

Die von Wasser umgebenen **Festungsanlagen** in Peschiera sind nach und nach restauriert worden. In der Artilleriekaserne *Porta Verona*, die Feldmarschall Radetzky 1854–57 errichten ließ, befinden sich mittlerweile die Stadtbibliothek, Ausstellungsräume, eine Önothek und ein Bioladen. Lohnend ist auch ein Bummel durch die kleine Altstadt und den **Hafen**, der Ausgangspunkt vieler Bootsausflüge ist.

i Praktische Hinweise

Information

IAT-Ufficio Informazioni,
Piazza Betteluni 15, Peschiera,
Tel. 04 57 55 16 73, Fax 04 57 55 03 81

Restaurants

Nuovo Secolo, Via Bella Italia, Peschiera, Tel. 04 57 55 01 64. Spezialitätenrestaurant

Der Damm des Gian Galeazzo Visconti über den Fluss Mincio von 1393, ein kühnes, aber nutzloses Bauwerk

für hervorragende Fisch- und Pilzgerichte, die allerdings ihren Preis haben.

Ristorante Il Cantinone, Via Galileo Galilei, 14, Peschiera, Tel. 0 45 75 55 11 62. Auch bei den Einheimischen beliebter Familienbetrieb mit bodenständiger Küche und leckeren hausgemachten ›Dolci‹ (Di geschlossen).

10 Valeggio sul Mincio

Der tiefblaue Mincio teilt Oberitalien in eine lombardische und eine venezianische Hälfte.

Sehr reizvoll ist es, in die Hügellandschaft des **Mincio** zu fahren. Auf den Hügeln und in den Tälern lassen sich noch zahlreiche kleine, unberührte Dörfer mit Burgen und Kirchen entdecken. Beliebt sind diese **Moränischen Hügel** an den Ufern des Mincio auch als gastronomische Ausflugsziele, da sich in diesem Gebiet noch die originale Küche erhalten hat. *Fisch* spielt natürlich eine große Rolle, aber auch *Eselsbraten* gehört zu den regionalen Delikatessen. Landschaft und Siedlungen erinnern an die Toskana und verzaubern durch ihr altertümliches Ambiente und ihre ländliche Natürlichkeit.

Etwa 12 km südlich von Peschiera erreicht man am Ufer des Mincio den **Borghetto Valeggio sul Mincio**. Der eigentliche Ort Valeggio liegt auf einem Hügel über dem Flusstal und grüßt mit den markanten Ruinen einer ehemaligen *Scaligerburg* weit ins Land.

Nähert man sich dem Borghetto Valeggio sul Mincio, erkennt man von weitem einen mächtigen **Damm**, den Reste einer mittelalterlichen Brückenbefestigung krönen. Bizarr nimmt sich dieses Bauwerk im lieblichen Flusstal aus.

1393 ließ *Gian Galeazzo Visconti* diesen Damm errichten, mit dem Ziel, der Stadt Mantua das Wasser abzugraben. Planung und Ausführung der 600 m langen Sperre übertrug der Visconti dem Festungsbaumeister *Domenico da Firenze*. Das 26 m breite und 10 m hohe Bauwerk kostete seinerzeit 300 000 Goldgulden. Unklar bleibt bis heute, warum der Damm nicht in Gebrauch genommen wurde. Immerhin zwang dieser mächtige Riegel im Minciotal die Venezianer 1438 aber dazu, ihre Flotte gegen die Mailänder über das Gebirge zum Gardasee zu schaffen [vgl. S. 21]. Es bleibt die Verwunderung über ein unbegreifliches Vorhaben, das zwar wenig Wirkung zeigte, sich aber recht fantastisch ausnimmt über dem Fluss, der in kleinen Kaskaden hinter der Brücke in den Borghetto strömt.

Der Ort mit seinem im Zentrum altertümlichen Charme, mit schmalen Gassen, einer Kirche und einer alten Locanda nahe dem Fluss ist zwar kein Geheimtipp mehr, blieb aber vom Massentourismus weitgehend verschont.

Unweit des Scaligerkastells von Valeggio sul Mincio, von dem nur noch drei Ecktürme, der Bergfried und ein Teil der Ringmauer erhalten sind, erreicht man

TOP TIPP

die **Villa Sigurtà**, die besonders wegen des **Parco Giardino Sigurtà** (März–Okt. tgl. 9–18 Uhr, Tel.

04 56 37 10 33, www.sigurta.it.) in der Region berühmt ist. In dem ehemals landwirtschaftlich genutzten Areal der Villa aus dem 17. Jh. wurde auf 50 ha ein ausgedehnter Park mit malerischen Teichen und romantischen Seerosenbecken, prächtigen Blumen und Bäumen angelegt. Der Begründer dieser beeindruckenden Anlage mit wunderschönen Ausblicken auf das Minciotal war Graf *Carlo Sigurtà*. Für das Publikum wurde der Garten 1978 geöffnet. Diesen ›Tempel der Natur‹ mit einer über 100 Jahre alten Mittelmeerflora kann man zu Fuss ebenso erkunden wie mit dem Fahrrad oder einem Golfwagen. Außerdem befährt ein kleiner Bummelzug eine 7 km lange Strecke. Miet- bzw. Zusteigemöglichkeiten gibt es am Parkplatz.

i Praktische Hinweise

Restaurant

Top Tipp **Antica Locanda Mincio**, Via Michelangelo Buonarrotti, 12, Valeggio sul Mincio, Tel. 04 57 95 00 59. Hausgemachte Teigwaren, vorzügliche Fischgerichte (Mi und Do geschl.).

11 Sirmione

Top Tipp *Seit Catull hat dieses Kleinod am See die Dichter und Denker beflügelt.*

Dass das Gebiet um Peschiera im Altertum von einem dichten, furchterregenden Wald bewachsen war, kann man sich heute, folgt man der Straße Richtung Sirmione, nicht mehr vorstellen. Umso schöner, lieblicher muss dem Reisenden der Antike die Siedlung erschienen sein, die ihn am Ende der 4 km in den See ragenden Halbinsel willkommen hieß. Römische Familien aus Verona und Brescia bauten ihre Villen an der Landspitze, von der aus sich einer der bezauberndsten Ausblicke auf den Gardasee öffnet. Unter ihnen war auch die Familie der Valerier aus Verona, deren Sohn Gaius Valerius Catullus in die Literaturgeschichte des Abendlandes eingehen sollte.

Catull war nicht der einzige, der die »Perle der Inseln und Halbinseln« pries. Die Liste der Staatsmänner und Künstler, die Sirmione besuchten und von seinem Charme bezaubert waren, ist lang. Sie reicht von Catull über Caesar, Dante, Carducci bis zu Ezra Pound. Kaum ein Ort am Gardasee erfreute sich vom Altertum bis in unsere Zeit einer so großen Beliebtheit wie diese südlichste Ansiedlung am Benacus. Freilich hat diese Popularität auch dazu geführt, dass das Städtchen an manchen Tagen – vor allem an Festtagen, wenn außer den Touristen Ausflügler aus Verona, Brescia und Mantua auf die Halbinsel drängen – hoffnungslos überfüllt ist. Doch zu Zeiten, wenn die Urlauberströme abgeflaut sind und es in Sirmione ruhig geworden ist, vermag man die landschaftliche und architektonische Schönheit des Ortes, die Stille seiner Gärten und Olivenhaine und die Farbenpracht der Sonnenuntergänge über dem See ungestört zu genießen.

Die sehr schmale Landzunge ist heute mit Häusernn, Hotels und Ferienwohnungen bebaut und führt zu der eigent-

Zufluchtsort – Catull in Sirmione

Der Dichter Gaius Valerius Catullus wurde um 84 v. Chr. in Verona geboren und starb um 54 v. Chr. in Rom. Er stammte aus einer wohlhabenden Familie, die in Sirmione ein Landhaus besaß, das er ab und zu besuchte. Den größten Teil seines kurzen Lebens verbrachte Catull jedoch in Rom im Kreis von Poeten, die sich die griechische Dichtung hellenistischer Zeit zum Vorbild genommen hatten.

Das prägendste Ereignis im Leben des jungen Provinzlers war die Liebe zu einer reifen, erfahrenen Römerin, die er als »Lesbia« in seinen Gedichten verehrte.

Catulls lyrisches Werk – die ›Carmina‹ – besteht aus nahezu 3000 Versen. Es umfasst 60 kleine Lieder, deren Alltags- und Liebesthemen mit großer Frische, mit Unverblümtheit, auch Grobheit gestaltet sind, acht umfangreiche Theaterstücke, darunter die ›Hochzeit des Peleus und der Thetis‹ sowie 48 Epigramme. In Catulls Lyrik beeindruckt vor allem die unverhohlene Leidenschaft, mit der er von seiner Liebe zu Lesbia spricht. Am Gardasee suchte der Dichter oftmals Ruhe vor dieser verzehrenden Liebe. Sirmione widmete er die viel zitierten Verse: »Salve o venusta Sirmione« … »Sei gegrüßt du herrliches Sirmione, freu dich der Heimkehr deines Herrn, und ihr, freut euch mit, zärtliche Wellen des Sees.«

Aus der Vogelperspektive werden Ausdehnung und Wehrhaftigkeit der Burg von Sirmione deutlich, die ehemals nur über eine Zugbrücke zugänglich war

lichen Stadt Sirmione, aus der der Autoverkehr ausgeschlossen ist (Parkmöglichkeiten vor den Stadttoren).

Den Eingang in die engen, gewundenen Sträßchen Sirmiones bewacht die majestätische **Wasserburg** der Scaliger mit ihrem zinnenbewehrten Mauerkranz, hoch aufragenden Türmen und tiefen Wassergräben, die nur durch eine Zugbrücke Einlass in die Festung ermöglichten. Keine der Burgen der della Scala am Seeufer ist besser erhalten als die von Sirmione, keine erscheint auch architektonisch so harmonisch und geschlossen wie diese. Das beeindruckende äußere Bild täuscht jedoch nicht darüber hinweg, dass wir es mit einem kriegerischen Bauwerk zu tun haben, mit dessen Hilfe zeitweise auch auf die Bürger Sirmiones beträchtlicher Druck ausgeübt wurde.

Geschichte Das Kastell erhebt sich vor dem ersten der drei felsigen Hügel, die Sirmione Profil geben. Es entstand an der Stelle, wo schon die **Römer** ein ›*Castrum*‹ gebaut hatten. Das römische Sirmione beherrschten zwei Kastelle, von denen eines ganz verschwunden ist; die Siedlung Sirmio bestand aus zwei Häfen und der riesigen Villenanlage auf dem dritten und letzten Hügel über dem Seeufer. Nach dem Fall des römischen Westreiches geriet Sirmione unter die Herrschaft einfallender barbarischer Völker und versank in Bedeutungslosigkeit. Unter den **Langobarden** entstanden verschiedene Klöster und Kirchen, von denen so gut wie nichts erhalten geblieben ist. Während der Herrschaft der **Scaliger** und später der **Venezianer** wurden die erhaltenen Befestigungen der Römer um- und ausgebaut. Den antiken Osthafen integrierten die Scaliger in die Festungsanlage, während das Hafenbecken am Westufer zugeschüttet und zu einer Piazza umgestaltet wurde.

Die **Piazza Carducci** – gesäumt von alten Häuserfassaden, mit einem schönen Blick auf den südwestlichen Teil des Sees, mit Cafés und Trattorien – ist heute eine der reizvollsten Platzanlagen von Sirmione. Hier befindet sich auch die Anlegestelle der Dampfer. Erst als im 13. Jh. die Scaliger die Herrschaft über das Gebiet übernahmen, entwickelte sich Sirmione zu dem Ort, der den heutigen Besucher mit engen Gassen, Torbogen und vielen überraschenden Durchblicken zum See so fasziniert. Haupteinnahmequelle der Bewohner war der Fischfang, dessen freie Ausübung Kaiser Friedrich II. im Jahre 1220 der Gemeinde durch ein Dekret garantiert hatte. Dieses Privileg blieb bis 1806 gültig.

Im Jahre 1276 – unter der Herrschaft *Mastinos I. della Scala* – entbrannte der

Die Fresken in der Kirche San Pietro in Mavina stehen in byzantinischer Tradition

Kampf gegen die **Patariner**, eines der blutigsten Kapitel in der Geschichte Sirmiones. Die Patariner waren – wie die Katharer – eine Sekte, die sich gegen den übermäßigen Reichtum der Kirche und gegen die Tyrannei der Klöster und ihrer Verwalter wendeten. Die Kirche empfand diese Häretiker als eine Gefahr für den katholischen Glauben und das Papsttum. Mastino ließ auf Veranlassung des Papstes Milizen in Sirmione, wo der Großteil der Bevölkerung der Sekte angehörte, zusammenziehen und richtete ein Massaker unter den wehrlosen Patarinern an. Etwa 200 gerieten in Gefangenschaft und unter *Alberto I.* – dem Bruder Mastinos – wurden sie 1278 in der Arena von Verona öffentlich verbrannt.

Eingedenk dieser Geschichte betrachtet man die Scaligerburg, von der aus der Kampf gegen die friedlichen Bewohner Sirmiones geführt wurde, vielleicht mit anderen Augen. Die Türme und Wehrgänge erscheinen nicht mehr romantisch, sondern finster und bedrohlich. Das Innere der Burg macht deutlich, dass diese Anlage allein der Verteidigung und Machtdemonstration der Scaliger diente und in keiner Weise wohnlich war.

Nachdem sich Sirmione 1404 freiwillig Venedig unterwarf, verlangten die *Venezianer* von den Scaligern eine Restaurierung der Burg als Gegenleistung für die Erhaltung des Feudalrechtes.

TOP TIPP Castello Scaligero

Man betritt die Burg (Di–So 8.30–19 Uhr) über die Zugbrücke und durch ein Portal, über dem das Wappen der Republik Venedig (geflügelter Löwe) und das der Scaliger (Leiter) zu sehen ist. Im ersten Hof hielten sich die Wachen auf; sie konnten von hier aus durch die Schießscharten den Zugang zur Ortschaft beobachten. 47 m hoch ragt der Turm (Mastio) über das Geviert der Wehrgänge und Zinnen hinaus. Im Säulengang des einzigen bewohnbaren Gebäudes sind Reliefs und Mosaike aus römischer Zeit, auch ein Meilenstein von etwa 305–307 n.Chr., sowie eine mittelalterliche Sammlung ausgestellt. Diese besteht aus Funden, die in den Ruinen des langobardischen Klosters *San Salvatore*, das auf dem zweiten Hügel gestanden hatte, entdeckt wurden. Bemerkenswert ist eine langobardische Schmuckplatte mit charakteristischen Flechtbandornamenten und Symbolen.

Bei einem kleinen Rundgang über Wehrgänge und durch Ecktürme vermag man die Ausmaße der Burg, ihr ausgeklügeltes Verteidigungssystem mit Zugbrücken, Treppen und befestigtem Mauerwerk zu erkunden. Besonders schön ist der Blick von oben auf den mit Seerosen bewachsenen Hafen. Dieser ehemalige römische Osthafen ist seit dem Bau der Burg rundum von hohen, zinnenbewehrten Mauern geschützt. Dieses Becken diente allein der Versorgung und Verteidigung des Kastells. Es ist ein seltenes, vollständig erhaltenes Beispiel einer Hafenanlage der Scaliger.

Santa Maria Maggiore, San Pietro in Mavino

Abseits der belebten, von Geschäften und Restaurants gesäumten *Via Vittorio Emanuele* gelangt man durch enge mittelalterliche Gassen zur Kirche **Santa Maria Maggiore**. Sie stammt aus dem späten 15. Jh. und wurde an der Stelle eines langobardischen Vorgängerbaues errichtet. Der Westfassade des sonst schmucklosen Baus ist eine Säulenhalle vorgesetzt. Eine der Säulen stammt aus römischer Zeit. Das einschiffige Innere wird von großen Bögen unterteilt und hat fünf Altäre. Der *Hauptaltar* ist eine aufwendige Marmorarbeit des 18. Jh., darüber erscheint das Bild der Muttergottes in einem geschnitzten Holzrahmen aus dem 16. Jh. Eine Reihe von Fresken aus dem 15. Jh., von verschiedenen Meistern ausgeführt, verdienen die Aufmerksamkeit des Besuchers. Besonders interessant ist die ›Kreuzigung‹ an der Südwand.

Kunsthistorisch bedeutender ist die Kirche **San Pietro in Mavino**, die auf dem zweiten Hügel Sirmiones gebaut wurde. Ihre Ursprünge gehen auf das 8. Jh. zurück. Man vermutet jedoch, dass schon die Römer hier ein Heiligtum errichtet hatten. Einsam steht die Kirche inmitten eines stillen Olivenhaines, abseits des belebten Ortes. Im 11. und 12. Jh. wurde die alte Anlage erweitert. Es entstanden der *Campanile* sowie die drei *Apsiden* im Osten. Die Fresken der Apsis stammen aus dem 12.–16. Jh. und bilden einen bemerkenswerten ikonographischen Zyklus. Überwältigend, beinahe magisch wirkt das große *Fresko* in der Hauptapsis, das Christus in der Mandorla als Weltenrichter am Ende der Zeiten darstellt. Umgeben von zwei Posaune blasenden Engeln, flankiert von Maria und Johannes, richtet er die Toten, die zu seinen Füßen aus den Gräbern steigen. Das Fresko wurde 1321 von einem Veroneser Maler geschaffen, der noch stark unter dem Einfluss der byzantinischen Kunst arbeitete. In den Seitenapsiden befinden sich Fresken einer thronenden Madonna und einer Kreuzigungsgruppe. Auch das Langhaus ist mit qualitätvollen Darstellungen von Heiligen (St. Michael, St. Rocco, St. Josef) und einer Schutzmantelmadonna geschmückt.

TOP TIPP Grotte di Catullo

Unweit von San Pietro, auf dem dritten Hügel der Halbinsel, zeugt die ausgedehnte Ruinenanlage der Grotten des Catull (März–Okt. Di–So 8.30–19, sonst bis 17 Uhr) von der Blütezeit Sirmiones in der Antike. 1483 hatte der Chronist Marino Saniedo im Auftrag des Dogen von Venedig eine Reise durch die ›Terra Ferma‹ (Festland) beschrieben. Sirmione bezeichnete er als das Land des Catull mit seinen Grotten. Von da an nannte man die römischen Ruinen Grotte di Catullo.

Bei den Grotten des Catull handelt es sich tatsächlich um eine erst nach Catulls Tode erbaute **römische Villa** des 1.–2. Jh. n. Chr. Seit 1939 finden hier systematische archäologische Ausgrabungen statt. Die bisher gefundenen Reste haben Ausmaße von 230 x 105 m, d. h. insgesamt mehr als 20 000 m². Man geht jedoch davon aus, dass dies nur ein Teil der wirklich existierenden Anlage ist. Vermutlich handelte es sich um ein ›Mansio‹, ein vornehmes Gästehaus des römischen Staates mit Thermalbad, denn vor der Landzunge im See entspringt die 70 °C heiße Boiola-Quelle, die schon die Römer nutzten.

Die wenigen Funde, die im **Antiquarium** (Di–So 8.30–19 Uhr) – dem kleinen Museum am Eingang der Anlage – ausgestellt sind, deuten darauf hin, dass das Gebäude mit großer Pracht ausgestattet war (Fragmente von Fresken, Mosaiken, Schmuckstücke, diverse Gebrauchsgegenstände). Hier wird auch ein Gebäudeplan der Villa gezeigt, der den Gang durch die Anlage erleichtert.

Am Eingang des ausgedehnten Bezirks, dessen unvergleichliche Lage über dem See fasziniert, betritt man den *Kryptoportikus*, einen 158 m langen überdachten **Gang** mit doppelter Säulenreihe, der Schutz vor Regen und Sonne bot und zum Lustwandeln einlud. An den Außenseiten waren wohl kleine Läden eingerichtet; tatsächlich verfügte die Villa sogar über eine eigene Handelsstraße. Am südlichen Rand sind noch Teile der *Piscina*, des **Thermalbades**, erhalten, das durch Bleirohre aus der Boiola-Quelle gespeist wurde. Von der Kuppe des Hügels lässt sich die zunächst labyrinthisch anmutende Anordnung der Gebäudeteile einigermaßen überschauen. Am Nordende stößt man auf den **Lungo Corridoio**, der seinerzeit mit Stuck und Malereien dekoriert war und von dem aus die

Noblesse des 19. Jahrhunderts: Ein märchenhafter Park umgibt die Villa Cortine

15 angrenzenden Räume, wahrscheinlich Schlafzimmer, zugänglich waren.

Am äußersten östlichen Ende, etwas unterhalb des Corridoio, öffnete sich ein großer **Saal** mit dreibogigen Fensteröffnungen über den See, die *Trifora del Paradiso*. Von hier bietet sich ein unvergleichlich schöner Blick durch die gewaltigen Bogenreste über den See bis zum Monte Baldo. Vom langen Gang steigt man hinab in die **Aula dei Giganti**, den größten Saal der Villa. Der Name bezieht sich auf die gigantischen Steine, die aus dem Dachgewölbe gestürzt sind. Sie dienten als Stützen einer *Aussichtsterrasse*, die die Mitte des vorderen Gebäudekomplexes einnahm. Erst wenn man den alten, stimmungsvollen Olivengarten erreicht hat, vermag man die gewaltigen **Gewölbe** zu erkennen, die die ganze Konstruktion über den steilen, aus dem See ragenden Kalkfelsen tragen. Sie sind der Grund, weshalb man das Bauwerk als Grotten bezeichnete. Die riesigen Räume im Innern der 17 m hohen Mauern dienten vermutlich als *Vorratslager* und Ställe, worauf der Name **Grotta del Cavallo** hinweist. Von der Terrasse des Olivengartens erkennt man die breite, bis 100 m in den See ragende *Brandungsterrasse* aus von der Eiszeit glatt geschliffenen Felsen, die im Sommer ein beliebter Badeplatz sind.

Terme di Catullo

Die von den Römern genutzte **Quelle** geriet während der Wirren der Völkerwanderung in Vergessenheit. Im Jahre 1546 beschrieb erstmals ein Mönch des Klosters San Zeno in Verona die Heilkraft des warmen Wassers. Doch erst 300 Jahre später entdeckte ein Junge die römischen Bleirohre, die in 18 m Tiefe verliefen. 1889 wurde die Quelle schließlich gefasst, Rohre verlegt und mit dem Festland verbunden. Man erkannte den hohen therapeutischen Wert des Wassers für bestimmte Formen von Schwerhörigkeit, aber auch Haut- und Gefäßkrankheiten sowie Atemwegsbeschwerden. Ein Therapiezentrum, die **Terme di Catullo** (Mai–Mitte Okt. tgl. 7–12 und 16–18.30, April/ Mitte Okt.–Nov. Mo–Sa 7–12 Uhr), wurde eingerichtet. Bis zum Jahr 2006 wird diese u.a. um ein Thermalschwimmbad, einen Wellness- und Fitnessbereich erweitert.

i Praktische Hinweise

Information

IAT-Ufficio Informazioni, Viale Marconi, 2, Sirmione, Tel. 0 30 91 61 14, Fax 0 30 91 62 22

Hotels

TOP TIPP *******Villa Cortine**, Via Grotte, 6, Sirmione, Tel. 03 09 90 58 90, Fax 0 30 91 63 90, www.hotelvilla cortine.de. Alte, prachtvolle Villa mit neuem Anbau in einem unvergleichlich schönen Park auf dem ersten Hügel von Sirmione gelegen; die Preise entsprechen der Lage.

******Hotel Sirmione**, Piazza Castello, 19, Sirmione, Tel. 0 30 91 63 31, Fax 0 30 91 65 58, www.termedisirmione.com. Stilvolles, renoviertes Haus in der Altstadt direkt am See gelegen. Das Hotel verfügt über ein eigenes Thermalzentrum (Dez.–Mitte März geschl.).

******Ideal**, Via Catullo, 31, Sirmione, Tel./ Fax 03 09 90 42 45. Sehr angenehmes Haus mit Seeblick rundum.

Restaurants

Ristorante Risorgimento, Piazza Carducci, 4/5, Sirmione, Tel. 0 30 91 63 25. Fische aus dem See werden hier zubereitet, aber auch schmackhafte Fleischgerichte.

Ristorante Trattoria Al Porticciolo, Via XXV Aprile, 83, Sirmione, Tel. 03 09 19 61 61. Schöne Lage nahe dem Porto Galeazzi; die Küche besticht durch Raffinesse, hat aber auch ihren Preis.

Gardesana occidentale – dramatische Bergpanoramen, sanfte Hügelwelt

In Riva del Garda beginnt die Gardesana occidentale, eine der schönsten Panoramastraßen der Tridentiner Alpen, die sich bis Gargnano entlang der senkrecht in den See abfallenden Felswände über 50 Brücken und durch 74 Tunnels windet. 1931 wurde sie in den Fels gebaut bzw. aus ihm herausgesprengt, ein Meisterwerk der Straßenbaukunst! Zwischen den dunklen Strecken im Tunnel blitzen immer wieder – wie Diapositive – atemberaubende Bilder vom See und dem gegenüber liegenden Ufer mit dem Massiv des Monte Baldo auf. Doch Vorsicht, der Kontrast von Hell und Dunkel ist tückisch! Die Straße wurde nicht für den Massenverkehr unserer Tage konzipiert. An manchen Stellen geht es gefährlich eng zu. Auf dem begrenzten Uferstreifen zwischen See und Berg vermochten nur wenige Orte Raum zu finden.

Kühn windet sich die Gardesana occidentale entlang der schroffen Steilküste des Westufers

12 Riva del Garda

TOP TIPP *Venedig und Habsburg prägten die Stadt am Nordende des Sees.*

Ein Schiff mit geblähten Segeln zeigt Rivas Stadtwappen. Es weist auf die Bedeutung der Stadt als Hafen hin. In römischer Zeit hieß sie ›Ripa‹ (Ufer). Von Anfang war die **Bucht von Riva** ein wichtiger Anlegeplatz am Nordende des Gardasees, der hier einen strengen, fjordartigen Charakter hat. Glatte Felswände fallen steil in den See ab und lassen nur wenig Platz für Besiedlung. Riva kam die fruchtbare Ebene der **Sarca** im Norden zugute, sodass sich schon früh ein reger Handelsort zwischen See und Alpen entwickelte. Zwischen Riva und Torbole, den einzigen Siedlungen am Nordende des Sees, schiebt sich als mächtiger Sperrriegel der **Monte Brione**.

TOP TIPP

Geschichte Rivas Geschichte war außerordentlich bewegt, denn Veroneser, Mailänder und Venezianer, Tiroler Grafen und Trienter Bischöfe stritten sich in Folge um die Rechte an dem bedeutendsten Hafen am nördlichen Gardasee. 1510–1802 gelang es den Trienter Fürstbischöfen, Riva für sich in Anspruch zu nehmen. Danach kam die Stadt an das Habsburgische Kaiserreich, in dessen Besitz es bis zum Ende des Ersten Weltkrieges 1918 blieb.

Besichtigung Venezianischer und österreichischer Baustil prägen das Bild der **Altstadt**, die sich malerisch mit bunten Fassaden und kantigen Türmen um den Hafen gruppiert. Stadt und See gehören unlösbar zusammen. Nicht weit ist es von der alten **Stadtmauer**, die den Lärm und die Hektik des modernen Verkehrs aussperrt, bis zum Ufer des Sees, an dem sich die majestätischen Reste der Rocca, der einstigen *Scaligerburg*, erheben. Verwinkelte Gassen führen auf die belebten, ineinander übergehenden Plätze, deren Häuserfassaden eine reizvolle Mischung aus venezianischer und habsburgischer Bauweise bilden. Hohe Türme, wehrhafte Stadttore und mit Wappen und barocken Ornamenten verzierte Häuser fügen sich zu einem reizvollen Ensemble, das einerseits streng und geordnet erscheint, andererseits den Charme mediterraner Heiterkeit ausstrahlt.

Zentrum ist die **Piazza 3 Novembre** gleich am Hafen, beherrscht vom hohen **Torre Apponale**, dem Wahrzeichen von Riva. Dieser bereits 1220 erwähnte, über Eck gestellte Uhrturm überragt majestätisch die mittelalterlichen Gebäude. Friedrich Nietzsche äußerte bei einem Besuch in Riva den Wunsch, sein Leben

Besonders elegant wirkt die Silhouette Rivas vom Wasser aus

als Eremit in diesem zum Schutz des Hafens erbauten Wehrturm zu verbringen. Im Norden begrenzen Arkadenhäuser aus dem 14. Jh. den Platz. Sein westliches Ende bildet der **Palazzo Pretorio**, den Cansignorio della Scala 1375 erbauen ließ. Er ruht auf schweren Bogengängen. An ihn schließt sich über Eck der ebenso alte **Palazzo del Proveditore** an. In dieses älteste, geschichtsträchtige Ensemble fügt sich schließlich noch der **Palazzo del Comune** ein, den die Venezianer Ende des 15. Jh. anstelle eines Vorgängerbaues errichteten. Durch ein von Zinnen gekröntes Tor erreicht man die kleine **Piazza San Rocco** mit einer dem Pestheiligen geweihten *Kapelle*. Das Tor war 1406 von den Mailändern in Brand gesteckt worden. Seither trägt es den Namen **Porta Bruciata** (›Verbranntes Tor‹).

Entlang der lebhaften, von Hotels und Cafés gesäumten Uferpromenade gelangt man zur **Rocca** (Mitte Juni–Aug. tgl. 10–18, Di–So 10–18, sonst Di–So 10–18 Uhr), dem mächtigen Komplex der *Wasserburg*. Im 12. Jh. erbauten die Scaliger diese wehrhafte Anlage auf den Ruinen einer römischen Festung. Die Trienter Fürstbischöfe fügten Gartenanlagen und Fischteiche hinzu und ließen das Kastell wohnlicher gestalten. Von diesem Umbau ist so gut wie nichts erhalten, da die Österreicher das Schloss während ihrer Regierungszeit als Kaserne nutzten. Seit mehreren Jahren wird die Rocca grundlegend renoviert. Sehenswert ist die **Pinacoteca**, die eine Sammlung von Gemälden, Fresken und Skulpturen einheimischer Künstler des 14.–20. Jh. enthält. Darüber hinaus zeigt das **Stadtmuseum** Funde aus der Pfahlbausiedlung am Ledrosee (1500 v. Chr.) sowie römische und mittelalterliche Exponate. Auch Wechselausstellungen finden in den bereits fertig gestellten Sälen statt.

Von den blühenden Parkanlagen, die die Rocca umgeben, gelangt man zur Pfarrkirche **Chiesa dell' Assunzione della Beata Vergine Maria**, einem hohen, tonnengewölbten Bau im Barockstil mit acht Seitenkapellen. Beachtenswert ist die *Cappella del Suffragio* mit prächtigem Stuck und einem Gemälde der Himmelfahrt Mariens im Kuppelgewölbe. Hinter der Pfarrkirche erhebt sich die **Porta San Michele**, eines der alten Stadttore Rivas, dessen Turm der Kirche zugleich als Campanile dient.

Außerhalb der Stadtmauer gelangt man, der *Via Roma* folgend, zur **Chiesa dell'Inviolata**, dem kunsthistorisch interessantesten Bauwerk Rivas. Sie wurde

Österreichischer Einfluss ist in der Architektur der Altstadt deutlich spürbar

1603 von einem portugiesischen Architekten erbaut. Von außen wirkt sie mit ihrem hohen Turm schmucklos. Im **Inneren** überrascht der detailfreudige und elegante Stuck, mit dem die Wände, die Kuppel und die Seitenkapellen überzogen sind. Als Stuckateur arbeitete hier *Davide Reti* aus Rom, während die Fresken von *Martino Teofilo Polacco* aus Arezzo und von *Palma il Giovane* aus Verona stammen. Besonders schön sind die reich skulptierten Möbel in der Sakristei und das Chorgestühl hinter dem Hauptaltar mit Szenen aus dem Alten Testament.

Über der Stadt, an den Steilhängen der im Westen aufragenden Rocchetta, hängt wie ein Adlerhorst die **Bastion**, die die Venezianer 1508 erbaut hatten und die 1703 von Vendôme gesprengt wurde. Wenn sie auch keine militärische Schutzfunktion mehr hat, so ist sie doch eine empfehlenswerte Aussichtskanzel.

i Praktische Hinweise

Information

Ufficio Informazioni, Giardini di Porta Orientale, 8, Riva del Garda, Tel. 04 64 55 44 44, Fax 04 64 52 03 08

Hotels

*******Du Lac et du Parc**, Viale Rovereto, 44, Riva del Garda, Tel. 04 64 56 66 00, Fax 04 64 56 65 66, www.hoteldulac-riva.it. Das elegante Hotel in einem weitläufigen Garten bietet für jeden Geschmack etwas: moderne sowie antik eingerichtete Zimmer oder komfortable Bungalows im Park, Beauty- und Fitnesscenter.

*******Grand Hotel Liberty**, Viale Carducci, 3–5, Riva del Garda, Tel. 04 64 55 35 81, Fax 04 64 55 11 44, www.grandhotel liberty.it. Alte Villa, eingerichtet im Liberty-Stil mit einem traumhaft schönen Innengarten.

*******Hotel Sole**, Piazza 3 Novembre, 35, Riva del Garda, Tel. 04 64 55 26 86, Fax 04 64 55 28 11, www.hotelsole.net. Im Zentrum gelegenes, renoviertes Hotel mit herrlichem Blick auf den See, moderne stilvolle Einrichtung.

Restaurant

Ristorante La Rocca di Riva, Piazza C. Battisti, Riva del Garda, Tel. 04 64 55 22 17. In der Rocca gelegen, sehr romantisch mit Blick auf See und Berge; abwechslungsreiche Küche.

13 Val di Tenno

Ein romantisches Tal mit herrlichem See und alten Gemäuern.

Lohnend ist ein Abstecher ins Tennotal, in dem noch viel vom ursprünglichen Charakter der alten Dörfer erhalten geblieben ist. Auf dem Weg dorthin liegt unweit der Straße der **Wasserfall von Varone** (März tgl. 10–12.30 und 14–17, April tgl. 9–18, Mai–Aug. tgl. 9–19, Sept. tgl. 9–18, Okt. tgl. 10–12.30 und 14–17, Nov.–Febr. So 10–12.30 und 14–17 Uhr), der zu den eindrucksvollsten Naturschauspielen am Gardasee gehört. Aus einer Höhe von fast 100 m stürzt das Wasser eine enge Klamm hinab, die sich in 20 000 Jahren gebildet hat. Von zwei übereinander liegenden Brücken blickt man in den tosenden Schlund. 1901 besichtigte Thomas Mann die 1874 eröffnete ›Cascata del Varone‹. Seine Eindrücke finden wir in einer Beschreibung im ›Zauberberg‹: »Vor dem Hintergrund der engen, tiefen Schlucht, die von dicken, nackten, glitschigen Felsbrocken gebildet wird, die wie enorme Fischbäuche anmuten, stürzt die Wassermasse mit ohrenbetäubendem Getöse herunter. Die wahnsinnige, mächtige Dusche betäubte, machte Angst und verursachte Halluzinationen des Gehörs.«

Das Dorf **Tenno** selbst konnte zahlreiche alte Steinhäuser, Gewölbe und Terrassen bewahren. Sehenswert ist die Kirche **San Lorenzo**, ein romanischer Bau, in dem Fresken der Romanik und des 14. Jh. erhalten blieben. Die **Burg** von Tenno, die zu den strategisch wichtigen des Trentino gehörte, wurde von den Franzosen stark zerstört, sodass von der mittelalterlichen Anlage nur noch wenig zu sehen ist. Sie wurde später teilweise wieder hergestellt und, um neue Gebäude ergänzt, wieder bewohnbar gemacht.

Im benachbarten **Canale** hat sich eine Künstlerkolonie eingerichtet, die mit

In Canale scheint die Zeit stehen geblieben zu sein. Eine Künstlerkolonie sorgt für den Erhalt des ›borgo‹

Der Tennosee bezaubert mit seinen wechselnden Farbspielen

Kulinarisches aus dem Tennotal

Im Tennotal gibt es eine typische Spezialität, die man sich nicht entgehen lassen sollte; die meisten ländlichen Trattorien haben sie auf ihrem Speiseplan. **Carne Salada** ist ein altes Hausrezept, das aus den Zeiten stammt, da es noch keine Kühlgeräte gab: In dünne Scheiben geschnittenes Rindfleisch wird mit grobem Salz eingerieben, mit Knoblauch, Lorbeerblättern, Wacholderbeeren, Pfeffer und Rosmarin zehn Tage lang in einem geschlossenen Gefäß und mit einem Stein oder einem anderen Gewicht zusammengepresst aufbewahrt. Gegrillt oder gedünstet wird es dann mit dicken Bohnen serviert. Das Aroma der Gewürze, die während der Lagerung in das Fleisch eingezogen sind, verleiht ihm den köstlich aromatischen Geschmack.

Ausstellungen dem archaisch anmutenden Ort ein kontrastreiches Gepräge gibt.

Der kleine **Tennosee** weiter oben im Tal bezaubert durch die leuchtende, mit dem Lichteinfall wechselnde Farbgebung seines Wassers. Tief eingegraben zwischen grün bewachsenen Bergen, erscheint er wie ein leuchtend blaues Auge, in dem sich Wolken, Bäume und Himmel spiegeln. Weiter nördlich in **Fiavè** kann man Ausgrabungen einer *Pfahlbautensiedlung* besichtigen (ca. 2000–1200 v. Chr.), die der gleichen Kultur angehörte wie die Pfahlbauten am Ledrosee. Ein hübsches Landrestaurant mit guter Küche ist die Trattoria *Piè di Castello*, Via A. Diaz, 55, Tenno, Tel. 04 64 52 10 65 (Spezialität Carne Salada).

14 Val di Ledro

Ein beliebtes Ausflugsziel von Riva aus.

Früher erreichte man den beinahe 400 m hoch gelegenen See über die **Ponale-Straße**, die wegen ihrer atemberaubenden Ausblicke, aber auch der engen, gefährlichen Kurven wegen berühmt war. Autofahrer müssen heute einen langen Tunnel durchqueren, der anstelle der schwierigen Panoramastraße gebaut wurde. Man erreicht sein Ziel nun schneller, muss aber auf die Aussicht über den Gardasee verzichten. Die alte Ponale-Straße bleibt ausdauernden **Mountainbikern** vorbehalten. Bei Molina di Ledro gelangt man an den **Ledrosee**. Wie sein größerer Bruder ist dieses lieblich zwischen dem Bergpanorama eingebettete Gewässer ein Relikt der Eiszeit. Sein Abfluss ist der **Ponale**, der ehemals als ein riesiger Wasserfall in den Gardasee stürzte. Heute ist er in Röhren verschwunden und wird für ein Elektrizitätswerk genutzt.

In **Molina** befinden sich die bekanntesten Reste eines *Pfahlbautendorfes* der Region. Es wurde 1937 ausgegraben,

Am Ledrosee: Er ist zwar kleiner, aber ebenso romantisch wie der Gardasee

Der Hafen von Limone gehört zu den reizvollsten am See

nachdem man, als der Wasserstand des Sees zwecks Stromgewinnung gesenkt wurde, Schmuck, Waffen und Gebrauchsgegenstände gefunden hatte, die um die Zeit von 1700 v. Chr. datiert werden. In dem interessanten kleinen Museum am See (März–Nov. Di–So 10–13 und 14–17, Dez. Sa/So 9–12 und 14–17 Uhr, www.valdiledro.com) kann man das Leben der frühen Pfahlbautenbewohner studieren. Eine Hütte wurde nachgebildet und gibt Einsicht in die kunstvolle Konstruktion der Behausungen. Von den etwa 10 000 Pfählen, die ausgegraben wurden, sind allerdings nur noch wenige erhalten.

15 Limone

Die Idylle fiel dem Tourismus zum Opfer.

Limone liegt an der Grenze zwischen den Provinzen Trentino und Brescia, an der Stelle, wo sich der See fjordartig verengt. Die Häuser haben wenig Platz zwischen See und steilem Berghang. Die nackten Kalkfelsen über dem Ort – hier und da von Buschwald unterbrochen – bilden einen lebhaften Kontrast zum intensiven Blau des Wassers. Die von ehemaligen Limonenplantagen und Olivenhainen umgebene Ortschaft gehört wegen ihrer besonderen landschaftlichen Schönheit zu den beliebtesten am Gardasee. Mit der Fertigstellung der *Gardesana occidentale* entwickelte sich in Limone ein neuer Wirtschaftszweig, der Tourismus. Wo früher Limonaie standen, baute man Hotels, Pensionen und Restaurants. Limone zog viel mehr Besucher an, als dem kleinen Ort zuträglich war. Die Hotelarchitektur der 60er- und 70er-Jahre des 20. Jh. stört die Harmonie der mittelalterlichen Bausubstanz. Vom See aus ist der Blick auf das steil ansteigende Panorama des Ortes noch am reizvollsten. Das kleine Hafenbecken zwischen den alten Häusern war einmal einer der stimmungsvollsten Plätze am See. Heute prägen Andenkenläden, Restaurants, Cafés die ehemals typisch italienische Atmosphäre der Marina und der umliegenden engen, mittelalterlichen Gassen, durch die sich im Sommer ein endloser Strom von Touristen wälzt. Übrigens verkehrt seit kurzem im Sommer acht Mal tgl. eine Fähre nach Malcesine am gegenüberliegenden Seeufer.

Die barocke Pfarrkirche **San Benedetto** überragt in beherrschender Lage den Ort. Sie entstand 1685 anstelle eines romanischen Gotteshauses. Wegen ihrer schönen Marmoraltäre und den sehenswerten Gemälden des Venezianers *Andrea Celesti* (1637-1711) empfiehlt sich ein Besuch. Beachtenswert ist auch die kleine Kirche **San Rocco** ein Stück weiter am Ufer über dem See. Sie wurde im 14. Jh.

erbaut und später im Stil der Renaissance ausgemalt.

Der Name des Ortes bezieht sich nicht auf die Limonen, die hier – obwohl eigentlich nicht heimisch – angebaut wurden, allerdings angesichts der niedrigeren Preise sizilianischer Limonen weitgehend verschwunden sind. Limone leitet sich vielmehr von dem lateinischen Wort ›Limes‹, d. h. Grenze ab.

Die **Limonaie** künden davon, dass hier über Jahrhunderte bis 1928, als extreme Fröste die Haine zerstörten, Orangen und Zitronen angebaut wurden. Nur wenige Zitronenhaine blieben erhalten. Der größte und einzige zusammenhängende Anbaukomplex befindet sich heute in **Tignale**. Zudem wurden einige Zitronengärten revitalisiert, weniger des Ertrages wegen als aus Anschauungsgründen. Häufiger findet man in der Umgebung die schönen, alten Olivenhaine.

i Praktische Hinweise

Information

IAT-Ufficio Informazioni, Via Comboni, 15, Limone, Tel. 03 65 95 40 70, Fax 03 65 95 46 89

16 Tremosine

TOP TIPP *Die Hochebene ist ein paradiesisches Wandergebiet.*

Zwei schöne Straßen klettern hinauf auf die Hochfläche von Tremosine. Die erste, sanftere beginnt gleich hinter Limone, während die andere in dem langen Tunnel bei Campione abzweigt und sich durch die wilde **Brasaschlucht** in zahlreichen Kehren, durch finstere Felsgalerien nach Pieve di Tremosine hinaufwindet. Der Hauptort der Hochebene liegt an Schwindel erregender Stelle über der schroffen Kante des Felsabbruchs zum See hin. Dahinter dehnt sich eine von Hügeln und sanften Abhängen, von Almen und Wäldern charakterisierte Hochebene aus. Diese Naturterrasse über dem Westufer des Gardasees ist ein beliebtes Ausflugsziel aufgrund seines angenehmen, kühleren Klimas und seiner vielfältigen Flora. Olivengärten wechseln mit Steineichenwäldern und Kastanienhainen ab. Auf den Almen, die sich zum Hochgebirge im Westen hinziehen, gedeiht eine artenreiche **Alpenflora**. Grandios sind die Ausblicke über den See und auf die Alpen.

Limonenanbau am Gardasee

Der schon seit der Römerzeit bekannte Anbau von Zitrusfrüchten am Westufer des Gardasees wurde Ende des 18. Jh. durch agrartechnische Neuerungen intensiviert und kommerzialisiert. Die neue Methode bestand darin, dass große, galerieartige Bauten errichtet wurden, die die Bäume im Winter vor Frost schützen sollten. Man musste für die Zitronenbäume, die eine ganzjährige Reifezeit haben, ein künstliches Klima schaffen. Seiten- und Rückwand eines Zitronengartens bestanden aus einer geschlossenen Mauer, während die Vorderseite zum See geöffnet blieb. Auf einer zwei Meter hohen **Schutzmauer** wurden acht Meter hohe steinerne Pfeiler errichtet. Pfeiler und Mauer waren oben mit einer Holzbalkenkonstruktion quer und längs untereinander verbunden. Sie dienten zur Auflage der **Holzdächer**, die die Bäume im Winter vor Frost bewahrten, ergänzt durch die zwischen den Pfeilern eingesetzten Glasfenster. So wurden die Zitronenhaine im Winter in geschlossene ›**Gewächshäuser**‹ verwandelt. Das Baumaterial wurde aus den Steinbrüchen um Malcesine über den See herangeschafft; das Holz kam aus den Alpengebieten. Auch die Erde musste vom Ostufer geholt werden. In den 70er-Jahren des 18. Jh. begann der große **Aufschwung** im Zitronenanbau. Die Ernteerträge beliefen sich bis 1840 auf ca. sechs Millionen Früchte pro Jahr. Die Hauptexportfrucht war die ›Citrus limonium‹. Durch lange Haltbarkeit, größeren Saftanteil und höheren Vitamin-C-Gehalt unterschied sie sich von der sizilianischen Zitrone, die der Produktion am Gardasee dennoch den Garaus machte. Bereits 1870 konnte Sizilien billigere Produkte auf den Markt bringen. Der rückläufige Trend setzte sich langsam aber stetig fort. Den **Zusammenbruch** brachte der ›Schwarze Winter‹ 1928/29, als am gesamten See so gut wie alle Zitronenbäume erfroren. Viele Bauern verloren damals die Grundlage ihrer Existenz. Nur wenige Zitronenhaine blieben erhalten.

Wie auf einem Balkon thront Pieve di Tremosine auf einem jäh abfallenden Bergabsturz

Der Hauptort **Pieve di Tremosine** liegt 416 m ü.d.M., gleichsam auf einem Balkon über dem Gardasee, im Angesicht des Monte-Baldo-Massivs. Auf einem kühnen Felsvorsprung erhebt sich die Pfarrkirche **San Giovanni Battista**. Sie stammt aus dem 15. Jh. und wurde 1712 erneuert und im Stil des Barock ausgestattet. Herausragend sind die Schnitzarbeiten des Chorgestühls sowie die Intarsienarbeiten in der Sakristei von *Giacomo Lucchini da Condino*. Beachtenswert auch die schönen Schnitzereien am Orgelgehäuse. Anmutig heiter wirkt der Hochaltar mit gedrehten Säulen, Putten und Marmorintarsien. Der Glockenturm der Kirche ist Rest eines lombardisch-romanischen Vorgängerbaues.

Inmitten der Almen und Wiesen der Hochebene von Tremosine haben sich 17 kleine Dörfer angesiedelt, in denen noch viele malerische Natursteinhäuser erhalten geblieben sind. Die frühesten Siedler des Gebietes sollen Etrusker gewesen sein, ihnen folgten Cenomanen und Römer. Auf die Anwesenheit der Etrusker weist der **Stein von Voltino** hin, auf dem lateinische und etruskische Inschriften gefunden wurden, die bisher nicht entziffert werden konnten. Der Stein befindet sich jetzt im Römischen Museum von Brescia. Tremosine ist ein besonders schönes, abwechslungsreiches **Wandergebiet**. Man kann bis zu dem 1694 m hohen *Passo Tremalzo* aufsteigen, von wo aus sich grandiose Ausblicke in die Alpen öffnen.

i Praktische Hinweise

Hotel

******Residence Piccola Italia**, Via di Mezzema, Pieve di Tremosine, Tel. 03 65 91 81 41, Fax 03 65 91 81 70, www.piccola-italia.it. Wunderschön gelegene Ferienanlage mit gehobener Ausstattung und vielfältigen Kultur- und Sportangeboten.

17 Tignale

Wallfahrtsort in atemberaubender Lage.

Das Tal von San Michele mit dem *Torrente Campione* trennt die Hochebene von Tremosine von der südlicher gelegenen **Hochebene von Tignale**. Die Straße windet sich durch eine wilde, unberührte Gebirgslandschaft. Sechs Dörfer haben sich auf der 500 m hohen Felsterrasse entlang einer Panoramastraße angesiedelt, die sich zuletzt in vielen Kehren mit spektakulären Ausblicken hinabwindet und bei *Gargnano* wieder das Seeufer erreicht. Der Hauptort von Tignale ist **Gardola**; die Hauptsehenswürdigkeit ist jedoch die unweit des Ortes auf einem Fels, 700 m über dem See thronende **Wallfahrtskirche Montecastello** (Mitte März–Okt. tgl. 9–18 Uhr). Das Gotteshaus mit Kloster und Einsiedelei liegt unterhalb des Monte Castello. Sie wurde auf den Ruinen einer Scaligerburg errichtet. Faszinierender als die im 16. Jh. nach Veroneser Vorbild gebaute Kirche ist der atemberaubende Ausblick von dem senkrecht abstürzenden Fels auf den tiefblauen See. An klaren Tagen erkennt man am gegenüber liegenden Ufer die Burg von Malcesine, darüber die beiden höchsten Gipfel des Monte-Baldo-Massivs: den Monte Maggiore und die Cima Valdritta. Bei Gargnano endet die alpine Landschaft des nördlichen Gardasees; die Ufer werden flacher, den Reisenden empfängt ein anderes, südländischeres Ambiente.

Top Tipp

18 Gargnano

Eine einzigartige Villen- und Gartenanlage am See.

Vor Gargnano ist die tunnelreiche Strecke der *Gardesana occidentale* zu Ende; es beginnt die **Brescianer Riviera** und damit ein anderes, sanfteres Landschaftsbild. Die *Cima Comèr* schützt bei Gargnano das Ufer vor dem Einfall kalter Nordwinde und so konnte sich in dem milden Klima eine üppige, vielfältige **Vegetation** entfalten. Neben Zitrusbäumen, Oleander und der farbenprächtigen Bougainvillea wachsen hier auch Palmen, Araukarien und mächtige Zedern, die es am Ostufer kaum gibt. Im Jahre 1872 wurde die erste von Süden kommende Straße nach Gargnano gebaut. »Keine Worte drücken die Anmut dieser so reich bewohnten Gegend aus«, begeisterte sich Goethe, als er 1786 auf dem See am Westufer vorbeifuhr. Und tatsächlich ist der Anblick der Uferpromenaden und Villen vom Wasser aus besonders beeindruckend. Lange war Gargnano ein einfaches Fischerdorf mit einem kleinen, verträumten Hafen, ehe es der Tourismus entdeckte. Trotzdem hat es sich seinen Charme und seine Ursprünglichkeit weitgehend bewahren können. Dreizehn Ortschaften, größtenteils am Berghang verteilt, bilden die Kommune mit den Ortsteilen **Villa** und **Bogliaco** direkt am See.

Altstadt

Das von schmalen Sträßchen durchzogene Zentrum gruppiert sich um das Hafenbecken. Hier steht das **Rathaus** aus

Nicht ungefährlich war einst der Bau der Wallfahrtskirche von Montecastello – so nah am Abhang

Der Palazzo Bettoni in Bogliaco di Gargnano: Zum See hin entfaltet sich die ganze Schönheit und Eleganz der Fassade aus dem 18. Jh.

dem späten 16. Jh. mit schattigen Kolonnaden und einem Brunnen, gesäumt von der kurzen Uferpromenade, wo Oleanderbüsche und Zitrusbäumchen südliches Flair verbreiten. Man fühlt sich in einen Seebadeort en miniature versetzt. Natürlich fehlen nicht die obligaten Cafés und Trattorien, doch hat alles hier einen beschaulicheren Charakter als etwa in Limone oder Malcesine. Am Rathaus erinnern Einschüsse im Mauerwerk an das einzig spektakuläre Ereignis in der Geschichte des Ortes, als 1866 österreichische Kanonenboote die italienischen und französischen Schiffe angriffen, die sich hierher zurückgezogen hatten. An einigen Häusern hat man Kanonenkugeln als Zeugnisse dieser kriegerischen Begebenheit eingemauert.

Die Pfarrkirche **San Martino** liegt über der Altstadt, ein für den kleinen Ort erstaunlich monumentaler Bau des italienischen Historismus (1837). Ihr Architekt *Rodolfo Vantini* aus Brescia hat sich augenscheinlich das Pantheon von Rom als Vorbild für den Bau genommen. Eine Säulenhalle ist dem ellipsenförmigen Bau vorgesetzt. Der Renaissance-Turm ist Rest einer älteren Vorgängerkirche. In dem ovalen Innenraum mit beachtlichen Ausmaßen sieht man Ölgemälde von *Bertanza*, über dem Hauptaltar eine Madonna, die *Moretto* zugeschrieben wird.

Im Ort besticht der pompöse **Palazzo Feltrinelli**, der Ende des 19. Jh. von dem Architekten *Solmi* gebaut wurde und schöne, mit Dekorationen ausgestattete Säle beherbergt. Der Palast dient heute der Mailänder Universität als Sommersitz der Kultur- und Sprachkurse für ausländische Studenten. Während des letzten Krieges war das Gebäude einer der Standorte der faschistischen Regierung. *Mussolini* bevorzugte als Wohnort jedoch eine andere, die am Ortsrand von Gargnano Richtung Campione gelegene **Villa Feltrinelli** mit einem herrlichen weitläufigen Park. In der Villa, die einst der Verlegerfamilie Feltrinelli gehörte, eröffnete 2004 ein Luxushotel.

Am südlichen Ende des Ortes findet man die Kirche und das ehemalige **Kloster San Francesco**. Laut Chronik gründete der heilige Franziskus 1289 hier ein ›Eremitorium‹ (Einsiedelei). Die Kirche wurde im 17./18. Jh. verändert, nur die Fassade mit dem harmonischen Rundbogenportal stammt noch aus romanischer Zeit. Erhalten blieb auch der *Kreuzgang*, ein bemerkenswertes Beispiel romanisch-gotischer Architektur. Die spätgotischen Arkaden ruhen auf grazilen Säulen, deren fantasievolle *Kapitelle* besondere Aufmerksamkeit verdienen, leider aber nur durch einen Torbogen zu sehen sind. Die Ornamente nehmen ausdrücklich Bezug auf die Besonderheiten der Region, sie zeigen Blätter und Früchte von Zitronen- und Orangenbäumen. Sogar die Gardaseeforelle, die ausschließlich im See beheimatet ist, wurde abgebildet.

Bogliaco

Südlich von Gargnano schließt sich Bogliaco an. Auch dieser Ort mit seinem hübschen Hafen ist noch relativ wenig vom Tourismus berührt. Glanzpunkt dieses Teiles von Gargnano ist der **Palazzo**

des Grafen Bettoni, der direkt am Seeufer liegt und vom Wasser aus am eindrucksvollsten wirkt. Es handelt sich um eine dreiflügelige Anlage aus dem 18. Jh., die nach einem Entwurf des Veroneser Architekten *Adriano Cristofali* gebaut wurde. Den Mitteltrakt, der beide Seitenflügel überragt, krönt ein dekorativer Figurenfries. Mehrere Lisenen unterteilen die 24-fenstrige Front, betonen die gelungene Noblesse der Schauseite des Palastes. Das Innere enthält eine kostbare *Kunstsammlung* mit Gemälden von Paolo Veronese, Morone, Correggio und den beiden Canaletti, aber auch Werke von Dürer, Holbein, Lucas Cranach und Tizian. Sie ist jedoch nicht öffentlich zugänglich. Einmalig in der Region ist die *Gartenanlage*, die sich in Terrassen dem Berghang anpasst. Sie entstand 1764–67 nach Entwürfen des toskanischen Architekten Amerigo Vincenzo Pierallini. Die elegante Anlage mit prunkvollen, sich raffiniert kreuzenden Treppen, einem Nymphäum und Marmorskulpturen von Omero Cignaroli ist leider durch die moderne Straße von der Villenanlage abgetrennt worden.

Von Gargnano führt eine kurvenreiche Straße hinauf zum **Stausee von Valvestino**. Die liebliche, von Olivenbäumen und Kastanien charakterisierte Landschaft geht bald in eine raue, dramatische Gebirgswelt über, die linker Hand der Monte Pizzòcolo (1582m) dominiert. Vom Lago di Valvestino kann man über Capovalle zum Lago d'Idro hinabfahren.

i Praktische Hinweise

Information

Pro Loco, Piazza Feltrinelli, 2, Gargnano, Tel./Fax 0 36 57 12 22

Hotel

TOP TIPP ****Villa Giulia**, Viale Rimembranza, 20, Gargnano, Tel. 0 36 57 10 22, Fax 0 36 57 27 74, www.villagiulia.it. Villa im Stil der Jahrhundertwende in herrlicher Lage am See mit romantischer Einrichtung und gepflegter Küche.

Restaurant

Ristorante La Tortuga, Via XXIV Maggio, 15, Gargnano, Tel. 0 36 57 12 51. Eines der besten Feinschmeckerlokale am See – ausgezeichnet mit einem Michelin-Stern; sehr klein, daher telefonische Anmeldung unbedingt erforderlich (mittags/Di geschl.).

19 Toscolano-Maderno

Lebhafter Ferienort zwischen Gärten und Olivenhainen.

Der Doppelort, der von zwei Brücken über den Toscolano verbunden wird, liegt auf dem breiten Mündungsdelta, welches der Fluss im Laufe der Zeiten in den hier flachen See geschwemmt hat.

Toscolano

Der Name des Ortes ist etruskischen Ursprungs und weist auf eine vorrömische Besiedlung hin. Römische Funde nähren die Vermutung, dass sich im See Reste einer römischen Stadt befinden könnten, die die Römer Benacum nannten. Belegt ist, dass an der Stelle, wo sich heute die Kirche SS. Pietro e Paolo befindet, ein Bacchus-Tempel stand und dass in der Wallfahrtskirche **Madonna del Benaco** bis zum 16. Jh. ein Altar mit vier Säulen und einem Bild des Zeus Ammon aufbewahrt wurde. Erst der hl. Carlo Borromeo ordnete 1580 dessen Beseitigung an, ebenso wie er heidnische Figuren in der Krypta von *San Andrea* in Maderno zerstören ließ. 1463 schrieb ein Reisender: »Im Mittelpunkt der Kirche steht der Altar auf 4 Säulen, auf ihm ein Kapitell mit einem Idol, d. h. mit Zeus Ammon in Form eines Widders. In der Kuppel ist ein Loch, aus dem der Rauch der dargebrachten Opfer stieg.«

Bedeutend ist die am Nordeingang des Ortes gelegene Apostelkirche **SS. Pietro e Paolo**. Der mächtige Bau wurde 1584 nach Entwürfen von *Bertoldo* aus Toscolano errichtet. Er weist ein prunkvolles Portal auf; den dreischiffigen Innenraum tragen starke Säulen. Die Prunkstücke dieser Kirche sind jedoch die zahlreichen Gemälde des Venezianers *Andrea Celesti* (1637–1712), die zu den besten Kunstwerken am Gardasee gehören. 22 Arbeiten fügen sich zu einer Art Pinakothek, die der Maler schuf, nachdem er aus Venedig verbannt worden war, weil er den Dogen mit Eselsohren dargestellt hatte. Hervorragend sind die drei überdimensionalen Gemälde, die die Wände hinter dem Chor ausfüllen. Sie zeichnen sich durch intensive Farbgebung und perfekte Bildgestaltung aus. »Verglichen zu den früheren Werken ist es nicht schwierig, in ihnen überragende kraftvolle Lichteffekte zusammen mit chromatischer Intensität zu erkennen. Diese ist dem Licht des Gardasees zu-

Der Hafen von Toscolano-Maderno, wo die Autofähre aus Torri del Benaco anlegt

zuschreiben, das den Maler umgab und seine Farben tränkte«, schreibt der Historiker *Antonio Morassi*.

Beispielhaft in diesem Sinn sind auch die ›Geburt Christi‹ gegenüber der Orgel und die ›Anbetung der Heiligen Drei Könige‹ auf den Orgelflügeln. Die Kirche ist ca. eine Stunde vor den Gottesdiensten zur Besichtigung geöffnet.

Maderno

Bis 1377 war der Ort wichtigstes wirtschaftliches Zentrum der Riviera Bresciana. Otto I. und Friedrich Barbarossa hatten ihm weitreichende Unabhängigkeitsrechte eingeräumt. Im 14. Jh. verlor Maderno seine privilegierte Stellung, als die Scaliger Salò zur Hauptstadt der ›*Comunità della Riviera*‹ erhoben [s. Nr. 21].

Heute ist Maderno ein beliebter Ferienort mit einem großen, lebhaften Hafen, mit schönen Villen und Ferienhäusern am Hang und im fruchtbaren Schwemmgebiet des *Toscolano*-Flusses, der aus dem Camerate-Tal kommt. Der **Lungolago** mit seinem lebhaften Geschäftsleben, mit Cafés und Restaurants und zwei Kirchen, von denen die Pfarrkirche **San Ercolano** den Platz beherrscht, ist das Zentrum Madernos.

Zwischen den modernen Häusern sticht die Fassade der Kirche **Sant'An-**

Detail des Portals von Sant'Andrea; beste lombardische Steinmetzarbeiten haben die Zeiten überdauert

drea als ein hervorragendes Beispiel der lombardischen Romanik hervor. In der 2. Hälfte des 12. Jh. auf den Resten eines vorchristlichen Tempels erbaut, fasziniert der Bau von außen vor allem durch die fein gearbeiteten Schmuckelemente der aus weißem, grauem und rotem Stein gegliederten Fassade. Das **Portal** mit seinem Säulengewände zeigt eine Vielzahl von Blattmotiven, Arabesken sowie das typische verschlungene Flechtwerk. Man erkennt Greifvögel, ein Lamm und eine doppelschwänzige Sirene, Motive, die in der frühen christlichen Kunst immer wieder auftreten. Basreliefs mit Amoretten und Girlanden aus Blumen und Früchten sind eingearbeitete Überreste römischer Gebäude. An der linken Seitenwand erkennt man sogar eine Biga (röm. Kampfwagen), die auf den Kopf gestellt eingebaut wurde. Der Giebelfries, der die Fassade mit einem kunstvoll gestalteten Rundbogenfenster nach oben abschließt, ruht auf Konsolen, die als menschliche Köpfe gestaltet sind. Die **Krypta** im Innenraum der Kirche ist nur zur Hälfte unterirdisch, sodass Chor und Altar bühnenartig emporgehoben sind. Hier befand sich ursprünglich der *Sarkophag des San Ercolano*, der neben San Zeno die verehrteste Heiligengestalt des Gardasees ist. Die Legende erzählt, dass er drei Karpfen, die schon auf dem Rost brieten, in den See zurückwarf. Die Streifen des Rostes blieben den Fischen als ewige Zeichen auf ihren Körpern erhalten. 1825 kamen die Reliquien des Heiligen in die gegenüberliegende große Pfarrkirche San Ercolano. Den dreischiffigen **Innenraum** von Sant'Andrea tragen mächtige Pfeiler, deren Kapitelle wie das Portal großartig gestaltete Reliefs lombardischer Steinmetzen mit Blattwerk, Tieren und Flechtbandwerk aufweisen. An Wänden und Pfeilern erkennt man spätgotische Reliefs. Das letzte Joch des rechten Seitenschiffs wurde 1538 im Stil der Renaissance gestaltet. Es fällt sichtlich aus dem Rahmen des romanisch-gotischen Bauwerks.

Valle Toscolano

Im Mittelalter nutzte man den reißenden *Toscolano-Fluss* im Camerate-Tal zum Antreiben von Papiermühlen. Toscolano errang im 14. Jh. europäischen Ruhm für sein Büttenpapier. Drucker aus Treviso, Venedig und Brescia siedelten sich an und vertrieben ihre Produkte bis in den Orient. Lamm, Schere, Waage und Ochs mit Kreuz garantierten hervorragende Papierqualität. Die Blätter mit den charakteristischen Wasserzeichen helfen heute oft bei der Datierung alter Dokumente. Durch die Industrialisierung ging das alte Handwerk der Papierherstellung verloren. Heute ist das **Papiermühlental** ein romantisches Freiluftmuseum und ein reizvolles Ziel für Wanderer, die sich für die Relikte der alten Tradition interessieren.

i Praktische Hinweise

Information

IAT-Ufficio Informazioni, Via Lungolago, 18, Toscolano-Maderno, Tel./Fax 03 65 64 13 30

Restaurant

Ristorante La Tana, Via Aquilani, 14, Toscolano-Maderno, Tel. 03 65 64 42 86. Die Küche des rustikal gestalteten Lokals abseits der viel befahrenen Straße verwöhnt den Gast mit ausgefallenen, traditionellen Speisen der Region.

20 Gardone Riviera

Einst ›Nizza des Gardasees‹ und Wohnort Gabriele d'Annunzios.

Das Städtchen am Westufer des Sees war einst das schönste, reichste und mondänste Bad inmitten des wärmsten, angenehmsten Klimas von Oberitalien. TOP TIPP Die **Küste von Gardone**, die die Ortschaften *Fasano* und *Morgnaga* einschließt, wird von den Bergen *Larino*, *Pizzòcolo* und *Monte Spino* vor den kalten Tramontanawinden geschützt, sodass sich hier bis in 300 m Höhe eine herrliche, farbenprächtige **Mittelmeerflora** behaupten kann.

Gardone

Das von Fischern besiedelte Ufer war 1521 der Republik Venedig zugesprochen worden und blieb bis ins 19. Jh. ein eher unbedeutendes Gebiet. Gardones große Stunde schlug 1880, als das deutsche Ehepaar Louis und Emilia Wimmer nach Gardone kam und sich in die schöne Landschaft mit der üppigen, blumenreichen Vegetation verliebte. Wimmer erkannte, dass ein reiches, verwöhntes Publikum diesen Ort – nicht allzu fern der Industriezentren Mailand und Brescia – als Sommer- und Winterresidenz schät-

Hier trafen sich einst die Reichen und Berühmten: der Lungolago in Gardone Riviera

zen würde. Wimmer baute das pompöse **Grand Hotel Gardone Riviera**. Ab 1885 setzte der Tourismus ein; Villen im luxuriösen Stil der Gründerjahre entstanden entlang des Seeufers inmitten prächtiger Gärten, zogen sich den Hang hinauf und lockten die mondäne Welt der Reichen ebenso wie Dichter, Schriftsteller, Politiker und Künstler. Man war unter sich, genoss die paradiesische Landschaft und flanierte entlang der Seepromenade unter Oleander- und Magnolienbäumen.

Diese kurze, aber noch immer elegante Flaniermeile unterhalb der den Ort durchquerenden Gardesana wird von Geschäften und Cafés gesäumt. Im Sommer ist sie hoffnungslos überfüllt, doch in ruhigeren Zeiten vermittelt sie noch immer den Charme und den Glanz einer untergegangenen Epoche. Die verblichene Pracht der Residenzen in **Gardone sotto** weckt nostalgische Gefühle und bezaubert mit dem Flair eines unwiederbringlich verloren gegangenen Lebensgefühls.

Auf der dem Berg zugewandten Seite der *Gardesana occidentale* erhebt sich die prachtvolle, mit Säulen, Karyatiden und einer schwungvollen Freitreppe ausgestattete **Villa Alba**. Sie wurde 1904/05 auf Veranlassung des österreichischen Kaisers inmitten eines von hohen Bäumen beschatteten Parks gebaut, »zur geistigen und körperlichen Erholung«. Doch der Kaiser weilte niemals in dieser Villa. Heute ist sie Kongresszentrum.

Im Jahre 1943 quartierte *Mussolini* seine Gefolgschaft in den schönen Villen von Gardone Riviera ein. Seine Mätresse, *Claretta Petacci*, logierte in der **Villa Fiordaliso**, einem eleganten Jugendstilbau direkt am Ufer des Gardasees. Das Haus ist heute ein exklusives kleines Hotel mit Gourmet-Restaurant.

Gardone sopra

Ein empfehlenswerter Spaziergang (Autofahrer nehmen den Viale del Vittoriale) führt hinauf nach Gardone sopra, entlang schöner Parkanlagen und Gärten. Auf halbem Weg lohnt der Besuch des TOP TIPP **Giardino Botanico Hruska** (März–Okt. 9–19 Uhr), des Botanischen Gartens, der von dem deutschen Professor *Arthur Hruska* zwischen 1910 und 1971 angelegt wurde. Auf kunstvoll gestaltetem Terrain gelang es dem Forscher, alpine, mittelmeerische, afrikanische und asiatische Pflanzen in einem experimentellen Weltgarten zu vereinen. Die Villa des Botanikers ist seit 1988 im Besitz des Mul-

Eine botanische Besonderheit ist der Garten des Professors Arthur Hruska in Gardone

timediakünstlers *André Heller*, der sich um die einzigartige Anlage kümmert.

Gardone sopra erweist sich als stimmungsvoller, noch relativ ursprünglich gebliebener kleiner Ort, den die barocke Kirche **San Nicola** überragt. Sie liegt auf einer Terrasse, von der man einen superben Ausblick über die Bucht von Gardone, die vorgelagerte Isola del Garda bis zum Monte Baldo und nach Sirmione hat. Das Innere der Kirche, die 1740 anstelle eines älteren Baus entstand, ist mit üppigem Stuck und großflächigen Fresken ausgestattet.

TOP TIPP Vittoriale degli Italiani

Verlässt man den intimen Platz mit Cafés und Geschäften, der sich zu Füßen der zur Kirche ansteigenden Treppen ausbreitet, und tritt durch den zur Straße führenden Torbogen, öffnet sich unversehens eine ganz andere, verblüffende Perspektive. Man erreicht den Vorhof zu Gardones Hauptattraktion, dem Anziehungspunkt für Tausende von Besuchern: den **Vittoriale degli Italiani** (Park: April–Sept. Di–So 8.30–20 Uhr, Okt.–März 9–17 Uhr; Villa: Di–So 9.30–19, Winter 9–13 und 14–17 Uhr, Kriegsmuseum: April–Sept. Do–Di 9.30–19, Winter 9–13 und 14–17 Uhr, www.vittoriale.it), ein Geschenk des Dichters **Gabriele d'Annunzio** (1863–1938) an den italienischen Staat. 1923 vermachte D'Annunzio den gesamten Komplex seinem Vaterland. Ausländischen Besuchern fällt es meist schwer, dieses ›Heiligtum‹ in seinem patriotischen Sinn und Anspruch zu begreifen. Der Besuch der Villa und der ausgedehnten Anlage des Vittoriale ist dennoch lohnenswert und gibt Einsicht in das Leben, das Denken und die Ziele eines der bekanntesten Dichter Italiens.

D'Annunzio war 1921 in die *Villa Cargnacco* eingezogen, die vorher dem Dresdner Kunsthistoriker Henry Thode gehörte, der sie aber Ende des 1. Weltkrieges aufgeben musste. D'Annunzio ließ die im Stil oberitalienischer Landhäuser erbaute Villa erweitern und umbauen. Die pompöse, mit Kunstwerken, patriotischen Symbolen und Reliquien aus seiner Militärzeit angefüllte ›Priora‹ wurde zu einer Stätte effektvoller Selbstprofilierung, zum Weiheort eines heroischen Patriotismus, in dem der Dichter als selbst ernannter Hohepriester wirkte.

In der neun Hektar großen **Gartenanlage** rings um das Wohnhaus ließ d'Annunzio von seinem Architekten *Gian Carlo Maroni* verschiedene Bauten errichten, um seinen Plan, ein nationales

Denkmal für die Italiener zu schaffen, zu verwirklichen. Im Zentrum des Programms stand dabei immer seine eigene Person, selbst im Tod.

D'Annunzio war zum einen Dichter und Schriftsteller, zum anderen aber auch Krieger, Kämpfer, ein glühender Verehrer von Militär und Heldentum. Der alte Fiat, mit dem er in Fiume einfuhr [s. S. 61], fand seinen Platz im Museum der Anlage, ebenso wie das klapprige Flugzeug, mit dem er 1918 über Wien kreiste und anti-österreichische Flugblätter abwarf. Das Vorschiff des Kreuzers *Puglia*, das ihm die Marine geschenkt hatte, liegt heute wie ein gestrandetes Wrack inmitten von Olivenbäumen und Zypressen. D'Annunzio hatte es mühevoll herbeischaffen und in seinem Park für alle Zeiten vor Anker gehen lassen. Der Garten ist gespickt mit militärischen Erinnerungen. Über allem aber thront das **Mausoleum** als Totenkultstätte, in der der Held im Kreise gefallener Kriegskameraden die letzte Ruhe fand: ein riesiges, mit marmornen Tomben bestücktes Rund, dessen kalte, überdimensionierte Architektur an faschistische Bauten erinnert. Unvergleichlich ist jedoch der Blick über den See und die ihn umgebende Landschaft.

Den geistigen Mittelpunkt des Vittoriale bildet die **Villa**, in der d'Annunzio lebte und seine großen Auftritte vor Freunden und Politikern zelebrierte. Die Einrichtung war schon zu Lebzeiten eine museale Sammlung der Erinnerungsstücke aus seinem Leben, seinem literarischen Schaffen und seinen Begegnungen mit Frauen. Hervorragende Kunstwerke finden sich hier neben Kitsch, sentimentalen oder geschmacklosen Erinnerungsstücken. Im **Reliquienzimmer** etwa liegt zwischen christlichen Kultgegenständen und fernöstlichen Götteridolen das zerbrochene Lenkrad des Bootes, mit dem Sir Henry Segrave 1930 tödlich verunglückte, als er den Geschwindigkeitsrekord für Motorboote brechen wollte. Der Wettkampf auf dem englischen Windermere-See war eine Idee d'Annunzios gewesen. Im Zentrum des Hauses ist das **Musikzimmer** voller Dekorationsstoffe (wegen der Akustik), beleuchteten Glasbehältern, verschiedenen Musikinstrumenten und einer Totenmaske von Liszt. Die unglaubliche Anhäufung von Gegenständen (allein im Badezimmer sind einige hundert), die penetrante Symbolik von Bildern und Arrangements echter und nachgemachter Kunstwerke wirkt bedrückend und verwirrend. Dies alles erzählt viel von der Psyche des »Interpreten des menschlichen Wahnsinns«, wie sich d'Annunzio selbst bezeichnete. Höhepunkt dieser geistigen Haltung ist das **Zimmer des Aussätzigen**, das er eine »Zelle der reinen Gestalt« nannte. Mittelpunkt des abgedunkelten, bedrückenden Raumes ist der Alkoven mit dem Bett ›der zwei Lebensalter‹ in Form von Wiege und Sarg. Daneben steht eine Figur des *hl. Sebastian als Märtyrer*.

Kostbar und beeindruckend ist die *Sammlung von Büchern*, die d'Annunzio teilweise von Henry Thode übernommen hat. Die Sinnsprüche, die der Dichter an Wänden und über Türstürzen anbringen

Römische Grabmäler dienten als Vorbilder für das pompöse Mausoleum Gabriele d'Annunzios

Kultische Selbstinszenierung bis zum Ende: die Totenmaske d'Annunzios in der Villa des ›Vittoriale‹, gerahmt von Kopien einiger Meisterwerke Michelangelos

ließ, bilden verworrene Leitfäden durch ein narzisstisches Leben und eine übertriebene Selbstdarstellung. Der einzige helle Raum ist die *Officina*, der **Arbeitsraum**, in den der Eintretende in gebückter Haltung durch eine niedrige Tür gelangt: eine Verbeugung vor der Kunst, die hier geschaffen wurde.

Auffallend ist die mit einem Tuch bedeckte Büste *Eleonora Duses*, der langjährigen Freundin des Schriftstellers. »Verschleiertes Zeugnis« nannte d'Annunzio den Kopf, den er während seiner Arbeitsstunden verhüllte. Für die große Schauspielerin schrieb er mehrere Dramen und ließ das **Theater** erbauen, in dem seine Stücke mit der Gardaseelandschaft als Kulisse aufgeführt werden sollten. D'Annunzio hat die Fertigstellung des Theaters nicht mehr erlebt. Heute finden hier Freilichtaufführungen statt.

Links von der Prioria mit der auffallenden, mit Wappen geschmückten Fassade ließ d'Annunzio das *Schifamondo* (›ekelhafte Welt‹) bauen, ein einfaches Haus, in das er sich »angeekelt von der Welt« zurückziehen wollte. Zugleich wollte er ein Museum des Krieges einrichten, doch er starb plötzlich. Erst im Jahr 2000 wurden d'Annunzios Pläne verwirklicht. Das **Kriegsmuseum** Waffen, Uniformen, Orden und Dokumente aus d'Annunzios Zeit als Soldat. Dazwischen finden sich Nachbildungen berühmter Kunstwerke. Der heroisch, kriegsverherrlichende Charakter des Museum wird noch überhöht durch den als Sterbezimmer geplanten Raum mit der Totenmaske des Dichters. Er starb in der Villa, wurde aber im Schifamondo aufgebahrt, um es den vielen Trauernden zu ermöglichen, von ihm Abschied zu nehmen.

i Praktische Hinweise

Information

IAT-Ufficio Informazioni, Corso Repubblica, 8, Gardone Riviera, Tel./Fax 0 36 52 03 47

Hotels

*******Hotel Villa del Sogno**, Loc. Fasano, Corso Zanardelli, 107, Gardone Riviera, Tel. 03 65 29 01 81, Fax 03 65 29 02 30, www.villadelsogno.it. Diese Villa der Jahrhundertwende ist wirklich ein Traum: die Lage über dem See, die stilvolle Einrichtung, der gepflegte Park mit Schwimmbad und Tennisplätzen.

******Hotel Villa Capri**, Via Zanardelli, 172, Gardone Riviera, Tel. 0 36 52 15 37, Fax 0 36 52 27 20, www.hotelvillacapri.com. Angenehmes, freundliches Hotel in einem schönen Garten direkt am See.

TOP TIPP ******Villa Fiordaliso**, Via Zanardelli, 150, Gardone Riviera, Tel. 0 36 52 01 58, Fax 03 65 29 00 11, www.villafiordaliso.it. Hotel mit nur 7 Zimmern, die Einrichtung ist von erlesener Eleganz; romantischer Garten am See; das Restaurant gilt als eines der besten der Region.

*****Hotel Bellevue**, Via Zanardelli, 81, Gardone Riviera, Tel. 03 65 29 00 88, Fax 03 65 29 00 80, www.hotelbellevue gardone.com. Hübsche Villa mit Garten und herrlichem Seeblick, Schwimmbad und Terrasse.

Restaurant

Trattoria Da Marietta Belvedere, Via Montecucco, 62, Gardone Riviera, Tel. 0 36 52 09 60. Auf der Terrasse hoch über Gardone genießt man die hervorragende Küche des jungen Teams und den bezaubernden Blick über den See (Winter Do geschl.).

21 Salò

Die einzige größere Stadt direkt am See.

Salò, am Ende eines schmalen, reizvollen Golfes gelegen, wird vom *Monte Bartolomeo* geschützt, dessen Abhänge im unteren Drittel von Oliven, Lorbeerbäumen und Weinreben bewachsen sind. Am gegenüber liegenden Ufer beginnen die Hügel von *Portese* und *San Felice*. Vorgelagert ist die romantische **Isola del Garda** mit einem Palast aus dem 19. Jh.

Geschichte In römischer Zeit war Salò ein wichtiger Verwaltungsort mit Tempeln, Türmen, Brücken und einem Hafen. Zahlreiche Funde belegen die Besiedlung durch die **Römer**, doch Bauten haben sich nicht erhalten. Im **Mittelalter** band sich die Gemeinde an Brescia. Als Beatrice Regina della Scala einen Visconti aus Mailand heiratete, verfügte sie 1377, dass Salò Hauptort der Riviera wurde und Maderno seine Vorrangstellung verlor. Weil sich Salò später freiwillig der **Herrschaft Venedigs** unterwarf, blieb es Mittelpunkt der *Comunità della Riviera*. Bis 1797 sorgte die Serenissima dafür, dass die Stadt unabhängig blieb, sodass sie sich ungestört entfalten und einen städtischen Charakter entwickeln konnte.

Besichtigung Salò ist ein angenehmes Städtchen mit engen Straßen, einem relativ breiten Angebot an Geschäften, mit guten Hotels und Restaurants. Zwei er-

Esprit und Größenwahn – Gabriele d'Annunzio

Unter dem Namen Antonio Rapagnetta wurde er 1863 in Pescara geboren. Schon mit seinem ersten Gedichtband – ›Primo Vere‹, 1879 – erregte der Sohn einer bürgerlichen Familie Aufsehen. Von 1881 bis 1891 lebte er in Rom, wo er Gedichte, Erzählungen und 1889 seinen ersten Roman ›Il Piacere‹ (›Lust‹) schrieb. Zahlreiche dramatische Werke entstanden unter dem Einfluss seiner Verbindung zu **Eleonora Duse**, die von 1897 bis 1904 dauerte. Die Zeit zwischen 1898 und 1910 verbrachte er in Settignano bei Florenz, bevor finanzielle Schwierigkeiten den Lebemann und Frauenhelden zwangen, nach Frankreich überzusiedeln. Hier schrieb er das von Claude Débussy vertonte Drama ›Das Martyrium des hl. Sebastian‹.

Mit Ausbruch des 1. Weltkriegs begann d'Annunzios heroische Zeit. Obwohl schon 52 Jahre alt, nahm er aktiv am Kriegsgeschehen teil, um sich heldenhaft zu gebärden. Berühmt wurde er, als er 1919 als Kommandant einer Gruppe italienischer Soldaten im Handstreich **Fiume** (Rijeka) einnahm und dort einen Freistaat errichtete, der jedoch kaum länger als ein Jahr existierte. Nach Italien zurückgekehrt, erhielt der ›Held von Fiume‹ aber nicht die erhoffte politische Anerkennung. **Mussolini** lehnte eine politische Zusammenarbeit mit d'Annunzio ab. Schmollend zog sich der Dichter bis zu seinem Tod 1938 in seine Villa am Gardasee zurück und widmete sich vorwiegend seiner Liebe zu Frauen und seiner übertriebenen Selbstdarstellung. Neue Dichtungen entstanden nicht mehr.

Vor allem in d'Annunzios Romanen fand das Lebensgefühl des **Fin de siècle** seinen Ausdruck. Der Dichter bekannte sich zu exzessiver Sexualität, zu Unmoral und Antidemokratie. Im Pathos seiner Werke klangen bereits faschistische Töne an. Thomas Mann verurteilte die ›Schönheitsgroßmäuligkeit des d'Annunzio‹. Reizvoller erscheint dagegen – bis heute – seine Lyrik.

Stilvolle Kolonnaden säumen den Lungolago von Salò

haltene Stadttore rahmen den alten Stadtkern, im Norden das **Karmelitertor**, im Süden das **Garibaldi-** oder **Uhrturmtor**. Die zwei eingebauten Uhren erinnern daran, dass es in Salò eine Tradition für den Bau von Turmuhren gab. Am **Lungolago Zarnadelli** reihen sich Bauten aus verschiedenen Epochen aneinander. Besonders stimmungsvoll sind die Kolonnaden des Venezianischen Statthalterpalastes, die in die Arkaden des alten Rathauses übergehen.

Das **Rathaus** stammt aus dem 14. Jh. Bei dem Erdbeben von 1901 wurde es zusammen mit dem gesamten historischen Stadtkern vernichtet. Der Wiederaufbau im alten Stil war bereits 1905 abgeschlossen. Der Arkadengang und die Fassade stammen von dem berühmten venezianischen Architekten *Sansovino* (1486–1570). Das Gebäude wurde mit Skulpturen und Gemälden ausgestattet, darunter eine Büste des *Gaspare Bertolotti* oder Gaspare von Salò. Er lebte zwischen 1540 und 1609 in Salò und wurde als Geigenbauer berühmt. Gaspare war es, der dem Instrument seine heutige Form gab. An das Rathaus angebaut ist der **Palazzo della Magnifica Patria** von 1524, ehemals Sitz des venezianischen Statthalters.

Nahe des südlichen Stadttors stößt man inmitten des lebhaften Straßengewirrs auf die Kirche **San Giovanni Decollato**. Das Tafelbild über dem Hochaltar ist ein sehenswertes Werk des *Zenon Veronese* (1484–1554), der in Salò lebte und fast ausschließlich am Gardasee arbeitete. Es hat die *Enthauptung Johannes des Täufers* zum Inhalt. Das Haupt des Heiligen wird der Salome inmitten einer dekorativen Renaissancearchitektur auf einem Teller dargebracht; im Hintergrund öffnet sich eine Gebirgslandschaft.

TOP TIPP Duomo Santa Maria Annunziata

Am nördlichen Ende des Lungolago steht der Dom von Salò (tgl. 9–12 und 15–18 Uhr), das größte und zugleich bedeutendste Gotteshaus am Gardasee. Die recht schmucklose Backsteinfassade lässt kaum ahnen, dass die Kirche hervorragende Kunstwerke birgt. Aufgelockert wird die Strenge der Fassade nur durch ein schönes Marmorportal. Typisch für die Renaissance ist die Verwendung des **Triumphbogens**, der hier von Doppelsäulen getragen und von einem reich verzierten Giebel bekrönt wird. Oben im Tympanon erscheint Gottvater als Schirmherr der Verkündigungsszene, die sich zuseiten des Torbogens abspielt: dem von links herbeieilenden Engel Gabriel schaut rechts Maria entgegen. Im Schatten des Bogens werden die Apostel Petrus und Paulus Zeugen des Ereignisses. Der Dom wurde 1493 im Stil der Spätgotik begonnen. Eine Anzahl von Seitenkapellen ist erst im 16. Jh. eingefügt worden. Das **Presbyterium** überwölbt eine große Kuppel mit 8 Fenstern.

Der riesige, dreischiffige **Innenraum** wirkt düster. Die hohen Fenster gotischer Kathedralen in Deutschland, England oder Frankreich fanden hier keine Nachahmung. Acht Säulen und vier Halbsäulen, die in mit Blattwerk verzierten Kapitelle enden, tragen die schweren, auseinander gezogenen Bögen. Aus diesen entspringt das Kreuzrippengewölbe, das 1591 von *Tommaso Sandrino* mit floralen Dekorationen in manieristischem Stil verziert wurde.

Beginnt man den Rundgang links vom Portal, sieht man in der ersten **Kapelle des linken Seitenschiffs** ein großes, spätgotisches *Kruzifix* des Meisters *Hans von Ulm* (1449). Zwischen der ersten und zweiten Kapelle verdient ein kleines *Holzretabel* Beachtung. Die Madonna, von Heiligen umgeben, thront zwischen auf Halbsäulen ruhenden gotischen Spitzbögen. Es ist ein sehr schönes Werk der frühen venezianischen Gotik, das *Paolo Veneziano* (1300–1362) geschaffen hat. Darüber hängt ein Bild von Gerolamo da Romano, gen. *Romanino* (1486–1560), auf dem die *Muttergottes mit Kind* zwischen dem hl. Sebastian und dem hl. Bonaventura vor einem Bau dargestellt ist.

An der nächsten Zwischenwand ist ein weiteres Werk des Brescianer Meisters *Romanino* zu sehen: ein Bildnis des *hl. Antonius von Padua* vor einer Landschaft mit Burgruine. Erstaunlich ist das Verhalten der Engel, die sich verächtlich von dem *Stifter des Bildes*, einem dicken, mürrischen Mann, abwenden. Romanino hat ihn offenbar nicht sehr geschätzt. Der Maler, der zeitlebens in Konkurrenz mit dem anderen Brescianer Künstler *Moretto* (1498–1554) stand, war ein Meister des Porträts und der Charakterdarstellung. Offensichtlich scheute er auch Ironie und Satire nicht. An der nächsten Zwischenwand verdient ein Bild *Andrea Celestis* – die Himmelfahrt Mariens – Aufmerksamkeit. Einen Vergleich zwischen Romanino und Moretto ermöglicht der Besuch der vierten Kapelle. Hier befindet sich ein großes Gemälde *Morettos* mit den Heiligen Antonius, Scbastian und Rocco. Die lieblichere und gefälligere Malweise Morettos fand zu Lebzeiten der beiden Künstler mehr Anklang als die des kritischen Romanino.

Links und rechts des **Chores** sieht man zwei weitere bedeutende Werke des Doms: links eine Anbetung der Könige von *Andrea Celesti*, rechts eine Geburt Christi von *Zenon Veronese*. Dahinter öffnet sich der große Chor, in dessen Mittelpunkt ein hoher, in Goldglanz erstrahlender *Altaraufsatz* der Spätgotik steht. Zwischen fein gearbeiteten Architekturelementen – Bögen, Fialen, Säulen – stehen über zwei Geschosse zehn Holzskulpturen von Heiligen – im Mittelpunkt die Madonna. Der Altar, der sich früher an der Rückwand der Apsis befand, wurde vorgerückt und erhöht aufgestellt, als man die Wände des Presbyteriums, das Gewölbe des Chores sowie die Flügel der Orgel durch den Barockmaler *Palma il Giovane* (1544–1628) mit **Fresken** ausmalen ließ. Der venezianische Meister – ein Großneffe des bekannten Palma il Vecchio – schuf zusammen mit seinen Gehilfen das große Mittelfresko *›Mariä Himmelfahrt‹*, eine Serie von Gemälden, die Szenen aus dem Leben Mariens darstellen, und die vier Evangelisten in den Gewölbenischen. Die Malereien auf den Flügeln der Orgel beinhalten Episoden aus dem Alten Testament.

Unter dem **Triumphbogen** hängt ein riesiges spätgotisches *Kreuz* (1449), ebenfalls eine Arbeit des *Hans von Ulm*. Rechts vom Chor schließt sich die **Sakramentskapelle**, die größte der Seitenkapellen, an. Für ihre Ausschmückung ließ man *Giovanni Battista Trotti*, gen. Malosso, aus Cremona kommen. Er malte das großartige Deckenfresko mit Scheinarchitekturen und schwungvollen, gewagten Perspektiven, welches das Paradies zum Thema hat.

Das marmorne Renaissanceportal des Domes

Die **Kapellen des rechten Seitenschiffes** sind gleichermaßen reich ausgestattet mit Gemälden und Fresken. Sehr schön sind drei weitere Werke *Zenon Veroneses*: in der Kapelle gleich neben der Sakramentskapelle eine meisterhaft komponierte ›*Grablegung*‹, an der Wand zwischen dieser und der nächsten Kapelle Darstellungen der Heiligen Petrus, Johannes und Paulus und in der letzten Kapelle ein Bild des hl. Hieronymus. In dieser Kapelle sieht man noch eine Grablegung. Lebensgroße, sehr ausdrucksstarke Figuren, Arbeiten einer unbekannten Südtiroler Schule aus dem 16. Jh., gruppieren sich zu der von Trauer erfüllten Szene.

Über dem Portal sollte man die *Fresken* beachten, die gleichfalls *Hans von Ulm* zugeschrieben werden, der über einen längeren Zeitraum in Salò arbeitete.

In der jüngeren Geschichte ist Salò als ›Gespensterrepublik‹ Mussolinis berühmt geworden. Mithilfe der deutschen Nationalsozialisten errichtete der Duce – aus Rom vertrieben – im September 1943 am Westufer des Gardasees seine ›Faschistische Sozialrepublik‹ und residierte in requirierten Villen und Hotels, gesichert durch Truppen der deutschen SS. Die trotz allen Imponiergehabes politisch bedeutungslose Repulik überdauerte keine 20 Monate. Der Zusammenbruch der deutschen Front in Norditalien brachte ihr Ende. Die Verhandlungen mit den Alliierten beschleunigten den Fall von Mussolinis Geisterstaat. Die italienische Partisanenbewegung weitete sich zum offenen Aufstand aus. Am 28.4.1945 wurde der ›Duce‹ von kommunistischen Partisanen getötet.

i Praktische Hinweise

Information

IAT, Via Lungolago Zanardelli, 52, Salò, Tel./Fax 0 36 52 14 23

Der Innenraum des Domes fasziniert durch seine hervorragenden Kunstwerke

Verspieltes Jugendstilfenster im Hotel Laurin in Salò

Hotels

TOP TIPP ****Romantik Hotel Laurin, Viale Landi, 9, Salò, Tel. 0 36 52 20 22, Fax 0 36 52 23 82, www.laurinsalo.com. Eines der schönsten Hotels am See, Jugendstilvilla der Jahrhundertwende, ein luxuriöses, stilvolles Ambiente mit Dependance direkt am See; und anspruchsvollem Restaurant.

***Hotel Benaco**, Lungolago Zanardelli, 44, Salò, Tel. 0 36 52 03 08, Fax 0 36 52 10 49. Modern eingerichtetes Haus direkt an der Seepromenade.

Restaurants

TOP TIPP **Antica Trattoria alle Rose**, Via Gasparo da Salò, 33, Salò, Tel. 0 36 54 32 20. Hervorragende Küche und ausgezeichnete Weine (Mi geschl.).

Trattoria La Campagnola, Via Brunati, 11, Salò, Tel. 0 36 52 21 53. Hier werden viele Produkte im Haus selbst hergestellt; die Gemüse und Gewürze gedeihen im eigenen Garten. Unbedingt reservieren!

22 Valténesi

Malerische Dörfer, Weingärten und alte Wehrburgen.

In Salò verlässt die Straße das Seeufer und führt im Landesinnern weiter in Richtung Desenzano. Es empfiehlt sich jedoch, die Bucht von Salò ganz zu umfahren, um später auf die Hauptstraße zurückzukehren. Auf dieser Strecke hat man sehr schöne Ausblicke auf die Stadt, den Golf und die dahinter aufragenden Berge. Die Landschaft wird nun, je weiter man nach Süden fährt, immer lieblicher. Durch die Ablagerung der Endmoränen der Eiszeitgletscher entstand das sanfte **Hügelland** des Valténesi, das außerordentlich fruchtbar ist. Ölbäume und Zypressen wachsen zwischen ausgedehnten Weinhängen und schaffen eine heitere, mediterrane Atmosphäre. Der Wein, der hier gedeiht, ist weniger bekannt als der Bardolino oder Valpolicella am anderen Ufer des Gardasees. Der leichte, schlanke *DOC Riviera Bresciana* ist gleichwohl ein vorzüglicher roter Wein. Beliebt ist auch der *Chiaretto del Garda*, ein süffiger Rosé, der zwischen Desenzano und Portese große Verbreitung gefunden hat.

Fährt man auf dem See entlang der Küste, fällt die schroff ins Wasser abfallende *Rocca di Manerba* auf, letztes Relikt des felsigen Gebirges in der nun weich auslaufenden Hügelwelt. Von der *Punta di Manerba*, der weit in den See herausragenden Landzunge, verläuft eine Riffkette, die die Punta mit den beiden Inseln *San Biagio* und *Isola del Garda* verbindet. Sie ist Teil eines abgesunkenen Gebirgsrückens. Zu gewissen Jahreszeiten erlaubt der flache Grund, die Insel San Biagio, auf der unter Zypressen ein Campingplatz eingerichtet wurde, watend zu erreichen.

Die **Isola del Garda** (www.isoladelgarda.com, Mai–Sept., Voranmeldung obligatorisch Tel. 0 36 56 22 94) mit ihrem romantischen Palastbau wirkt wie eine verträumte Märcheninsel. Das *Schloss Scipione-Borghese*, die im Stil venezianischer Neugotik 1884–1901 erbaut wurde, wird von den Erben der Grafenfamilie Cavazza bewohnt. Neuerdings kann man die Insel

Einer der Hauptorte der lieblichen Hügellandschaft des Valténesi ist San Felice del Benaco

auch besichtigen. Der Besuch lohnt sich vor allem wegen der ausgedehnten Gärten im englischen und italienischen Stil. Der Ausflug beginnt mit einer Motorbootfahrt im Hafen von Barbano (Abfahrt Di/Do 9.30 Uhr, Tel. 03 65 64 27 70, www.danieliboatservice.com – unbedingt vorher anmelden) nahe Salò oder von Garda (Abfahrt Mo/Mi/Fr 9.45, Tel. 03 09 14 95 11, www.navigazionelaghi.it – unbedingt vorher anmelden).

23 San Felice del Benaco

Eine sehenswerte Wallfahrtskirche und ein romantischer Hafen.

Den nördlichen Teil des Valténesi umfasst das weit gestreute Gebiet der Ortschaft San Felice del Benaco. Unten am Seeufer liegt der kleine malerische **Hafen Portese**, einst ein bedeutendes Fischereizentrum. Ein Spaziergang entlang der Küste führt zu der kleinen Kirche **San Fermo** aus dem 15. Jh. (nur für Gottesdienste geöffnet). Im Innern sieht man Fresken, die dem Künstler *Hans von Ulm* zugeschrieben werden. San Felice del Benaco, das noch den alten Namen des Sees trägt, liegt weiter oben auf dem Hügel. Aus dem Gewirr schmaler, alter Gassen erhebt sich überragend der stattliche Bau der **Pfarrkirche**, die den Märtyrern Felice, Adauto sowie der heiligen Flavia geweiht ist. Den großen, barock gestalteten Innenraum überwölbt eine ovale Kuppel. Das *Altarbild*, das den Patron *San Felice* zum Mittelpunkt hat, ist eine – allerdings weniger bedeutende – Arbeit des Brescianer Malers *Romanino*. Die Deckenfresken im Schiff malte zwischen 1759–61 *Carlo Carloni* im üppigen Stil des Barock. Außen, an der Ostwand der Kirche, ist ein römischer Stein eingelassen, der dem Neptun geweiht ist.

Etwas außerhalb der Ortschaft (man folge den Hinweisschildern »Santuario del Carmine«) liegt zwischen Weinbergen die sehr sehenswerte Wallfahrtskirche **Santa Maria del Carmine**. Sie wurde zwischen 1452 und 1482 für ein Karmeliterkloster gebaut. Nach der Auflösung des Konvents im Jahr 770, schien die Kirche dem Verfall preisgegeben. Doch der Orden kehrte 1952 zurück und renovierte den wertvollen Kirchenbau. Außen hat die einschiffige Saalkirche einzig ein kleines, von Säulen getragenes Portal als Fassadenschmuck. Umso stärker ist der Eindruck vom **Innenraum**, der mit reicher **Freskenmalerei** ausgestattet ist. Die künstlerisch bedeutenden Werke stammen von der Wende des 15. zum 16. Jh. und sind interessante Beispiele des Übergangs der Spätgotik zur Renaissance.

Im Mittelpunkt der Verehrung steht die wundertätige, hölzerne **Madonnenfigur**, ›*Patrona della Valténesi*‹. Sie ist von einer aufwendigen, mit Scheinarchitekturen und dekorativen Elementen bereicherten Bildszenerie umgeben. Ganz oben Gottvater, darunter eine anmutige Verkündigungsszene inmitten einer Fantasiearchitektur. Die Madonna, die in einer gemalten Nische thront, wird von den Propheten Elias und Eliseus flankiert.

Der Patron der Karmeliter, *Sankt Albert*, ist auf einem großen Fresko links vom Chor zu sehen, umgeben von Medaillons anderer Heiliger des Ordens. Mit den Füßen zertritt er den Satan.

Auffallend ist, dass sich einge Madonnen- und Heiligenbilder an den Wänden in abgewandelter Form mehrfach wiederholen. Je häufiger Maria und die Heiligen – ihrer jeweiligen Funktion gemäß – dargestellt waren, desto umfassender war auch ihre Fürsorge für die um Hilfe bittenden Pilger. Die Madonna z.B. brachte als Annunziata, Pietà oder del Rosario Hilfe für die verschiedensten Anliegen und Notlagen. Selbst auf den weniger Heilsgläubigen, aber Kunstinteressierten üben die Fresken ob ihrer Qualität eine besondere Faszination aus. Sie erinnern in ihrem Stil an die Schule Mantegnas und an Paolo Uccello.

i Praktische Hinweise

Information

TouristCoop Valténesi, Piazza Municipio, 1, San Felice del Benaco, Tel. 03 65 55 81 60, Fax 3 65 55 77 77, www.gardavaltenesi.com

Hotel

*****Hotel Ristorante San Filis**, Via Marconi, 5, San Felice del Benaco, Tel. 0 36 56 25 22, Fax 03 65 55 94 52, www.sanfilis.it. Stimmungsvolle Villa aus dem 16. Jh., die durch ihre geschmackvolle Einrichtung, die herzliche Atmosphäre und die ausgezeichnete Küche besticht.

24 Manerba, Moniga und Padenghe

In die Hügel gebettete Orte mit schönen Ausblicken.

Südlich von San Felice del Benaco gelangt man in die weit verstreuten Gemeinden Manerba, Moniga und Padenghe. Teile der Ortschaften haben sich auf verschiedenen Hügeln angesiedelt, von denen man schöne Ausblicke auf den See mit dem Gebirge und auf die ländliche Umgebung hat. Leider wird auch dieser noch relativ ruhig und ursprünglich gebliebene Winkel des Gardasees zunehmend zersiedelt. An dem flachen Ufer mit ausgedehnten Stränden liegen viele Campingplätze und Ferienwohnungen.

Die Geschichte dieses südlichen Teiles des Valténesi [vgl. S. 65] war außerordentlich wechselhaft und kriegerisch. Die Bewohner mussten sich jahrhundertelang gegen einfallende Plünderer und Eroberer wehren. Keine Felsbarrieren schützten die Siedler vor Hunnen, Magyaren, Langobarden und Franken. Auch zwischen Verona, Mailand und Brescia war das Gebiet umstritten. Erst unter dem Schutz Venedigs begann – wie überall am Gardasee – eine friedlichere Epoche.

Einst lagen am Seeufer die kaisertreuen Städte **Manerba** und **Scovolo**; 1276 wurden sie von den Brescianer Guelfen gänzlich zerstört und danach nie mehr wieder aufgebaut. Daher verwundert es nicht, dass auf den Hügeln mächtige **Festungsanlagen** entstanden, die das Land gegen Eindringlinge verteidigten und den Bewohnern Schutz boten. Die Ruinen, die man noch heute sieht, gehen bis auf das 8./9. Jh. zurück. In **Moniga** und **Padenghe** haben sich kleine Dörfer gemütlich zwischen den mächtigen Wehrmauern eingerichtet. Die *Burg* von Padenghe, die die Umgebung weit sichtbar dominiert, ist die älteste und war einst die trutzigste. Der eigentliche Ort Padenghe gruppiert sich um den beherrschenden Burgberg. Einen Besuch wert ist die barocke Pfarrkirche *Santa Maria Assunta*, die ein Renaissancebild von *Zenon Veronese* (1484–1554) birgt (2. Seitenkapelle links). Es zeigt eine thronende Madonna mit Heiligen.

i Praktische Hinweise

Restaurant

Trattoria al Porto, Via Porto, 29, Moniga, Tel. 03 65 50 20 69. Im weiten Umkreis bekanntes Fischlokal am Hafen (Mi geschl.).

25 Desenzano

Schifffahrt und Handel prägten die Stadt seit den Zeiten der Römer.

Wie ein Amphitheater öffnet sich die von Moränischen Hügeln umgebene Bucht von Desenzano. Die Stadt schaut wie von einem Aussichtsbalkon über den See, das Gebirge im Hintergrund und über die

Der Stadtplatz mit den zahlreichen Bars und Cafés, Mittelpunkt Desenzanos

Halbinsel von Sirmione. Schon im Altertum war sie ein bedeutender Verkehrsknotenpunkt; die Schifffahrt blickt auf eine lange Tradition zurück.

Geschichte Im Ortsteil *Rivoltella*, der an der römischen Via Gallia lag, befand sich im Altertum ein *Mansio ad flexum*, d. h. eine strategisch bedeutende Poststation.

Über Jahrhunderte entwickelte sich der **Hafen** von Desenzano als ein wichtiger Handelsplatz. Von hier wurden Getreide und andere Güter nach Riva verschifft, um von dort aus über die Alpen transportiert zu werden. Vor allem während der venezianischen Herrschaft blühte Desenzano als Umschlagplatz beträchtlicher Mengen an Gütern auf. Der Kern der Stadt erinnert noch heute an diese Zeit, da sich Handelsherren rings um das kleine, geschützte Hafenbecken niederließen, das weit hineingezogen ist in das Marktgeschehen. Sie bauten noble Häuser und Palazzi über schattigen Arkadenbögen, unter denen die Marktleute ihren Geschäften nachgingen. Die Frontseite des alten Hafens begrenzt das Stadthaus mit mächtigen Kolonnaden und einem rustikalen Mauerwerk. Der weite, dreiecksförmige Platz mit schönen alten Häuserfassaden vermittelt noch heute etwas von dem Selbstbewusstsein und dem Wohlstand der einflussreichen Geschäftsleute.

Besichtigung Einen Hauch des emsigen Treibens vermag man noch zu verspüren, wenn sich dienstags der große **Wochenmarkt** am Seeufer und den angrenzenden Straßen ausbreitet.

Eine Brücke im venezianischen Stil überwölbt den Zugang vom See in das Miniaturbecken im Stadtbereich. Es spielt heute nur noch eine untergeordnete Rolle und erscheint eher als malerisches Relikt vergangener Zeiten. Eine Anzahl von Jachtmarinas am Seeufer sowie der große, von einem Leuchtturm beschützte Hafen für die Fähren und Ausflugsschiffe zeigen, dass Desenzano ein nautisches Zentrum geblieben ist, auch wenn sich die Akzente verschoben haben.

Über den schmalen, verwinkelten Gassen thronen noch die Ruinen eines **Kastells**, das über Jahrhunderte während der zahllosen Fehden, von denen auch Desenzano nicht verschont blieb, als Fluchtburg und Wehranlage diente. Das Ende dieser Burg brachte die Besetzung durch die Österreicher, die den Bau als Kaserne benutzten. Heute ist wenig Sehenswertes übrig geblieben; der Blick von dem erhöhten Punkt auf Stadt und See jedoch lohnt den Aufstieg zu der Ruine.

Santa Maria Maddalena

Lohnender ist ein Besuch der Kirche Santa Maria Maddalena, die die Piazza Malvezzi im Westen begrenzt. Der Entwurf für die Kirche stammt von dem namhaften Architekten *Giulio Todeschini* aus Brescia (1524–1603). Der Turm gehörte zu einer älteren Pieve. In strengem, dorischen Stil gestaltete Todeschini die Fassade der Kirche. Nur das vorgesetzte Barockportal verleiht ihr ein spielerisches Element. Im Innern dominieren die Stilformen der Brescianer Spätrenaissance. Der große, vornehme Raum spiegelt den Reichtum der Bürger von Desenzano wider, die sich ein derartiges Gotteshaus leisten konnten. Auch die Ausstattung mit Gemälden ist respektabel. Im Presbyterium gestaltete *Andrea Celesti* in drei Gemälden Szenen aus dem Leben der hl. Magdalena (Bekehrung, Auferstehung des Lazarus und Verklärung). *Zenon Veronese* hat neben dem Altarbild mit Maria im Kreis der Heiligen auch Darstellungen der Passion und Auferstehung Christi und Bilder von Propheten und Heiligen beigetragen.

Das bedeutendste Werk der Kirche befindet sich in der **Sakramentskapelle**: ›Das Letzte Abendmahl‹ von *Giovanni Battista Tiepolo* (1696-1770). Auffallend an diesem Frühwerk des Künstlers ist die Darstellung des Tisches, an dem Christus und die Jünger speisen. Er ist nicht frontal zum Betrachter angeordnet, sondern verläuft vertikal ins Bild hinein. Christus sitzt vorn, an der Schmalseite der Tafel, die Jünger, die hintereinander aufgereiht sind, wenden sich ihm voll Aufmerksamkeit zu. Durch diese Perspektive ergibt sich eine ganz eigentümliche Tiefenwirkung, die die raffinierte Lichtgestaltung noch unterstreicht und dem Geschehen einen wirkungsvollen, bühnenhaften Charakter verleiht.

In der *Sakristei* befindet sich eine ausdrucksvolle ›Beweinung Christi‹ von *Palma il Giovane*. Der mit reichen Intarsienarbeiten aus verschiedenenfarbigem Marmor gearbeitete *Hochaltar* wurde zwischen 1702 und 1707 geschaffen.

TOP TIPP Villa Romana

Als im Jahr 1921 der Schmied Emanuele Zamboni ein Grundstück etwas nördlich der alten Via Gallia kaufte, um es zu bebauen, stieß man bei den Aushubarbeiten auf römische Mauerreste und Mosaiken. Der gute Handwerker dürfte kaum Freude an seinem Grundbesitz gehabt haben, dessen sich nun die Archäologen mit Eifer bemächtigten und überraschende Entdeckungen zutage brachten.

Desenzano war schriftlichen Quellen zufolge zwischen dem 1. Jh. v.Chr. und dem 4. Jh. n.Chr. dicht mit Villen besiedelt, die mit Fresken, Statuen, Mosaiken und Brunnen reich ausgestattet waren. Die erhaltene Villa ist ein hervorragendes Zeugnis eines spätantiken Wohnsitzes in Norditalien. Bisher hat man vier Komplexe ausgegraben, die verschiedene Funktionen hatten. Man nimmt an, dass die Räume des Sektors A der Repräsentation dienten, während der Sektor B vorwiegend aus Wohnräumen besteht. C und D

Das ›Abendmahl‹ von Giovanni Battista Tiepolo ist das bedeutendste Kunstwerk in der Kirche Santa Maria Maddalena

sind Teil der Thermenanlage. Die Reste einer Apsis im Sektor B lassen vermuten, dass hier eine frühchristliche Basilika stand. Die Villa wurde mehrfach umgebaut und erweitert, sodass bis heute noch nicht alle Räume ihrer Bestimmung zugeordnet werden konnten.

Für den Besucher, der nicht archäologisch geschult ist, wird es schwer sein, sich anhand der wenigen Mauerreste eine Prunkvilla vorzustellen, die einst inmitten einer bukolischen Landschaft über dem See eingebettet lag. Am interessantesten und am leichtesten rekons-

Antike Mosaiken in der Villa Romana

truierbar ist der **Sektor A** mit Prunkräumen und Fußbodenmosaiken, die teilweise noch sehr gut erhalten sind.

Man betritt zunächst das kleine **Museum** (März–Mitte Okt. Di–Sa 8.30–19, So/Fei 9–17.30, Mitte–Febr. Di–Sa 8.30–16.30, So/Fei 9–16.30 Uhr), in dem die Funde – Fragmente von Statuen, Gefäße, Statuetten und Freskenreste – aufbewahrt werden. Als *Empfangsraum* der Villa diente ein achteckiger, zum See hin ausgerichteter Saal, dessen Fußboden noch geometrische Mosaiken zeigt. Es schließt sich das quadratische *Peristyl* mit breiten Mosaikstreifen an. Früher dürfte es von auf Säulen ruhenden Arkaden begrenzt gewesen sein. Von hier aus gelangt man in zwei große Prunksäle mit Apsiden. Sie dienten vermutlich als *Fest-* und *Bankettträume*. Hier sind auch die schönsten **Mosaiken** erhalten. Die des ersten Saals sind dem Fischfang gewidmet: Zierliche Amoretten rudern auf dem See, stehen mit Angeln auf Felsen, um zu fischen. Im Wasser schwimmen die Fische zwischen in Zickzackform gestalteten Wellen.

Der besterhaltene Mosaikfußboden befindet sich in der **Aula Trichora**, dem großen Speisesaal. Farblich und kompositorisch erweist er sich als ein Meisterwerk. Achteckige, viereckige und kreuzartige Mosaikfelder sind mit Jagdszenen und Darstellungen von Weinlese und Obsternte verziert. Geflügelte Amoretten pflücken die Trauben und sitzen auf den Ästen von Obstbäumen. Vögel und Zweige, die aus Vasen quellen, beleben die Szenerie. Im einzigen noch erhaltenen Achteck sieht man ein von einem Tiger und einem Panther gezogenes Zweigespann, das von einem Amoretto gelenkt wird. Über 30 Farben variierte der Künstler.

Hinter dem großen Saal öffnete sich der **Garten**, einst prachtvoll mit Statuen gestaltet, deren Fragmente im Museum aufbewahrt werden. Er schließt mit einem Monumentalbrunnen ab. Seitlich des Gartens und des Perystils waren kleinere Wohnräume angeordnet.

Zwei Psychai – geflügelte Mädchengestalten – lassen sich noch in einem Nebenraum erkennen, den man vom Peristyl aus erreicht. Die anmutigen Mädchen flechten Zweige zu Kränzen; daneben zwei weitere Amoretten, die im Begriff sind, Früchte zu sammeln. In der römischen Mythologie waren Amoretten die Gehilfen des Gottes Amor. Hier hat der Künstler sie zu spielerischer Landarbeit, wie sie am Gardasee üblich war, verpflichtet.

Im nördlichen Bereich der Villa kann man noch sehr schöne Mosaikfußböden in Schwarz-Weiß bewundern, die an ein Thermalbad erinnern. Dieser Bereich konnte jedoch noch nicht gänzlich rekonstruiert werden.

Ein weiterer antiker Fund in Desenzano ist am Lungolago Cesare Battisti zu sehen: ein großer, mit Reliefs und Inschriften verzierter **Sarkophag**. Zweimal erscheint eine Frauenfigur, für die, laut Inschrift, das Grabmonument geschaffen worden ist. Sie nannte sich *Atilia Urbica*.

i Praktische Hinweise

Information

IAT-Ufficio Informazioni, Via Porto Vecchio, 34, Desenzano, Tel. 03 09 14 15 10, Fax 03 09 14 42 09

Hotels

****__Park Hotel__, Lungolago Cesare Battisti, 19, Desenzano, Tel. 03 09 14 34 94, Fax 03 09 14 22 80,www.gardalake.it/park-hotel. Traditionshotel, dessen geschmackvolle Einrichtung höchsten Ansprüchen genügt; wunderschöne Lage am Ufer des Sees.

***__Hotel Piroscafo__, Via Porto Vecchio, 11, Tel. 03 09 14 11 28, Fax 03 09 91 25 86. Angenehmes Hotel in einem alten Palazzo mitten in der Altstadt.

Restaurant

Ristorante La Lepre, Via Bagatta, 33, Desenzano, Tel. 03 09 14 23 23. ›Der Hase‹ besticht durch heimische Gerichte, vor allem aber wegen seiner Fischspezialitäten (Di/Mi geschl.).

26 San Martino della Battaglia

Erinnerungen an eine blutige Schlacht.

Von Rivoltella zweigt nach Süden die Straße Richtung San Martino della Battaglia ab. Schon von fern grüßt der 64 m hohe Turm, Denkmal für die verlustreiche Schlacht vom Juni 1859 und den Sieg Vittorio Emanueles II. Damals gelang es den franko-piemontesischen Truppen, die auf einer Front von 12 km die Hügelkette zwischen *San Martino* und *Solferino* besetzt hielten, während einer 14 Stunden tobenden Schlacht, das österreichische Heer zu schlagen. Bilanz des Tages: 25 000 Tote. Für die Italiener war dies der entscheidende Durchbruch im Unabhängigkeitskrieg gegen die Habsburger. Im **Turm** von San Martino, dessen Bau 13 Jahre erforderte (1880–93), wurden die Geschehnisse dieser und anderer Schlachten des *Risorgimento* auf großen Fresken festgehalten. Waffen, Fahnen, Gedenksteine sind hier zur Erinnerung präsentiert; in der Mitte prangt eine mächtige Statue des Siegers Vittorio Emanuele II. Beobachter des verlustreichen Kampfes war der damals 31-jährige Henry Dunant, den die Leiden der Verwundeten und Sterbenden dazu veranlassten, das Internationale Rote Kreuz zu gründen. Im nahen **Solferino** befindet sich in der ehemaligen Burg ein *Museum* (März–Nov. Di–So 9–12 und 14.30–18.30, Jan./Febr. Sa/So 9–12 und 14–17 Uhr), das ebenfalls an diese Schlacht erinnert. Im Gebeinhaus der Kirche sind Überreste von 7000 österreichischen, französischen und italienischen Soldaten aufbewahrt.

27 Lonato

Lombardisches Städtchen mit Festung und Dom.

Auf dem Weg von Desenzano in Richtung Brescia (von Padenghe gibt es eine kleinere, reizvollere Straße) liegt das Städtchen Lonato. Es lohnt sich, diesem Ort einen Besuch abzustatten.

Geschichte Schon von fern erkennt man die große *Festung* auf einem Hügel über der Stadt, die an strategisch wichtiger Stelle im Grenzgebiet zwischen Verona und Brescia errichtet worden war. Scaliger und Visconti, Venezianer und Mailänder schlugen sich abwechselnd um Festung und Stadt. Durch den Sieg der *Liga von Cambrai* war Lonato 1509 an Mantua gekommen. 1514 fand der berühmte Besuch der *Isabella d'Este Gonzaga* statt, die damals Mittelpunkt der höfischen Gesellschaft Italiens war. Als sie zur Burg hinaufstieg, von wo sich der Blick weit über die Landschaft öffnet, drückte sie ihre Begeisterung in einem Brief an den Gemahl *Francesco Gonzaga aus*: »Niemals sah ich eine schönere Gegend. ... Ich sah den schönen See, die herrlichen Weinberge und Ländereien, die alle wie Gärten aussehen ...« Auch 400 Jahre später muss man in das Lob der Gräfin einstimmen. Den Mantuanern ging Lonato schon 1516 wieder verloren und fiel an Venedig. Noch heute erinnert der *geflügelte Löwe* auf der Piazza Centrale an die Herrschaft der Serenissima.

Besichtigung Steigt man zur Ruine der Feste hinauf, stößt man oberhalb des die Stadt überragenden Stadtturms *Torre Maestra* (1555) auf den mittelalterlichen **Palazzo del Podestà** (Fondazione Ugo da Como: Sa/So 10–12 und 14.30–19 Uhr, www.onde.net/lonato). Das schöne, reich ausgestattete Gebäude in gotisch-lombardischem Stil wurde im letzten Jahrhundert von dem Politiker, Historiker und Kunstsammler *Ugo da Como* erworben. Er restaurierte das Anwesen und bereicherte die Räume mit einer wertvollen Sammlung von Möbeln, Gemälden, Keramiken, Skulpturen und Büchern. Sein Vermögen hinterließ er einer Stiftung zur Erhaltung des mittelalterlichen Hauses und weiterer Gebäude ringsum. Die *Bibliothek*, die von Studenten genutzt werden kann, umfasst über 30 000 Bände, darunter ca. 500 Inkunabeln und Manuskripte. Im sog. *Roten Saal* befindet sich die Gemäldesammlung mit Werken des 16., 17. und 18. Jh., darunter eine ›Heilige Familie‹ von *Andrea Celesti*.

Am Fuße des Turmes Maestra breitet sich ein kleiner Marktplatz aus, von dem ein Durchgang zu der größeren **Piazza Centrale** führt. Sie wird im Westen vom **Palazzo Municipale** begrenzt. Im Saal des Rathauses hängt ein Monumentalgemälde von *Andrea Celesti*, ›Die Pest‹, das der Maler 1693 in Erinnerung an das Ende der Pest von 1630 malte. Das Pathos der Darstellung kulminiert in einer bewegten Straßenszene.

Gegenüber dem Rathaus gewahrt man inmitten der eng stehenden Altstadthäuser die hoch aufragende Fassade des **Domes**. Die gewaltige barocke Kirche, die Johannes dem Täufer geweiht ist, beeindruckt vor allem durch die 60 m hohe Kuppel. Diese erscheint wie eine Vorwegnahme des Domes von Brescia. Die Kirche entstand zwischen 1738 und 1780 als eines der Hauptwerke des venezianischen Barock.

Das historische Stadtbild von Lonato ist typisch lombardisch und hebt sich auffallend von den venezianisch geprägten Orten am Gardasee ab.

Ausflüge

Santa Maria del Corlo (1500) liegt am nördlichen Stadtrand. Der Innenraum der Kirche ist mit reichem Freskenschmuck und Scheinarchitekturen im Stil der Renaissance ausgestattet. Auf dem Altar steht ein Gemälde von Moretto.

Die **Burg von Drùgolo** (14. Jh.) thront auf einem Hügel unweit derselben Straße Richtung Cavalgese. Gut erhalten sind neben den Mauern vor allem die Zugbrücke und das System der Laubengänge.

Die **Abtei von Maguzzano** ist in Richtung Padenghe gelegen; der mächtige Bau bietet auch einen schönen Ausblick auf den Gardasee. Der Innenraum der Kirche ist in fantasievoller Renaissancemalerei gestaltet. Die Tafelbilder mit biblischen Szenen warten mit bewegten Architekturkulissen auf. Neben der Kirche lockt ein stimmungsvoller Renaissancekreuzgang mit eleganten Säulen, die weite Gewölbe tragen – eine Oase der Stille und Kontemplation.

In Lonato kündigt sich schon die Architektur der Lombardei an

Brescia – Altstadt zwischen Antike und Mittelalter

Brescia ist nicht so berühmt wie Verona und die lange Industriegeschichte der Stadt prägt ihr Gesicht. Daher erschließt sie sich dem Besucher die Stadt zunächst eher schwer. Zudem hatte Brescia während des Zweiten Weltkrieges wegen der hier traditionell angesiedelten Waffenproduktion unter Luftangriffen zu leiden. Und doch: Brescia ist eine interessante Stadt, deren reiche Kunstschätze hohen Ansprüchen genügen. Neben zahlreichen Kirchen mit wertvollem Inventar und der liebevoll restaurierten Altstadt ist vor allem das neue Stadtmuseum *Santa Giulia* sehenswert. Die geringe Entfernung vom Westufer des Gardasees – nur 30 km auf Autobahn oder Staatsstraße N 11 – machen Brescia zu einem lohnenden Ausflugsziel.

28 Brescia

Römer, Langobarden, Venezianer prägten die Geschichte der Stadt, die heute ein bedeutendes Industriezentrum ist.

Reizvoll ist die Lage der Stadt, die ein Kranz von Hügeln – die *Ronchi* – umgibt, auf dem Villen und kleine Dörfer angesiedelt sind. Die Altstadt gruppiert sich um die *Burg* auf dem Hügel Cidneo, von dem man einen schönen Blick über das Dächermeer mit seinen Türmen und Kuppeln hat. Im Süden dehnt sich die Stadt mit modernen Wohnsiedlungen und Industrieanlagen weit in die Po-Ebene hinein aus.

Geschichte Die Sage berichtet, dass der Ligurer-König Cycnus, nach dem angeblich der Cidneo-Hügel benannt wurde, Gründer von Brescia gewesen sei. Belegt ist, dass **keltische Cenomanen** eine Siedlung gründeten. Im 4. Jh. v.Chr. wurde Brescia zu ihrer Hauptstadt. Die keltische Stammsilbe ›brik‹ ist noch im Namen der Stadt enthalten. Sie bedeutet soviel wie Berg oder Hügel. 225 v.Chr. verbanden sich die Cenomanen mit den **Römern**, die den Ort ›Brixia‹ nannten. Im Jahr 89 v.Chr. erhielt er römische Rechte, 27 v.Chr. ernannte Kaiser Augustus ihn zur ›Colonia civica augusta‹. Während dieser Zeit entstanden bedeutende Bauwerke: Straßen, Paläste, Tempel und Theater. Im 2. Jh. begann sich die christliche Religion auszubreiten. Nach dem Einfall und den Plünderungen der Barbaren während des ›dunklen‹ Zeitalters (5. Jh.) erholte sich Brescia erst wieder unter der Herrschaft der **Langobarden** im 6. Jh. und wurde Herzogsitz (›Curia ducis‹). Im 8. Jh. gründete Ansa, Gemahlin des Königs Desiderius, das Kloster San Salvatore, welches sich zu einem der bedeutendsten des Mittelalters entwickelte.

Die fränkisch-langobardische Kontrolle währte bis zum Ende des 9. Jh., dann ging die Macht an regionale Herrschaftsträger über. Am Beginn des 12. Jh. wurde Brescia **freier Stadtstaat** und schloss sich im Kampf gegen Kaiser Friedrich I. und Friedrich II. der Lombardischen Liga an.

1258 besetzte Ezzelino da Romano die Stadt. Es folgten Jahre der Unruhen, Belagerungen und wechselnder Herrscher: Scaliger, Visconti und andere lösten einander ab. Erst die **Herrschaft Venedigs** brachte Brescia Ordnung, Frieden und wirtschaftliche sowie kulturelle Blüte. Diese Zeit des Aufschwungs wurde nur durch die französische Besetzung und Plünderung von 1509–1516 unterbrochen. 1797 wurde die Republik Brescia ausgerufen und der Cisalpinischen Republik einverleibt. Bis 1814, dem Beginn der österreichischen Herrschaft, gehörte die Stadt zum **Königreich Italien** unter Napoleon. In dieser Zeit entstand der Großteil der klassizistischen Bauten. Die österreichische Regierungszeit war von Unterdrückung, von Verschwörungen und Aufständen geprägt. 1859 befreiten französisch-piemontesische Truppen die Stadt. Es folgte der Anschluss an das neu erstandene Königreich Italien. Im Zweiten Weltkrieg erlitt die bedeutende Industriestadt schwere Zerstörungen.

Besichtigung In der Altstadt herrschen der rege Verkehr und die Hektik des Geschäftslebens, Oasen der Ruhe sind selten. Doch ein Gang über die Piazza del Mercato mit dem täglich stattfindenden lebhaften Markt oder ein Einkaufsbummel durch die vielen Modegeschäfte bereitet bald Vergnügen. Aber Brescia ist nicht nur Geschäftsstadt, sondern auch ein überregional bedeutendes Kunstzentrum. Als Ausgangspunkte einer Besichtigung bieten sich zwei historische Plätze an, die den Mittelpunkt des alten Brescia bilden: der Domplatz und die Piazza della Loggia. Ein guter Stadtplan ist für die Orientierung in Brescia übrigens unbedingt notwendig.

Piazza Duomo

Bis ins 15. Jh. war der Domplatz Zentrum des kirchlichen und politischen Lebens der Stadt. Heute wird er von der mächtigen Fassade des Neuen Doms beherrscht. Links von diesem repräsentiert der alte Stadtpalast – der Broletto – die weltliche Macht mit seinem hohen, zinnenbewehrten Turm. Rechts duckt sich das Dach der Rotunde, des Alten

TOP TIPP

Domes **Santa Maria Maggiore** 1, im Schatten der riesigen Kuppel des Neuen Domes, der 1825 eingeweiht wurde.

Die **Rotunde**, von außen ein bescheidenes Bauwerk, ist das älteste und interessanteste des Platzes. Ungewöhnlich für das Mittelalter in Italien ist allein schon die Form eines Rundbaues. Die Kirche entstand vermutlich im 11. Jh. auf den Resten einer Basilika des 6. Jh. Man betritt die Kirche durch ein frühbarockes Portal, dessen Einbau zum Einsturz des Kirchenturmes führte. Beeindruckend ist die strenge, schmucklose *Architektur* der Kirche, die an den Dom von Aachen erinnert und dem Raum eine besondere Würde verleiht. Das Gewölbe ruht auf acht Arkaden, die von massiven *Pfeilern* getragen werden. Sie trennen den Mittelraum von dem Umgang. Die klare Geometrie wird nur durch das höher gelegene Presbyterium aus dem 15. Jh. unterbrochen. Anhand von schwarzen Grundrisslinien auf dem Fußboden der Rotunde kann man die Ausmaße der früheren Kirche erkennen.

Die fünfschiffige **Krypta** mit drei Apsiden birgt die Gebeine des heiligen Brescianer Bischofs Filastrio (4. Jh.). Beachtenswert sind hier die *Kapitelle* der 16 Säulen, die fantasievolle Steinmetzarbeiten des 6.–9. Jh. aufweisen. Querhaus und Chor, die später an die Rotunde angebaut wurden, tragen einen stilistisch vielfältigen Freskenschmuck.

In der **Sakramentskapelle** hängen Bilder von *Romanino* (ca. 1484–ca. 1559) und *Moretto* (ca. 1498–1554), den beiden rivalisierenden Meistern der Brescianer Renaissancemalerei. Romanino hat die beiden Gemälde der ›Mannalese‹ geschaffen, von Moretto stammen der ›Schlafende Elias‹ und das ›Ostermahl‹. Den Chor schmückt hinter dem Hauptaltar ein frühes Werk Morettos, die ›Himmelfahrt Mariens‹ von 1526. Immer wieder wird man in Brescia Gelegenheit haben, die Arbeiten dieser beiden konkurrierenden Künstler zu vergleichen [s. S. 81f.]. Bemerkenswert im Chor ist auch die wertvolle Orgel des Giangiacomo Antegnati von 1530.

Hervorragend gearbeitete Monumente sind die *Grabmäler* der drei Bischöfe: am Eingang gleich die aus rotem Veroneser Marmor gestaltete *Tomba des Berardo Maggi* (1308). Das dazugehörige Relief zeigt eine politische Tat, durch die der Bischof in die Geschichte einging. Man sieht die sich befehdenden Guelfen und Ghibellinen, die dem Berardo versprechen, fortan in Frieden miteinander zu leben. Das Versprechen wurde allerdings nicht lange eingehalten. Die beiden anderen Grabmäler bergen die Leichname der Bischöfe Balduino Lambertini (gest. 1349) – ein hervorragendes Werk der Meister aus Campione – und Domenico de Dominici (gest. 1478), ein aufwendiges Renaissancegrabmal.

Früher stand neben dem Alten Dom, der so genannten Winterkathedrale, die Sommerkathedrale San Pietro. Im 16. Jh. war ein Umbau geplant, doch die Arbeiten führten schließlich zum Abriss der Kirche. Der Architekt des 1604 begonnenen Neubaus war Giovanni Battista Lantana. 200 Jahre lang, bis ins 19. Jh., zog sich der Bau des aus weißem Botticino-Marmor gestalteten **Neuen Domes** 2 hin. Erst 1825 wurde die mächtige Kuppel – die drittgrößte Italiens – beendet. Die hoch aufragende Fassade wird von Säulen und Pilastern getragen. Den giebel-

1 Rotunde/Santa Maria Maggiore
2 Neuer Dom
3 Biblioteca Queriniana
4 Broletto
5 Loggia
6 Monti Pietà
7 San Faustino in Risposo
8 Tempietto Capitolino
9 Teatro Romano
10 Santa Giulia Museo della Città
11 Pinacoteca Tosio-Martinengo
12 Kloster Santa Chiara
13 Santi Faustino e Giovità
14 Madonna del Carmine
15 Madonna delle Grazie
16 San Giovanni
17 San Francesco
18 San Maria dei Miracoli
19 Sant' Agata
20 Cidneo-Hügel
21 Museo Mille Miglia

förmigen Aufbau krönen große Heiligenfiguren.

Das **Innere**, mit kreuzförmigem Grundriss, wirkt kühl und feierlich mit den vielfältigen, aus Marmor gestalteten Dekorationselementen. Einige wenige Kunstwerke ziehen die Aufmerksamkeit auf sich. Herausragend sind die *Bilder* ›Mariä Heimsuchung, Vermählung und die Geburt‹ im linken Seitenschiff von *Romanino* (um 1540). Besonders gelungen sind die Landschaften im Hintergrund. Die Tafeln schmückten ehemals die Orgelflügel im Alten Dom. Beachtenswert ist auch das expressive *Kruzifix* im ersten Seitenaltar rechts (15. Jh.) sowie das *Grabmal* des heiligen Bischofs Apollonius über dem dritten Seitenaltar rechts, das 1510 von Maffeo Oliviero geschaffen wurde.

Über dem Portal sieht man eine Büste des Kardinals Antonio Maria Querini (1749), dem Begründer der berühmten Brescianer **Biblioteca Queriniana** 3. Sie befindet sich in der Via Mazzini 1, gleich gegenüber der Apsis des Domes. Die Queriniana birgt eine überaus reiche Sammlung wertvoller Handschriften, Inkunabeln und Codices, die jedoch nicht

Zwei gänzlich verschiedene Baustile: der Alte und der Neue Dom von Brescia

öffentlich zugänglich ist. Ein Besuch der Bibliothek lohnt trotzdem, vor allem wegen des Treppenhauses, das mit Szenen aus dem Leben des Kardinals und einer Allegorie der Literatur bemalt ist.

Das massive Gebäude mit dem hoch aufragenden Turm links des Neuen Domes, der **Broletto** 4, repräsentiert die weltliche Macht des mittelalterlichen Brescia. Die Baugeschichte dieses altehrwürdigen Baues ist lang und wechselhaft. Stilelemente verschiedener Epochen fanden hier ihren Niederschlag. Bereits im 12. Jh. wurde der Bau eines Stadtpalastes beschlossen, nachdem der Stadtrat bisher unter freiem Himmel auf dem ›Mercatum broli‹ getagt hatte. 1226 war der Südwestflügel mit der ›Loggia delle Grida‹ vollendet, von der aus zunächst der Podestà und später die fremden Herrscher ihre Beschlüsse verkündeten. Vom *Turm* ›Torre del Pégol‹ (11. Jh.) erklingt noch heute die Glocke, wenn der Stadtrat zusammentritt.

Die *Loggia* ziert ein Bild, das die Justitia zwischen Gefangenen und Richtern darstellt. 1232 war der Ostflügel fertig gestellt, dem später ein Barockportal angefügt wurde. Um 1300 ließ der Bischof Berardo Maggi, der zugleich weltlicher Herrscher war, den Westflügel errichten. Die Mailänder Regierung (1339–1426) nutzte den Broletto als militärische Festung. Venedig nahm dann neuerliche Veränderungen vor. Die Venezianer ließen z. B. in dem hohen Saal des Südwestflügels eine gewölbte Decke einziehen. Noch heute kann man ganz oben unter dem Dach mittelalterliche Fresken sehen, während die Räume darunter mit aufwendigem Freskenschmuck der Renaissance gestaltet sind. Heute sind hier Verwaltungsräume unterbebracht. Der alte Rittersaal kann besichtigt werden, wenn man um den Schlüssel bittet. Im *Innenhof* verdienen die schönen drei- bzw. viergeteilten Fenster mit Skulpturenschmuck aus der Werkstatt des Meisters Benedetto Antelami (13. Jh.) Aufmerksamkeit. Der Broletto, der 1944 stark beschädigt, jedoch wieder restauriert wurde, gehört zu den markantesten Stadtpalästen Oberitaliens.

Zwei Brunnen aus dem 18. Jh. schmücken den weiten Platz, von dem aus ein Durchgang zu der Via X Giornate führt. Unter malerischen **Laubengängen** verstecken sich hier elegante und verführerische Geschäfte. Die Straße, die nach Süden auf den Corso Zanardelli mündet, ist eine beliebte Einkaufsmeile der Brescianer.

Piazza della Loggia

Der nördliche Teil der Laubengänge endet an der Piazza della Loggia, Brescias noblem Stadtplatz. Hier setzt die aristokratische Renaissancefassade des neuen Stadtpalastes aus dem 15./16. Jh. – die **Loggia** 5 – einen besonderen Akzent. Der Platz wurde von den Venezianern als neues urbanes Zentrum angelegt und hat seinen Rang bis heute bewahrt. Die Loggia mit der großen, offenen Säulenhalle entstand in zwei Bauabschnitten: 1492–1508 wurde das Untergeschoss nach Plänen des Vicenzer Architekten Tommaso Formentone gebaut. Zwei kleine Brunnen und das Portal der *Säulenhalle* stammen von dem Bildhauer Stefano Lamberti (1503).

Der obere Teil des Gebäudes wurde 1554 in Angriff genommen und erst 1562 fertig gestellt. Er entstand nach Plänen des berühmten venezianischen Architekten *Jacopo Sansovino* (1486–1570). Doch auch andere namhafte Baumeister der Zeit wurden vor allem wegen der schwierigen *Dachkonstruktion* zu Rate gezogen; so z. B. Andrea Palladio, Galeazzo Alessi und Giacomo Antonio Rusconi, die auch auf die Gestaltung des großen Saales Einfluss nahmen. Tizian schuf eine Anzahl von Gemälden, die aber dem Brand von 1575 zum Opfer fielen. Auch die Bleiüberdachung schmolz damals in den Flammen. Das heutige Kuppeldach – eine Rekonstruktion des Entwurfs aus dem 15. Jh. – wurde erst 1914 fertig gestellt, nachdem sich frühere Lösungen nicht als durchführbar erwiesen hatten.

Das große *Treppenhaus*, das mit zeitgenössischen Fresken von 1902 im Neorenaissance-Stil ausgestattet ist, erscheint außerordentlich prachtvoll und repräsentativ, ebenso wie die reich dekorierten Säle und Zimmer des heutigen Rathauses. Auf Anfrage ist es möglich, die Räume zu besichtigen.

Gegenüber der Loggia erhebt sich aus den elegant gegliederten Arkadenhäusern der **Uhrturm** im venezianischen Stil. Er wurde 1540-50 erbaut und mit einer mechanischen Uhr ausgestattet, die Paolo Germari aus Rezzato 1546 entwickelt hat. Ihr kompliziertes Zifferblatt ist ein Werk Gian Giacomo Lambertis aus dem Jahr 1574. Den Turm krönt eine Glocke, die von zwei Männerfiguren zur vollen Stunde geschlagen wird; er ist ein Abbild des Glockenturms auf dem Markusplatz von Venedig.

Die sich an der linken Seite anschließenden Gebäude der **Monti Pietà** 6 bilden einen weiteren, von der Renaissance geprägten Akzent des Platzes. Es handelt sich um eine Sequenz von drei verschiedenen Gebäudeblöcken, die sich jedoch zu einem harmonischen Ganzen vereinen. Zwei lang gestreckte Häuserflügel rahmen eine zierliche, in venezianischem Stil erbaute *Loggia* mit sieben Bögen. Bevor dieser Komplex gebaut wurde, begrenzte lediglich eine Fassadenmauer den Platz, hinter der sich kleine Handwerkerläden eingerichtet hatten. Der Name der Gebäude bezieht sich auf die Einrichtung eines *Pfandhauses*, welches 1490 in dem älteren Teil (Monte Pietà Vecchia) eröffnet worden war. Der jüngere, östliche Flügel, von Pietro Maria Bagnadore 1597–1600 angefügt, wurde dann Monte Pietà Nuovo genannt. Schon während der Bauzeit wurden in dem älteren Gebäude römische Inschriftensteine eingelassen, die erste Sammlung antiker Fundstücke in Italien!

Zeugnisse der Antike

Das Zentrum der römischen Stadt Brixia befand sich einige hundert Meter östlich der Piazza della Loggia. Durch das *Brusciata*-Tor, vorbei an der kleinen Kirche **S. Faustino in Risposo** 7, gelangt man in die *Via dei Musei*. Sie war der östliche Abschluss des römischen ›*Decumanus*‹, von dem man noch ein gepflastertes Stück erkennt. Die Straße lag unter dem heutigen Niveau.

Darüber erhebt sich als letztes Zeugnis einer glänzenden, untergegangenen Epoche die von fünf korinthischen Säulen getragene Vorhalle des einstigen **Tem-**

Von bedeutenden Architekten gestaltet – die elegante Fassade der Loggia

pietto Capitolino 8, der 73 n.Chr. von Vespasian erbaut worden war. Im Mittelalter hatte man den Tempel abgerissen. 1823 begann man mit den Ausgrabungen. Hinter den rekonstruierten Säulen liegen die drei ›Cellae‹, die Kulträume des Heiligtums, in dem die Gottheiten Jupiter, Juno und Minerva verehrt wurden. Unterhalb der Vorhalle erkennt man noch die Mauerstrukturen eines früheren Tempels aus republikanischer Zeit (Anfang des 1. Jh. v. Chr.). Der Tempel ist wegen Restaurierung geschlossen.

Östlich des Tempelbezirks schließt sich das **Teatro Romano** 9 (1. Jh. n.Chr.) an, das wegen der späteren Überbauung nur teilweise ausgegraben werden konnte. Bis 1173 fanden auf seiner riesigen Tribüne Volksversammlungen statt. Südlich, neben der Kirche San Zeno, wurden einige wenige Reste des römischen *Forums* gefunden, das einmal der zentrale Marktplatz der Stadt war.

Santa Giulia Museo della Cittą 10

In der Via dei Musei, dem einstigen ›Decumano massimo‹ des römischen Brixia entstand nach jahrelangen Restaurierungsarbeiten in einem mittelalterlichen Klosterkomplex das sehr sehenswerte

TOP TIPP

Museum der Stadt Brescia – **Santa Giulia** (Juni–Sept. Di–So 10–18, Okt.–Mai Di–So 9.30–17.30 Uhr, www.bresciamusei.com). Die darin ausgestellten Exponate, die von der frühesten Besiedlung der Region bis zur venezianischen Herrschaft in Brescia reichen, fanden in der architektonisch äußerst interessanten Klosteranlage einen großartigen Rahmen.

Im Mittelalter nahmen die Klöster einen außergewöhnlichen Rang im Leben der Stadt ein. Allein ihre Anzahl weist darauf hin: Auf 10 000 bis 15 000 Einwohner kamen 100 Klöster. Das bedeutendste und eines der einflussreichsten in Oberitalien war San Salvatore. Gegründet wurde es 753 von Ansa, der Gemahlin des Langobardenkönigs Desiderius. Das Königspaar stattete das Benediktinerinnen-Kloster mit Stiftungen und Privilegien aus. Bis zu seiner Auflösung 1797 blieb es ein klerikales Zentrum, dessen Einfluss bis in die Emilia Romagna und in die Toskana, nach Spoleto und Benevent reichte.

Drei Kirchen und drei Kreuzgänge bilden den Kern der ausgedehnten Klosteranlage. Die älteste Basilika ist **San Salvatore**, ein Bau der Karolingerzeit, der auf den Grundmauern einer alten langobardischen Kirche im 9. Jh. errichtet wurde. Ihr wurden die drei Kreuzgänge und die romanische Doppelkirche **S. Maria in Solario** hinzugefügt. Im 15. Jh. fanden erneut Umbauten statt. Der Westteil der Basilika S. Salvatore wurde zu einem Nonnenchor umgestaltet, an den man um 1500 die Kirche **Santa Giulia** anbaute. Alle drei Kirchen waren mit einem einzigartigen Freskenschmuck ausgestattet, der sowohl in Santa Giulia, als auch in Santa Maria in Solario vollständig erhalten ist. Als Maler wirkten vor allem Floriano Ferramola (ca. 1480–1528) und Paolo da Caylina d. J. (ca. 1485–1554). Hervorragend ist die Ausmalung des Nonnenchores von S. Giulia, bemerkenswert die gelungenen Scheinarchitekturen und perspektivischen Malereien, in die sich die Bildszenen mit dem beherrschenden Fresko der Kreuzigungsgruppe einfügen. Eine Jahreszahl weist darauf hin, dass die Arbeiten für den Chor 1559 beendet wurden. Übergreifendes Thema der Bildfolgen ist die Erlösung der Menschheit. Das ehemalige Hauptschiff der Kirche dient heute als Raum für Konferenzen und Wechselausstellungen.

Als Mittelpunkt des Museums kann man San Salvatore mit seinen schönen, teils noch aus römischer Zeit stammenden Säulen betrachten. Um die ehrwürdige Basilika herum gruppieren sich drei Kreuzgänge und ehemalige Klostergebäude, in denen bedeutende Zeugnisse aus der 2000 Jahre alten Geschichte Brescias ihren Platz fanden.

Neben prähistorischen Funden sieht man äußerst seltene Fundstücke aus keltischer Zeit – wie die silbernen ›*Falere di Manerbio*‹, Zaumzeugreste von ca. 250 v. Chr. Stolz ist man auf die Vielzahl *römischer Exponate*: Gläser, Keramiken, Terrakotten, Sarkophage, Schrifttafeln und gut erhaltene Mosaiken aus römischen Häusern und Palästen. Besonders kostbar sind sechs Bronzebüsten aus der Kaiserzeit (2.–3. Jh.). Kunstwerke aus *Bronze* sind relativ selten, da sie meistens eingeschmolzen und anderen Verwendungszwecken zugeführt wurden. Sie belegen, dass im römischen Brixia außergewöhnlich begabte Bronzegießer tätig waren, die zugleich ausgezeichnete Bildhauer waren. Glanzstück der Sammlung, zugleich Symbolfigur des alten Brixia, ist die ›*Vittoria*‹, eine geflügelte Frauengestalt aus Bronze. Die elegante, in ein faltenreiches Gewand gehüllte Skulptur war von dem Künstler wohl zunächst als Venus konzipiert worden. Später erhob man sie durch Hinzufügen der Flügel in den Rang einer Siegesgöttin, vermutlich anlässlich Vespasians Sieg über Judäa (70 n. Chr.).

Zahlreiche Säle zeigen Skulpturen, Schmuck und Glas aus früh- und spätmittelalterlicher Zeit sowie aus der venezianischen Epoche Brescias. Wunderschön sind die nun frei aufgestellten und dadurch gut zu betrachtenden langobardischen *Säulen* der Krypta von San Salvatore. Dekorative, mit außergewöhnlicher Feinheit herausgearbeitete Motive von Menschen, Tieren und Pflanzenornamenten aus der Schule der Antelami schmücken die Kapitelle der Säulen.

Der wertvollste Schatz des Museums wird in der Kirche Santa Maria in Solario gezeigt. Hier fanden sowohl das berühmte *Desideriuskreuz* als auch die kostbare Lipsanothek einen stimmungsvollen Rahmen. Das Kreuz aus dem 7. Jh. zieren über 200 Edelsteine, Kameen und farbige Glaseinsätze sowie eine interessante Porträtmalerei auf Glas, die eine Dame in Begleitung zweier Jünglinge zeigt. Man vermutete lange, dass es sich um die römische Kaiserin Galla Placidia und ihre Söhne handelt. Im Schnittpunkt der vier Balken des Kreuzes sieht man Christus inmitten der vier Evangelisten.

Bei der *Lypsanothek* handelt es sich um einen kostbaren Reliquienschrein aus Elfenbein des 4. Jh. mit kunstvollen Porträtmedaillons und Reliefs, die in harmonischer Anordnung die Flächen der Schatulle bedecken.

Beachtung verdient auch die künstlerische Ausstattung der kleinen, achteckigen Kirche Santa Maria in Solario. Im obe-

Der Palazzo Martinengo Cesareso beherbergt heute die Katholische Universität

ren Geschoss wurde sie 1518–20 von Florian Ferrolamo mit farbenfrohen *Fresken* geschmückt, die sehr gut erhalten geblieben sind.

Faszinierend an dem Museum Santa Giulia ist nicht nur die vorbildlich restaurierte Klosterarchitektur des 9.–16. Jh. mit vielen teilweise einmaligen Exponaten, sondern auch der didaktische Aufbau der ausgedehnten Anlage, der es dem Besucher ermöglicht, einen künstlerisch und historisch eindrucksvollen Gang durch die Geschichte zu unternehmen.

Pinacoteca Tosio-Martinengo 11

Der an der *Piazza Moretto* gelegene ehemalige *Palast* der Familie Martinengo da Barco aus dem 16./17. Jh. birgt eine der wertvollsten Gemäldesammlungen in Oberitalien. Die *Pinakothek* (Juni–Sept. Di–So 10–17, Okt.–Mai Di–So 9.30–13 und 14.30–17 Uhr) geht auf Schenkungen der Grafen Leopardo Martinengo da Barca und Paolo Tosio Anfang des Jahrhunderts zurück. Viele Bilder aus Brescianer Kirchen sowie private Stiftungen und Ankäufe ergänzten die Sammlung der Mäzene. Werke von der Spätantike bis ins 19. Jh. sind hier ausgestellt. Bedeutend sind vor allem die hervorragenden Beispiele der Brescianer Renaissancekunst. Besondere Aufmerksamkeit gebührt den Werken *Romaninos* und *Morettos*, vor allem ihrer Porträtmalerei. Besser noch als in den Kirchen lassen sich hier die Arbeiten der beiden konkurrierenden Maler vergleichen.

Kirchen

Brescia besitzt eine große Anzahl wertvoller Kirchen, in denen der Interessierte qualitätvolle Kunstwerke zu entdecken vermag. Allerdings werden die offiziellen Öffnungszeiten manchmal recht willkürlich gehandhabt. Einige sehenswerte Kirchenbauten findet man im **Volksviertel**, nordwestlich der Piazza della Loggia. Hier öffnet sich ein Gewirr von Gassen und schmalen Straßen, das in die Welt von Handwerksbetrieben, von kleinen Läden und Märkten führt. Gleich hinter der Loggia auf der *Piazza Rovetta* werden Schuhe, Spielzeug, Obst und Gemüse angeboten. Zwischen die dicht aneinander gebauten Häuser zwängen sich die Fassaden der Kirchen, durch geöffnete Tore blickt man in Innenhöfe, kleine Gärten und Laubengänge. Die Altstadt Brescias ist ein interessantes, von Leben erfülltes Labyrinth, überzogen von der Patina einer langen, wechselvollen Geschichte.

In der *Via Santa Chiara* findet man das ehem. **Kloster Santa Chiara** 12 mit einem hübschen Garten, von dem aus eine Treppe zur Burg hinaufführt. Die Kirche beherbergt heute ein Theater.

Wenig weiter in der *Via San Faustino* erhebt sich ein großer Bau mit einem schlichten Turm aus dem 12. Jh., der im eigenartigen Gegensatz zu der hohen, das Dach überragenden Fassade von 1664 steht. Die Kirche, 1622–98 erbaut, ist den **Santi Faustino e Giovità** ⓭ geweiht, die als Schutzpatrone Brescias verehrt werden. In den Statuennischen zuseiten des Portals erscheinen die beiden Märtyrer des 2. Jh. als römische Soldaten. Im Giebelfeld über dem Eingang hat der Bildhauer *Sante Calegari d. Ä.* (1662– 1717) die Enthauptung der beiden Heiligen dargestellt. Die reich gegliederte Fassade – im unteren Teil im dorischen, darüber im ionischen Stil mit Vasen, Obelisken und symbolischen Dekorationselementen geschmückt – ist ein Hauptwerk *Bernardo Fedrighinis* (1646–1733). Den weiten, eleganten Innenraum im Barockstil dominieren 14 mit einem Gebälk verbundene Doppelsäulen, die die hohen Arkaden tragen. Großartig ist die reiche Ausmalung der Kirche, bei der Scheinarchitekturen die Szenerien der *Fresken* umrahmen und akzentuieren. Den Mittelpunkt der aufwendigen Malerei bildet das Fresko im Gewölbe, welches die *Verklärung der Heiligen Faustino und Giovità* zum Thema hat. Über der überbordenden, illusionistischen Architektur öffnet sich gleichsam der Himmel; die beiden Heiligen treten vor den Thron der Heiligen Dreifaltigkeit. Das Fresko wurde von *Antonio Gandino* (1565–1630) und seinem Sohn *Bernardino* (1587– 1651) geschaffen, während *Tommaso Sandrino* (1575–1630) der Meister der perspektivischen Malerei war. Von der Chorausmalung wird das Kuppelbild – Verklärung der beiden Heiligen – *Giovanni Battista Tiepolo* (1696–1770) zugeschrieben, während die seitlichen Fresken (das Martyrium und die Errettung der Stadt Brescia durch die Heiligen) von dessen Sohn *Giovanni Domenico* (1727–1804) stammen. Die Reliquien der beiden Stadtpatrone ruhen in dem aufwendig aus schwarzem und weißem Marmor gearbeiteten barocken Schrein über dem Hochaltar.

Westlich der Basilika SS. Faustino e Giovità liegt das Herzstück des alten Brescia, die **Contrada del Carmine**, ein dicht bewohntes, vom Verfall gezeichnetes Viertel. Die Kirche **Madonna del Carmine** ⓮ (15. Jh.) sticht durch ihr aus Ziegelsteinen gebautes Doppelportal im Stil der Spätgotik hervor. In der Via delle Grazie erhebt sich die mit schwerem barockem Dekor versehene Wallfahrtskirche **Madonna delle Grazie** ⓯ (1522–1617). In ihrer Umgebung entstanden eine Anzahl barocker und klassizistischer Häuser und Paläste, deren Fassaden die Via Marsala, Via delle Grazie und Via Elia Capriolo beleben.

Die Kirche **San Giovanni** ⓰ liegt versteckt in einer schmalen, dunklen Gasse zwischen der Via Elia Capriolo und dem Corso G. Mameli. Erbaut wurde sie in der heutigen Form im 15. Jh. Bemerkenswert ist die **Sakramentskapelle** (letzte Seitenkapelle links vor dem Chor). Hier stehen Fresken von *Moretto* (1498–1554) und *Romanino* (1486–ca. 1560), den bedeutendsten Vertretern der Brescianer Renaissancemalerei, einander direkt gegenüber. Die beiden Künstler begannen 1521 mit der Ausmalung der Kapelle. Der damals 35-jährige Romanino schuf die Bilder auf der linken Seite: Gastmahl und Fußwaschung, Auferweckung des Lazarus, Matthäus und Johannes, Hostienwunder und Propheten. Der 23-jährige Moretto übernahm die Ausmalung der linken Wand: Mannalese, ein Engel weckt Elias, Lukas und Marcus, Abendmahl und Propheten.

Die Frage, ob die beiden Maler in Konkurrenz arbeiteten oder sich – jeder in seiner Art – ergänzten, wird immer wieder gestellt. Der ältere Romanino besticht durch die charaktervolle, originelle Ausarbeitung seiner Figuren, die naturalistisch, manchmal fast grobschlächtig erscheinen. Er war der irdischen Realität näher als sein jüngerer Kollege, dessen Bilder eine übernatürliche Schönheit anstrebten. Landschaft und Personen verstand Moretto zu einer harmonischen Einheit zu verbinden. Die Anmut und Lieblichkeit seiner Gestalten machten ihn wohl zum beliebteren Maler in Brescia. Weitere seiner Gemälde in San Giovanni zeugen davon: hinter dem Hochaltar eine Madonna mit Heiligen sowie an den Seiten Szenen aus dem Leben Johannes des Täufers und im dritten Seitenschiff rechts das Gemälde des Bethlehemitischen Kindermordes. Von Romanino sieht man in der ersten Seitenkapelle links eine Vermählung Marias sowie ein Gemälde Maria mit Kind und Heiligen am vierten Altar.

Beachtenswert ist die letzte Kapelle am Ende des linken Seitenschiffes. Hinter einem Vorhang verbirgt sich ein der Muttergottes geweihter Raum, der zu Beginn des 16. Jh. mit schönen, heiter und anmutig wirkenden Fresken von *Paolo da Caylina il Giovane* ausgemalt wurde. Lohnend ist ein Besuch des doppelgeschossigen Renaissancekreuzganges (Zugang von außen, rechts vom Portal).

Im ehemaligen Viertel der Kupferschmiede, unweit des Corso Palestro, steht die Kirche **San Francesco** 17 (1254–65), deren marmorne Fassade mit einer großen gotischen Fensterrosette geschmückt ist. Das Rundbogenportal geht noch auf die romanische Zeit zurück. Im *Innern* öffnet sich eine großräumige Hallenkirche mit weit gespannten Arkaden. Im rechten Seitenschiff sind einige der schönen *Fresken* des 13., 14. und 15. Jh. erhalten, mit denen die Kirche ursprünglich vollständig ausgemalt war. Das Bild des Hochaltars – ›Maria mit dem Kind‹ – ist ein Frühwerk Romaninos, während Moretto die ›Hl. Margarete mit dem hl. Hieronymus und Franz von Assisi‹ (1. Altar rechts) malte. Im 15. Jh. wurden an das linke Seitenschiff Kapellen angebaut, die teilweise später barockisiert wurden. Auffallend ist die vierte Kapelle – *Cappella dell'Immacolata* – mit prunkvoller Rokokoausstattung, mit Rankenwerk und Putten, abgeschlossen von einer dekorativen Marmorbalustrade. Sehenswert, jedoch nicht immer geöffnet, ist der große gotische *Kreuzgang* der Kirche aus dem 14. Jh. (notfalls bei der Klosterschule rechts neben der Fassade um Zugang bitten!).

Santa Maria dei Miracoli 18 (Corso Martiri della Libertà) wurde im 16. Jh. zur Verehrung eines wundertätigen Marienbildes errichtet und ist ein eigenartiger, mit kunstvollen Reliefdekorationen überladener Renaissancebau.

Die Kirche **Sant'Agata** 19 an der von faschistischer Architektur verunstalteten Piazza della Vittoria birgt eine ähnlich verschwenderische, barocke Ausstattung wie Santi Faustino und Giovità. Auch hier verblüffen die Scheinarchitekturen.

Ein Ausflug auf den **Cidneo-Hügel** 20 lohnt wegen der schönen Aussicht auf die Stadt. In der wehrhaften Burg der Visconti aus dem 14. Jh. sind das *Museo del Risorgimento* und ein *Waffenmuseum* untergebracht (Juni–Sept. Di–So 10–17 Uhr, Okt.– Mai Di–So 9.30–13 und 14.30–17 Uhr). Letzteres ist vor allem wegen seiner Innenarchitektur interessant. Es wurde von dem bekannten Architekten *Carlo Scarpa* gestaltet. Seine Arbeit beeindruckt durch die Klarheit und intelligente Gliederung der Ausstellungsräume. Das Museum beherbergt eine Vielzahl alter Rüstungen und Waffen aus allen Jahrhunderten.

Etwas außerhalb der Stadt kann man im 2004 eröffneten **Museo Mille Miglia** 21 (Via della Rimembranza, 3, Di–So 9.30–18.30 Uhr, www.museomillemiglia.it) eine Zeitreise in die Geschichte des legendären Oldtimer-Rennens ›Mille Miglia‹ unternehmen. In der 1008 gegründeten Abtei S. Eufemia, die nun das Museum beherbergt, werden die Teilnehmer des 1000-Meilen-Rennens von Brescia nach Rom traditionsgemäß mit einem Abendessen verabschiedet.

Der Cidneo-Hügel mit der Festung der Visconti ist ein beliebtes Ausflugsziel der Brescianer

Praktische Hinweise

Information

Associazione Turistica – I.A.T., Via Musei, 32, Brescia, Tel. 03 04 34 18, Fax 03 03 74 99 82, www.bresciatourism.it

Ufficio Informazioni Turistiche, Piazza Loggia, 6, Brescia, Tel. 03 02 40 03 57

Hotel

*******Hotel Vittoria**, Via X Giornate, 20, Brescia, Tel. 0 30 28 00 61, Fax 0 30 28 00 65, www.hotelvittoria.com. Modernes Nobelhotel, im Zentrum gelegen.

Restaurant

Locanda dei Guasconi, Via Beccaria, 11, Brescia, Tel. 03 03 77 16 05. das kleine Restaurant im Herzen der stadt an der Piazza Loggia hat sich auf Brescias traditionelle Hausmannskost spezialisiert.

Von Trient bis Verona – Trutzburgen entlang der alten Kaiserstraße

Von Norden kommend verlässt der Reisende beim Pass Salurn das deutschsprachige Südtirol und erreicht nun das deutlich italienisch geprägte Trentino. Seit dem frühen Mittelalter ist das **Etschtal** eine der wichtigsten Verkehrsadern zwischen Norden und Süden. Jahrhundertelang war es Objekt wechselnder Herrschaftsansprüche und kriegerischer Auseinandersetzungen. Die Neuzeit setzte mit Eisenbahn, Straßen und Autobahn ihre Akzente. Um Trient und Rovereto entstand eine ausgedehnte industrielle Bebauung, die dem Etschtal viel von seiner ursprünglichen Schönheit genommen hat. Man sollte jedoch nicht vergessen, dass die vielen Betriebe den Menschen der Region Arbeitsplätze und Einkommen garantieren.

Die Zuflüsse der Etsch führten dem Tal am Ende der Eiszeit gewaltige Schuttkegel zu, die in dem lieblichen Talboden gewichtige Akzente setzen. Die größte und eindrucksvollste Ansammlung von Felsmassen findet sich in der **Veroneser Klause**, dem dramatischen Schlussakkord des Gebirgstales, bevor sich die Ebene von Verona öffnet.

Seit Jahrhunderten ist **Trient** der politische, geistige und wirtschaftliche Mittelpunkt des Gebietes zwischen Südtirol und Verona. Von hier aus bieten sich zwei Möglichkeiten, um den Gardasee zu erreichen: die Straße entlang der Etsch bis nach Mori, von wo aus man nach Torbole fährt, sowie die andere, romantischere Strecke durch das Sarcatal nach Riva del Garda.

29 Trient

Plan Seite 86

TOP TIPP

Die heutige Provinzhauptstadt des Trentino lockt als Kunstmetropole mit glorreicher Vergangenheit.

Die Stadt im Etschtal, am Schnittpunkt zwischen dem deutschsprachigen Südtirol und dem italienischsprachigen Trentino und Veronese, hat nach einer gründlichen und einfühlsamen Restaurierung und Instandsetzung in den vergangenen Jahren außerordentlich gewonnen. Einige Straßenzüge der Innenstadt wurden neu gepflastert, die Fassaden der Häuser und Palazzi gereinigt und wieder hergestellt, sodass die Stadt sich als sympathische italienische Metropole mit nordischem Einschlag präsentiert.

Geschichte Trients Geschichte reicht weit zurück. Schon vor den Römern, die im 3./2. Jh. v. Chr. ins Etschtal vordrangen, siedelten hier Gallier und Räter.

Eine 1869 in Cles im Nonstal entdeckte Bronzetafel – die **Tavola Clesiana** (heute im Schloss Buonconsiglio aufbewahrt) – dokumentiert das Edikt des *Kaisers Claudius* von 46 n. Chr., das den Tridentinern, Anauniern, den Tulliassen und den Sidunern das römische Bürgerrecht zusprach. Trient nahm früh das Christentum an. Der dritte Bischof der Stadt wurde der aus Rom stammende Vigilius, der von 385 bis etwa 400 sein Amt ausübte. Um 400 erlitt er den Märtyrertod, als er versuchte, die Bevölkerung des Sarcatales zum Christentum zu bekehren. Später erhob man *Vigilius* zum Stadtpatron und weihte ihm den Dom.

569 wurde Trient Sitz eines langobardischen Herzogtums. Nach jahrelangen Kämpfen und Plünderungen geriet es unter *Karl d. Gr.* 774 in den Besitz der Franken. 952 erhob es *Otto II.* bei Gründung der Markgrafschaft Verona zum **Fürstbistum**. Mit der berühmten Urkunde vom 31.5.1027 belehnte *Kaiser Konrad II.*

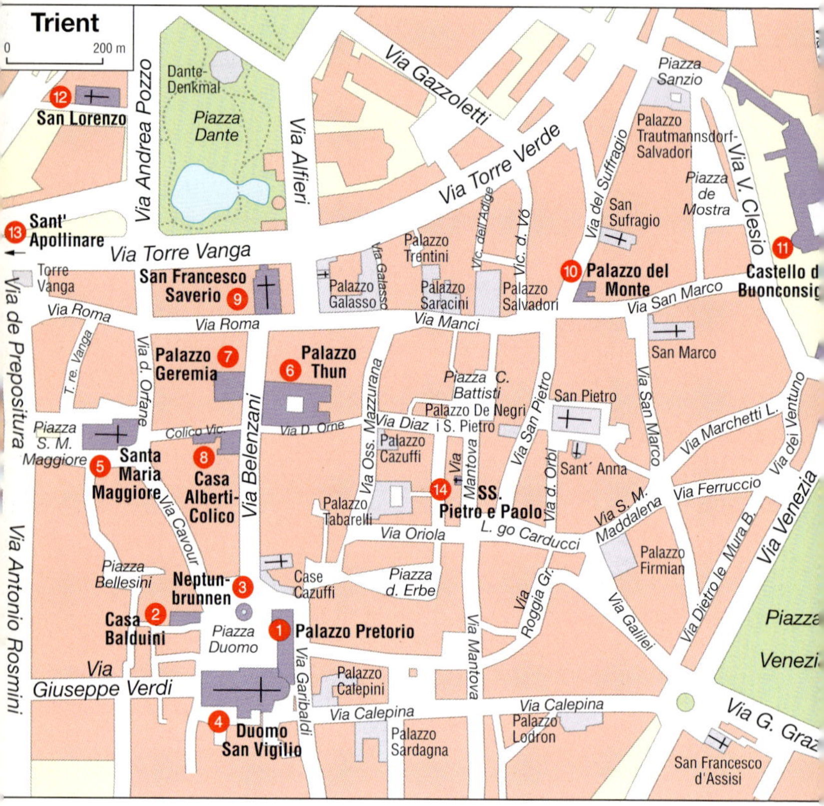

den Trienter Bischof Ulrich II. mit dem ganzen Trentino. Geistliche Vasallen erschienen dem Kaiser verlässlicher als weltliche Potentaten. Bis ins 15. Jh. wurden die Bischöfe aus verschiedenen Ländern berufen, erst danach kamen sie ausschließlich aus Trentiner Adelsfamilien. Das Fürstbistum bestand bis 1796.

Eine wegweisende **städtebauliche Entwicklung** erlebte die Stadt unter *Bischof Friedrich von Wangen* (1207–18), in dessen Amtszeit der Dom, der Palazzo Pretorio und der älteste Teil des Castello del Buonconsiglio – das *Castelvecchio* – entstanden.

Der bedeutendste Trentiner Fürstbischof war **Bernhard von Cles** (1485–1539). Der glänzende, einflussreiche Renaissancefürst baute nicht nur den neuen Teil des Castel Buonconsiglio – den *Palazzo Magno* –, sondern er ließ auch das mittelalterliche Trient erneuern und verschönern. Aus seiner Zeit stammen viele der noblen Häuser und Paläste, die den Reiz der Altstadt ausmachen. Er regierte 25 Jahre und bereitete das berühmte **Konzil von Trient** vor, das sechs Jahre nach seinem Tod 1545 begann und – mit mehrjähriger Unterbrechung – 18 Jahre lang dauerte. Während des Konzils regierte *Cristoforo Madruzzo*, Spross einer bedeutenden Trentiner Adelsfamilie.

Nach dem Konzil verlor Trient mehr und mehr an Bedeutung. Doch von 1677 bis 1689 herrschte noch einmal ein herausragender Bischof: *Francesco Alberti Poia*, der die *Giunta Albertiana*, die Verbindung zwischen dem Castelvecchio und dem Palazzo Magno des Bernhard von Cles erbauen ließ. Dem Dom fügte er die prachtvolle barocke Kreuzkapelle an.

1703 wurde die Stadt während des spanischen Erbfolgekrieges von den Truppen des Generals Vendôme belagert. 1796 kam Napoleon Bonaparte nach Trient und ließ eine Vielzahl kostbarer Kunstwerke abtransportieren, nachdem er das Fürstbistum aufgehoben hatte. 1813 übernahm Österreich die Stadt. 1858 wurde die Etsch, die den Ortskern in einem großen Bogen durchfloss, umgeleitet. Ein Jahr nach Ende des Ersten Weltkrieges kam

Trient schließlich an Italien. Seit 1972 ist das Trentino mit der Hauptstadt Trient eine autonome Provinz.

Besichtigung Mittelpunkt Trients ist die **Piazza Duomo**, die im Süden der romanische Dom beherrscht. An seine Apsis schließt sich das *Castelletto*, der erste befestigte Bischofssitz, mit einem schlanken Turm an (ehemals eine Kirche des 11. Jh.), daneben liegt der von Friedrich von Wangen (1207–18) errichtete **Palazzo Pretorio** 1 (Mo–Sa 9.30–12.30 und 14.30–18 Uhr), heute Sitz des *Diözesanmuseums* mit dem Domschatz und den sieben großen flämischen Gobelins, die Bernhard von Cles 1531 in Köln erwarb. Die Fassade des zinnengekrönten Bauwerks zieren die Wappen von Trient (Adler) und Brixen (Lamm) sowie das des Fürstbischofs Sigismondo Alfonso Thun (1668–77). Eine Gedenktafel erinnert an die Wiedervereinigung des Trentino mit Italien am 10. 10. 1920. Neben dem Prätorenpalast erhebt sich der hohe Stadtturm **Torre Civica**, einer der markantesten Akzente in der Stadtsilhouette.

Auffallend sind die **Rella-Häuser** an der Nordseite des Domplatzes mit ihren farbigen Fresken, die dem friaulischen Maler *Marcello Fogolino* zugeschrieben werden. Eine Fülle von Geschichten, Mythen und Allegorien, vielfach mit moralischem Inhalt, zieren die Wände über den Bögen der Kolonnaden. Neben den Laubenhäusern mit Cafés und Geschäften, die der Schaufassade des Doms gegenüberliegen, sind die **Casa Balduini** 2 mit Fresken des 15. Jh. und ein ländliches Haus mit

Der Domplatz mit dem barocken Neptunbrunnen ist der farbenfrohe, lebendige Mittelpunkt Trients

Das Konzil von Trient

Höhepunkt in der Geschichte Trients ist das Konzil, das 1545 bis 1563 – mit mehreren Unterbrechungen – stattfand. Einer der bedeutendsten Initiatoren und Wegbereiter dieser Kirchenversammlung war der Bischof **Bernhard von Cles**, eine der glänzendsten Persönlichkeiten unter den Trienter Fürstbischöfen. Da er jedoch 1539, sechs Jahre vor Beginn des Konzils, starb, durfte sein Nachfolger **Cristoforo Madruzzo** die Bischofsversammlung im Trienter Dom eröffnen. Das ›Tridentinum‹, das erst nach zähen Verhandlungen zwischen Papst und Kaiser zustande kam, gehört zu den bedeutendsten Konzilen in der Geschichte der katholischen Kirche. Die Stadt Trient verstand sich während dieser Periode als geistiger Mittelpunkt Europas.

Ziel der Zusammenkunft war ursprünglich, die durch den Protestantismus zerstörte **Einheit** der Kirche wieder herzustellen. Doch kam es während der 2. Sitzungsperiode 1551/52 nicht zu der erstrebten Einigung. Stattdessen erneuerten die Bischöfe in ihren Beschlüssen jene Punkte, die die Reformation auf den Plan gerufen hatten: den Ablass, die Heiligen- und Reliquienverehrung sowie die absolute Autorität des Papstes. Darüber hinaus vertiefte die Verkündigung vom Dogma der Erbsünde noch den Zwiespalt zwischen Katholiken und Protestanten. Das Konzil von Trient war ein Ausgangspunkt für die **Gegenreformation** in Europa, die die Ächtung der neuen Religion bewirkte und der Inquisition neuen Auftrieb gab.

Der Dom, eine romanische Basilika, erinnert stark an deutsche Kaiserdome des Mittelalters

einer Madonna von 1583 bemerkenswert.

Die Mitte des stilvollen Domplatzes ziert der schöne barocke **Neptunbrunnen** 3 von Francesco Antonio Giongo aus Lavarone (1786).

Die von historischen Bauten verschiedener Jahrhunderte gerahmte Piazza beeindruckt durch ihre Harmonie und ›Wohnlichkeit‹.

Die Römer hatten an diesem Ort schon ihr *Castrum Tridentum* errichtet, während sich ihre Akropolis auf dem **Dos Trento** erhob, dem mächtigen Felsblock im Etschtal, den heute das Mausoleum des Freiheitskämpfers *Giuseppe Battista* krönt. Er wurde 1916 hingerichtet.

Top Tipp Duomo San Vigilio 4

Eine frühe Basilika, in der die Gebeine des hl. Vigilius beigesetzt waren, wurde Anfang des 12. Jh. abgerissen. An ihre Stelle trat der Neubau unter Fürstbischof Friedrich von Wangen. Die schönsten Teile des heutigen Domes entstanden zwischen 1212 und ca. 1250, nämlich die nördliche Schauseite zum Platz hin, der Chor und das Querhaus. Der Bau zog sich bis in die Renaissancezeit hin und wurde erst für das Konzil von Trient (1545) fertig gestellt. Dennoch hielt man sich weitgehend an den romanischen Bauplan. Bernhard von Cles ließ zwar den Vierungsturm und den oberen Turmaufsatz des nördlichen Fassadenturms (der südliche wurde nie vollendet) abändern und die Vorhalle vor dem Nordeingang in gotischem, bzw. Renaissancestil gestalten, der Dom insgesamt jedoch tritt als romanisches Bauwerk in Erscheinung.

Im Jahre 1889 erfuhr die Kirche weitere Umbauten durch den Architekten Enrico Nordico aus Triest, der noch einmal den Vierungsturm veränderte und das Tonnendach durch ein Giebeldach ersetzte.

Die **Nordseite** besticht durch die elegante Zwerggalerie mit achteckigen Doppelsäulen. Darunter öffnen sich Rundbogenfenster mit dekorativen Gewänden. Die Querschiffsmauer ziert eine besonders schöne *Fensterrosette*, die das Glücksrad darstellt. In der Mitte dreht Fortuna das Rad, während die zwölf Gestalten am Außenrand aufsteigen oder abstürzen. Die Säulen der Vorhalle (16. Jh.) werden von zwei romanischen Löwen getragen. Im **Tympanon** des Portals thront eine eindrucksvolle Figur: Christus als Pantokrator (frühes 13. Jh.).

West- und Südseite des Domes sind wesentlich schlichter gestaltet. Über dem westlichen Rundbogenportal beeindruckt eine monumentale Fensterrosette mit feinem Maßwerk. Bemerkenswert an der Südfassade ist der würfelförmige Anbau der *Kruzifixkapelle* von 1682.

Prächtiger erscheint die Ostseite mit der mächtigen **Apsis**, die wie die Nordseite mit Zwerggalerie, Blendarkaden, hohen Fenstern und verschlungenen Säulen geschmückt ist. Das Portal mit einer Vorhalle verdient wegen der ›verknoteten‹ Doppelsäulen und der Löwen Beachtung.

Die Apsis des Domes ist mit der Südwand des **Castelletto** verbunden, dessen Fassade mit Schwalbenschwanzzinnen gekrönt und von dreibogigen Fenstern durchbrochen ist. Die leicht hervorgewölbte Apsis gehörte zur früheren Pfalzkapelle und dient heute als *Domsakristei*.

Im **Innern** überrascht das dreischiffige Langhaus – in sieben Joche unterteilt – durch die auf die Gotik verweisenden hoch aufstrebenden *Pfeiler*. Obgleich die romanische Architektur beibehalten wurde, kann man die deutliche Streckung der Proportionen z. B. an der schlanken Beschwingtheit der Arkaden ablesen. Auch die Kreuzrippen, die das Gewicht des Gewölbes auf die Pfeiler übertragen, weisen bereits gotische Elemente auf, während der Spitzbogen sich noch nicht durchgesetzt hat. Einzigartig sind die in die starken Seitenschiffmauern eingebauten *Treppen*, die bis zum Glockenturm hinaufführen und durch eine anmutige Säulengalerie zum Innenraum hin abgeschlossen sind.

Der Dom ist mit sehenswerten **Kunstwerken** ausgestattet, allen voran den *Fresken* des linken Querschiffes. Dort findet man eine Darstellung der Enthauptung Johannes des Täufers, die ›Milchmadonna‹, Christus im Regenbogen sowie Szenen aus dem Marienleben (um 1370). Besondere Beachtung verdient die Darstellung der Legende des *hl. Julian*. Die Fresken bestechen vor allem durch die stilisierten Landschaften und Stadtansichten im Hintergrund. Sie werden einem Künstler der Bologneser Schule des 14. Jh. zugeschrieben.

In der nördlichen Seitenapsis ist ein *romanisches Steinrelief* eingelassen, das das Martyrium des Evangelisten Johannes zeigt; darüber Fresken des 13. Jh. Im südlichen Querschiff erkennt man in der Seitenapsis die Steinigung des hl. Stefan auf einem Marmorrelief, ebenfalls aus dem 13. Jh.

Im nördlichen Querschiff hat man die ›*Madonna der Ertrunkenen*‹ aufgestellt, die ursprünglich außen, neben dem nördlichen Seitenportal stand. Früher legte man zu Füßen dieser außerordentlich majestätischen romanischen Figur eines Steinmetzen aus Como die in der Etsch Ertrunkenen nieder, damit sie von den Einwohnern identifiziert werden konnten.

Unter den *Grabmälern* im Dom verdienen vor allem Beachtung: die Tomba des Bernhard von Cles an der Nordwand, das mächtige Grabmal des Ulrich von Liechtenstein (1505) im südlichen Querschiff sowie der Grabstein für Roberto da Sanseverino, einen General der Republik Venedig, der – Verlierer der Schlacht von Calliano 1486 – in der Etsch ertrunken ist und im Dom von Trient beigesetzt wurde.

Löwen bewachen den nördlichen Seiteneingang des Domes von Trient

Der barocke *Hochaltar* – eine Nachahmung des Bernini-Altars im Petersdom in Rom – wurde aufgrund eines Gelöbnisses während der Belagerung durch die Truppen Vendômes 1703 gestiftet. Wie durch ein Wunder entkam Trient der Zerstörung, weil Vendôme seine Soldaten abziehen musste. Der prachtvolle Marmoraltar erscheint freilich als gewaltiger Stilbruch in dem schlichten spätromanischen Gotteshaus. Für die Aufstellung des hohen Säulenaufbaus musste die Krypta zerstört werden. Erst 1964–77 wurden die Reste der ehemals riesigen *Unterkirche* ausgegraben. Sie ist heute wieder zugänglich und enthält Sarkophage und Gräber des 5.–11. Jh., darunter das des Seligen Adelpret (1156–1172), der neben dem hl. Vigilius als zweiter Trentiner Märtyrer verehrt wird.

Die von Fürstbischof Francesco Alberti Poia (1677–89) dem südlichen Seitenschiff angefügte **Cappella del Crocefisso** bildet den Rahmen für die bewegte Kreuzigungsgruppe des Nürnberger Holzbildschnitzers Sixtus Frey. Vor dem Kruzifix haben die ersten Konzilssitzungen stattgefunden (später verlegte man sie in die Kirche Santa Maria Maggiore). Die Gemälde in der Kapelle – Geburt und Auferstehung Christi darstellend – sind Werke des Münchner Malers Karl Loth. Beachtung verdienen das wertvolle schmiedeeiserne Gitter sowie das aus einem Block gearbeitete Marmorbild ›Adam und Eva‹.

Altstadt

Der *Via Cavour* folgend, erreicht man vom Domplatz aus die Kirche **Santa Maria Maggiore** 5. Bernhard von Cles ließ sie anstelle einer älteren Kirche im prachtvollen Renaissancestil erbauen. Restaurierungen zu Beginn dieses Jahrhunderts haben den Stil der Kirche, in deren weitem Innenraum das **Konzil** tagte, jedoch stark verändert. Die Barockaltäre passen sich den Kapellen nur schlecht ein. Bemerkenswert sind das *Hochaltarbild*, eine farbintensive Darstellung der Himmelfahrt Mariens von Pietro Ricchi aus Lucca (17. Jh.), sowie die vier Gemälde des Veronesers Giovanni Maria Falconetto (1506) über der Westwand. Im Nordteil besticht die wertvolle marmorne *Orgelempore* des Vincenzo Grandi (1535). Sie ruht auf sechs kleinen Pfeilern, die fünf, mit ausdrucksstarken Hochreliefs geschmückte Paneele einschließen.

Nicht weit entfernt, in der Via Rosmini, wurde eine **römische Villa** ausgegraben, deren farbenfrohes Fußbodenmosaik noch heute die Prachtentfaltung einstiger Besitzer erahnen lässt (wird derzeit renoviert und kann nur von außen gesehen werden).

Die repräsentativste Straße Trients, die **Via Belenzani**, führt vom Domplatz gen Norden. Eine Reihe schöner Paläste flankieren sie: rechts der **Palazzo Thun** 6 – heute das Rathaus Trients –, in dessen Innenhof das Original der marmornen Neptunfigur des Brunnens auf dem Domplatz aufgestellt ist. Im Treppenaufgang kann man einen schönen Freskenzyklus des Veronesers Felice Brusasorci (1551) bewundern.

Gegenüber erhebt sich einer der schönsten Trientiner Paläste, der **Palazzo Geremia** 7. Er erscheint als besonders wertvolles Zeugnis aus der glanzvollen Epoche des Bernhard von Cles. Die Fassade ist mit lebhaften Fresken bedeckt. Scheinarchitekturen fügen die dargestellten Ereignisse derart geschickt in die wirkliche Architektur ein, dass sich die Grenzen verwischen. Im zweiten Stock ist der Einzug Kaiser Maximilians I., der 1508 in dem Palast übernachtete, dargestellt. Im ersten Geschoss wird sehr anschaulich eine Konferenz zwischen Venezianern und Kaiserlichen geschildert.

Die Fassade des Palazzo Geremia freskierten Künstler aus Venedig

Unweit des Geremia-Palastes fällt die **Casa Alberti-Colico** 8 mit farbenprächtigem, vorwiegend dekorativen Freskenschmuck auf. Die *Via Belenzani* schließt im Norden mit der Fassade der Kirche **San Francesco Saverio** 9 (Franz Xaver), der einstigen Jesuitenkirche, ab. Sie ist die bedeutendste Barockkirche der Stadt mit prunkvollen Marmorkapellen, üppigen Dekorationen und einem großen, eleganten schmiedeeisernen Gitter. Die Ausmalung aus dem 19. Jh. beeinträchtigt jedoch den architektonisch schön gegliederten Raum.

Geht man die **Via Roma** und die **Via Manci** hinauf, erscheint der Weg mit einem Defilee nobler, größtenteils renovierter Fassaden wie ein Gang durch die Geschichte der Stadt. Einer der schönsten Plätze ist die **Cantone**, die Kreuzung der Via San Marco mit der Via San Pietro bzw. Via del Suffragio. Dem Betrachter fällt hier besonders der **Palazzo del Monte** 10 mit zwei übereinander liegenden Marmorbalkonen auf.

TOP TIPP Castello del Buonconsiglio 11

Der Via San Marco folgend, stößt man bald auf die mächtigen Rundbastionen, hinter denen sich das gewaltige Castello del Buonconsiglio erhebt (Di–So 9.30–17 Uhr, www.buonconsiglio.it). Die Herren dieses Schlosses, das ab Beginn des 13. Jh. in mehreren Bauphasen entstanden ist, haben sowohl das Schicksal als auch die Architektur Trients über Jahrhunderte beeinflusst. Ihr Schloss ist gleichsam das sichtbare Zeugnis der Geschichte dieser Stadt.

Die mittelalterliche **Stadtmauer** ist der älteste Teil der Anlage. Neben dem wehrhaften Rundturm entstand Anfang des 13. Jh. unter Friedrich von Wangen (1207–18) das **Castelvecchio**, das 1239 vollendet war. 1475 baute Fürstbischof Johannes Hinderbach (1465–86) die schöne *venezianische Loggia* an, von der sich ein großartiger Blick über die Altstadt von Trient bietet. Er erweiterte den Palast außerdem um den *Arkadenhof* im Stil der Frührenaissance.

Bernhard von Cles genügte der alte Palastbau nicht mehr. Er ließ ein neues, größeres Gebäude – den *Palazzo Magno* – errichten, der sich an die alten Befestigungsanlagen anlehnt. Gegen die Stadt hin ließ er neue Ringmauern anlegen. Erst Fürstbischof Alberti Poia (1677–89) schloss die Lücke zwischen den beiden

Das Castelvecchio mit der venezianischen Loggia ist nur ein Teil des gewaltigen Bischofspalastes ›Castello del Buonconsiglio‹

Palästen. Die **Giunta Albertiana** ist – zumindest äußerlich – so gestaltet, dass die Schlossfassade einheitlich erscheint. Man betritt den Schlosskomplex durch das so genannte *Diamantentor*. Der Name wird auf das diamantenförmige Bossenwerk der Steinquader zurückgeführt.

Das clessche Emblem, das den Palast vielerorts schmückt, stellt ein aus sieben Ruten gebildetes Bündel mit der Inschrift »Unitas« dar. Der gesamte **Palazzo Magno** erscheint als eine großartige Selbstdarstellung des stolzen Bernhard von Cles. Dennoch versäumte es der Bischof nicht, den Herrschern seiner Epoche – Maximilian I., Karl V. und Ferdinand I. – durch Bildwerke seine Referenz zu erweisen.

Während der napoleonischen Besetzung und später als österreichische Kaserne wurde der Palast stark beschädigt und ausgeplündert. Trotzdem präsentiert er sich heute – nach grundlegender Restaurierung – wieder als ein überaus wertvolles Zeugnis der Renaissance.

Aus der Fülle der sehenswerten Säle, Kammern und Zimmer seien hier nur die bedeutendsten herausgegriffen: Im *Treppenhaus* und in der *Loggia* im ersten Stock schuf *Gerolamo da Romano aus Brescia* (1486–ca.1560) die farbenprächtigen *Freskenzyklen*, die die Wände fast vollständig bedecken. Mythologische und höfische Szenen stehen neben Darstellungen aus der Politik und der Arbeitswelt. Bemerkenswert sind vor allem die charaktervollen Porträts, die der Meister schuf.

Um den nach den Brunnenfiguren so genannten *Löwenhof* gruppieren sich drei Flügel mit prachtvoll ausgestatteten Sälen. Hier sind das *Audienzzimmer*, wo Romanino ein Porträt des Bernhard von Cles über der Tür zum Balkon schuf, und die *Camera del Caminero* mit verschwenderischen Dekorationen und Fresken rund um die vier Kardinaltugenden hervorzuheben.

Neben dem Durchgang zum Castelvecchio befindet sich die *Kapelle* mit interessanten Terrakottafiguren im Stil des Manierismus von *Zaccaria Zacchi*. Gegenüber liegt das ehemalige *Refektorium*, wo ein österreichisches Kriegsgericht 1916 die italienischen Irredentisten

Battisti und Filzi zum Tode verurteilte und im Graben des Schlosses hinrichten ließ. Man hat den Raum so gelassen, wie er während der Gerichtsverhandlung war.

Im *zweiten Stock* befinden sich die *Prunksäle* des Fürstbischofs. Von besonderer Schönheit sind die geschnitzten und vergoldeten Renaissancedecken mit von *Dosso Dossi* raffiniert gemalten, täuschend dreidimensional wirkenden Architekturfriesen. Beachtung verdienen auch die zahlreichen Kamine und Tafelbilder sowie einige schöne Möbelstücke, die den Räumen Wohnlichkeit verleihen. In verschiedenen Sälen sind interessante Teile der Sammlung des *Museo Nazionale* ausgestellt. Im Südflügel befinden sich die clesschen Privatzimmer mit bemalten Decken. Die ehemalige *Bibliothek* weist eine große, von Dossi bemalte Kassettendecke auf. Die hier dargestellten Dichter und Philosophen sind nicht mehr vollständig erhalten.

Durch einen überdachten Gang entlang der Stadtmauer erreicht man den **Adlerturm**. Dabei durchquert man den *Falkenturm*, dessen mittleren Raum der Maler *Bartholomäus Dill* im 18. Jh. mit Landschaftsbildern und Jagdszenen ausschmückte.

Den Adlerturm ließ Fürstbischof Georg I. von Liechtenstein (1390–1419) von einem Maler aus dem Norden mit einem **Freskenzyklus** von ›**Monatsbildern**‹ ausmalen. Sie sind die wertvollsten Kunstwerke im gesamten Schlosskomplex. Obwohl um 1400 noch im gotischen Stil gehalten, haben sie bereits weltliche Themen zum Inhalt. Die ehemals zwölf Monatsbilder (der März wurde durch den Einbau einer Treppe zerstört) stellen die Betätigungen von Adligen und Bauern im Verlauf der Jahreszeiten dar. Im Vordergrund sieht man die Freuden und Zerstreuungen des Adels, während im Hintergrund das Landvolk seinen Arbeiten nachgeht. Die Poesie und Faszination dieser Bilder liegt in der Lebendigkeit der Darstellungen und den liebevoll beobachteten Details. Der Januar präsentiert sich mit einer Schneeballschlacht der Noblen vor der Kulisse der Burg Stenico; der Mai ist mit Liebesszenen verziert. Der Dezember zeigt Brennholzsammler vor der frühesten idealisierte Stadtansicht von Trient. (Der Adlerturm kann nur in kleinen Gruppen mit Führung besichtigt werden. Anmeldung in der Loggia des Romanino.)

Die Monatsfresken im Adlerturm des Schlosses gelten als die wertvollsten Kunstschätze Trients

Der älteste Teil des Schlosses, das **Castelvecchio**, hat im Laufe der Jahrhunderte viele Veränderungen und Umbauten erfahren. Sein heutiges Aussehen erhielt es unter Johannes von Hinderbach (1465–86).

Bemerkenswert ist der große *Bischofssaal*, den man von der Loggia aus betritt. Er ist mit den Porträts der Fürstbischöfe von Ulrich II. (11. Jh.) bis Peter Vigilius Thun (1776–1800) ausgemalt. Mit ihm hörte das Fürstbistum auf zu existieren.

Durch die so genannte *Stua Vecchia* mit einer Sammlung wertvoller Kachelöfen gelangt man in ein holzverkleidetes Apartment, in dem Bernhard von Cles während der Bauzeit des ›Palazzo Magno‹ wohnte. Das Castelvecchio beherbergt im ersten Stockwerk außerdem eine *Archäologische Sammlung* und in den ehemaligen Schreinerwerkstätten das *Museo del Risorgimento* mit Dokumenten zu den italienischen Freiheitskämpfen.

Kirchen

Unweit des Torre Vanga, neben dem Busbahnhof, liegt die Abtei **San Lorenzo** 12, eine romanische Basilika aus dem 12. Jh. mit mächtigem Quadermauerwerk aus Marmor. Kräftige Rundstützen und weit gespannte Arkaden gliedern den dreischiffigen, schmucklosen Innenraum.

Am gegenüber liegenden Etschufer, zu Füßen des Dos Trento, gelangt man zu **Sant' Apollinare** 13. Der sehr schmale, hohe Bau, der zwischen dem 12. und 14.

Das Oktoberbild im Adlerturm zeigt Bauern bei der Weinlese und beim Keltern der Reben

Jh. errichtet wurde, besitzt ein steiles Satteldach und einen hohen Turm. Der Innenraum enthält ein Freskenfragment – Madonna mit Kind, um 1320. Der Christus im Presbyterium sowie der hl. Apollinaris im Hochaltar werden *Albrecht Altdorfer* zugeschrieben.

An der Via Oriola erhebt sich die Kirche **SS. Pietro e Paolo** 14, ein gotischer Bau mit neugotischer Fassade, die an venezianische Paläste erinnert. Sehenswert sind die ornamentalen Rankenmotive an der Decke, welche die dreischiffige Anlage schmücken, sowie der mächtige, marmorverzierte Hochaltar.

i Praktische Hinweise

Information

Azienda per il Turismo Trento e Monte Bondone, Via Manci, 2, Trient, Tel. 04 61 98 38 80, Fax 04 61 23 24 26, www.apt.trento.it.

Das Tourismusbüro verkauft auch die ›*Trento Card*‹, die u.a. Museumsbesuche sowie die Benutzung der öffentlichen Verkehrsmittel beinhaltet.

Hotels

******Accademia**, Vicolo Colico, 4, Trient, Tel. 04 61 23 36 00, Fax 04 61 23 01 74, www.accademia.hotel.it. Stilvolles Haus in einem alten Palast.

******Boscolo Grand Hotel Trento**, Via Alfieri, 1/3, Trient, Tel. 04 61 27 10 00, Fax 04 61 27 10 01, www.boscolo.com. Elegantes Hotel in der Nähe der Altstadt.

******Buonconsiglio**, Via Romagnosi, Trient, 14/16, Tel. 04 61 27 28 88, Fax 04 61 27 28 89, www.hotelbuonconsiglio.it. Sehr modernes, schickes Hotel, für Liebhaber exklusiver Ausstattung.

Restaurants

Hotel Restaurant Villa Madruzzo, Via Ponte Alto, 26, Trient-Cognola, Tel. 04 61 98 62 20. Ausgezeichnete Küche mit Trentiner Spezialitäten in einer Villa, außerhalb der Stadt Richtung Venedig in einem sehr schönen Garten gelegen.

Osteria Le due Spade, Via don A. Rizzi, 11, Trient, Tel. 04 61 23 43 43. Geschmackvolles, alt eingerichtetes Lokal mit gepflegter, anspruchsvoller Küche.

Ristorante Chiesa, Parco San Marco, 64, Trient, Tel. 04 61 23 87 66. Erstklassige, fantasievolle Küche; Spezialität ist das sechsgängige ›Apfel Menu‹.

30 Toblino

Das schöne Farbspiel gibt dem Toblinosee einen besonderen, idyllischen Akzent.

Wenn man von Trient anstelle der Autobahn Richtung Rovereto die Landstraße über den Pass von Vezzano nimmt, erreicht man Riva del Garda auf einer sehr reizvollen Strecke abseits des großen Verkehrsstromes. Entlang des Tales des *Lago di Terlago* – während des Konzils von Trient beliebter Erholungsort der geistlichen Teilnehmer – erreicht man kurz vor dem Sarcatal den **Lago di Toblino**: Zwischen steil abfallenden Felswänden, umgeben von Schilf und Steineichen, ist dieser See eines der romantischsten Gewässer des Trentino.

TOP TIPP Auf einer in den See ragenden Halbinsel erhebt sich das **Castel Toblino**, umgeben von einem Park mit uralten Bäumen, bewacht von einem mächtigen Turm. Seit dem 17. Jh. ist es im Besitz der Familie Wolkenstein, davor war es Sommerresidenz der Trienter Fürstbischöfe. Die heutige Anlage stammt im Wesentlichen aus dem 16. Jh., als die Familie Madruzzo die mittelalterliche Burg des 12. Jh. zu einem komfortablen Wohnsitz umbaute.

Durch den Torgang betritt man einen romantischen Innenhof mit schattigen Laubengängen und Loggien sowie stilvoll bemalten Holzbalustraden im ersten Stock. Die Räume sind mit altem Mobiliar, stimmungsvollen Kandelabern und verblichenen Renaissancefresken reich geschmückt. Allerdings können sie nur bei einem Besuch des Restaurants (Tel. 04 61 86 40 36, Nov.–Febr. geschl.), in dem es sich stilvoll speisen lässt, besichtigt werden. Ein Teil der Räume wird mitunter auch für Ausstellungen zur Verfügung gestellt. Der Besucher sollte es jedenfalls nicht versäumen, den *Vino santo*, einen schmackhaften Dessertwein, zu probieren, der in den umliegenden Weinbergen gedeiht.

Im nahen Ort **Sarche** erreicht man den Fluss Sarca, den wasserreichsten Zulauf des Gardasees. Statt der großen Straße nach Riva empfiehlt sich die kleinere Parallelstraße, die an dem besonders stillen, malerischen **Lago di Cavedine** entlangführt. An deren Ende stößt man auf die sich zu der eindrucksvoll über dem Tal thronenden Burg Drena hinaufwindende Straße.

31 Drena

Eine der großen mittelalterlichen Anlagen des Trentino, die einst die Handelswege bewachten.

Die Burg Drena (März–Okt. Di–So 10–18 Uhr, Nov.–Febr. Sa/So 10–18 Uhr) diente als nördliche Grenzkontrolle der Ebene von Arco, die im Süden von der Burg Penede bei Torbole geschützt wurde. 1703 wurde sie von den französischen Truppen des Generals Vendôme verwüstet.

In den 1980er-Jahren wurde das marode Gemäuer durch eine gründliche Sanierung vor dem Verfall bewahrt. Mauern und Türme wurden restauriert und teilweise wieder aufgebaut, sodass der Besucher heute einen guten Eindruck von einer mittelalterlichen Burganlage erhält. Eine Ausstellung in den renovierten Räumen der ehemaligen Wohnbauten zeigt die historische Entwicklung der Burg Drena. Im Sommer finden hier wie in zahlreichen anderen Schlössern des Trentino Feste statt; außerdem werden mittelalterliche Märkte organisiert.

Von den Zinnen der Burg hat man einen beeindruckenden Blick über das Sarcatal mit seinen schroffen, von den Eiszeitgletschern glatt geschliffenen Felswänden und über die Steinwüste der Marocche zu Füßen des Kastells.

Marocche

Fährt man von der Burg Drena aus zurück ins Sarcatal, durchquert man eine eigenartig wüste Landschaft. Riesige Felsblöcke säumen die Straßen, kahle Gesteinsmassen bilden eine trostlose Trümmerlandschaft, die bis ins 19. Jh. einen nahezu unpassierbaren Sperriegel bildete. Diese Marocche genannte Steinwüste entstand am Ende der Eiszeit, als nach dem Rückzug der Gletscher Teile der Bergflanken zu Tal stürzten. An den umliegenden Bergen kann man noch die Abbrüche erkennen, die sich über 15 km Länge hinziehen.

32 Arco

Ort wilder Geschichten in dramatischer Lage.

Das ganze Tal bis Arco erhält seinen besonderen Reiz durch die fruchtbaren Obst- und Weinplantagen, die von den steilen Felswänden gerahmt werden. Besonders schön sind die im Laufe des Ta-

Im 19. Jh. erbauten die Habsburger ›moderne‹ Paläste und Kuranlagen vor der mittelalterlichen Kulisse der Burg von Arco

ges mit der Sonneneinstrahlung sich verändernden Graufärbungen des Gesteins. Für Kletterer sind die fast senkrecht abfallenden Felswände eine beliebte sportliche Herausforderung.

Geschichte Das Stadtbild von Arco beherrscht der hohe **Burgberg**, der nach Norden steil abfällt, während er im Süden ein gemäßigteres Gefälle aufweist. Hier baute das Geschlecht der Arco seine Festung und verteidigte sie von 1124 bis ins Jahr 1703, als die Truppen Vendômes die Burg weitgehend zerstörten, erfolgreich gegen alle Feinde. Mit Zinnen und Mauern wurde der Berg gesichert, mit Bastionen bewehrt und mit einer bewohnbaren Burganlage, dem **Castello d'Arco** (April–Sept. tgl. 10–18, Okt.–März tgl. 10–16 Uhr), gekrönt. *Albrecht Dürer* hat die Anlage 1495 in einem Aquarell festgehalten, dessen beinahe fotografische Treue beeindruckt. Die martialische Ansicht des steilen Berges lockern Zypressen, Olivenbäume und Steineichen auf und verleihen ihr einen heiter südländischen Charakter. Doch die Arcos, die hier ihren Stammsitz hatten, waren ein außerordentlich gewalttätiges Geschlecht, das durch Intrigen und Verrat, durch Fälschungen und einen skrupellosen Ehrgeiz seinen Machtbereich immer weiter ausdehnte. Die Geschichte dieses Hauses gleicht einem mittelalterlichen Kriminalroman und die Burg von Arco erscheint als das passende Ambiente für diese finsteren Ereignisse.

Nachdem die Gemeinde Arco 1982 die Burg erworben hatte, begannen umfangreiche Restaurierungsarbeiten. Inzwischen ist sie für die Öffentlichkeit zugänglich. Sehenswert ist vor allem ein Freskenzyklus aus der Zeit um 1380 mit Spiel- und Ritterszenen.

Besichtigung Die Altstadt von Arco schmiegt sich ringartig um den Burgberg. In ihrem mittelalterlichen Häusergewirr lässt sich manch pittoresker Platz, manch schöner Brunnen und eine Vielzahl nobler Portale entdecken. Den Hauptplatz vor der Kirche **Collegiata** schmückt ein großer *Moses-Brunnen* aus dem Jahr 1600. Die Kirche selbst wurde im Jahr 1671 im Stil der Spätrenaissance fertig gestellt. Der hohe, monumentale

Fresken in der Kirche San Rocco aus der Schule des Andrea Mantegna

Innenraum birgt prunkvolle Altäre und Gemälde meist einheimischer Maler. Bemerkenswert ist die Darstellung des hl. Michael von dem Veroneser Künstler *Felice Brusasorci*, ebenso wie die *Orgelempore*, an der Skulpturen musizierender Bürger die sonst üblichen Putti ersetzen.

Die Arcos bauten zwischen 1500 und 1600 drei Paläste in der Stadt. Auffallend ist der **Palazzo Marchetti** neben der Collegiata, den ein Freskenfries mit der Darstellung von Göttern, Helden und Nymphen ziert. Das Dach ist mit dekorativen venezianischen Kaminen gekrönt. Im Innern befindet sich das Restaurant *Cantina Marchetti* (Tel. 04 64 51 62 33), dessen Räume im Stil der Renaissance ausgestattet sind.

Vor der Altstadt trifft man inmitten eines Palmengartens auf weitläufige Gebäude im Stil der k.u.k. Monarchie, hervor stechend das große Gebäude des einstigen **Casinos**. 1872 hatte der Habsburger Erzherzog Albrecht das milde Klima Arcos entdeckt und sich einen Palast bauen lassen. Ihm folgten andere Mitglieder des Kaiserhauses, die hier den ›frühesten Frühling‹ erleben wollten. Arco avancierte am Ende der östereichischen Herrschaft zum ›Nizza des Trentino‹.

Zwei kleine Kirchen am Ortsrand gehören zu den wertvollsten Beispielen mittelalterlicher Kunst in Arco. Die romanische Kirche **Sant'Apollinare in Prabi** (am linken Sarca-Ufer, vor der Brücke Richtung Trient dem Hinweisschild »Campingplatz« folgen) ist ein Kleinod aus dem 7. Jh. Im Juli/August ist die Kirche zu den üblichen Zeiten geöffnet. Sonst kann man im Nachbarhaus um den Schlüssel bitten. Das Innere ist mit *Fresken* des 14. Jh. ausgemalt, die das Martyrium der Heiligen Apollinaris und Laurentius sowie eine Kreuzigung, Grablegung, eine Verkündigung und eine thronende Madonna zeigen. Die Fresken gelten als herausragende Beispiele der Veroneser Malerei dieser Zeit. Außen an der Südwand haben sich – durch ein Dach geschützt – lombardische Wandmalereien aus der Zeit um 1540 gut erhalten. Sie faszinieren durch die lebendige, detailfreudige Darstellung, die noch ganz der gotischen Malweise verpflichtet ist. Hervorzuheben ist die Abendmahlszene an der oberen Kirchenwand.

Im Ortsteil *Caneve* – gleich hinter der Brücke der Straße Richtung Rovereto-Torbole – findet man links neben der Hauptstraße die Kirche **San Rocco**. Sie ist nicht immer geöffnet, daher besucht man sie am besten vor oder nach den sonntäglichen Gottesdiensten oder versucht, den Schlüssel im Haus Torboli, Piazza S. Rocco Nr. 2 zu bekommen. Die Kirche liegt etwas versteckt hinter einer Häuserreihe. Sie lohnt den Abstecher wegen der reichen *Freskomalerei* im Innern, die der Schule *Andrea Mantegnas* (1431–1506) zugeordnet wird. Neben der Darstellung des schlafenden San Rocco im Presbyterium sieht man einen Freskenzyklus mit der *Passion Christi*. Beeindruckend sind die für Mantegna typischen illusionistischen Landschaften und Architekturen, vor denen sich das Geschehen abspielt. Die drei *Altäre* des Gotteshauses sind mit qualitätvollen Gemälden der venezianischen Schule ausgestattet.

i Praktische Hinweise

Information

Azienda di Promozione Turistica, Viale delle Palme, 1, Arco, Tel. 04 64 51 61 61, Fax 04 64 53 23 53, www.gardatrentino.it

Hotel

******Hotel Villa delle Rose**, Via Santa Caterina, Arco, Tel. 04 64 51 90 91, Fax 04 64 51 66 17. Modern gestaltetes Haus, 5 Min. von der Altstadt entfernt; Zentrum für Bio-Kuren mit Hallen- und Freibad.

Restaurant

Ristorante alla Lega, Via Vergolano, 8, Arco, Tel. 04 64 516205. Ausgezeichnete, anspruchsvolle Küche in angenehmer Atmosphäre (Mi geschl.).

33 Valle Lagarina

Abseits der Autobahn lassen sich Burgen, Dörfer und Kirchen entdecken.

Südlich von Trient bekommt das Etschtal einen neuen Namen – Lagarinatal – und zugleich ein neues Gesicht. Es wird weiter und lieblicher, die Dörfchen ziehen sich an sanften, mit Weingärten und Obstplantagen bewachsenen Hängen hinauf. Erst an der Grenze der Provinzen Trient und Verona wird es wieder enger und rauher. Das Tal hat ein mildes, trockenes Klima, das den Rebenanbau begünstigt. König der hier kultivierten Weine ist der ›Marzemino gentile‹, dem Mozart im ›Don Giovanni‹ ein Denkmal setzte. Dutzende von Herrenhäusern, viele verfallen, einige noch bewohnt, wurden an strategisch wichtigen Punkten errichtet. Die Burgen garantierten jahrhundertelang den durchziehenden Heeren und den Warentransporten sicheren Schutz. Heute durchqueren Eisenbahn, Autobahn und Straßen das Tal, die zentrale Verkehrsader zwischen Italien und Nordeuropa.

Vor Rovereto fallen die Burgen Castel Pietra und Castel Beseno ins Auge. Mit gewaltigen Bastionen, Türmen und Zinnen thront das **Castel Beseno** (Juli–Mitte Sept. Di–So 10–18, März–Juni/Mitte Sept.–Mitte Nov. Di–So 9.30–17 Uhr) oberhalb der Ortschaft **Calliano** wie eine ausgestorbene Bergstadt auf dem Hügel, der das Tal des Rio Cavallo sperrt. Mit ursprünglich drei Burganlagen ist es die größte Festung des Gebietes, die über Jahrhunderte die Funktion eines wehrhaften Wachtpostens innehatte.

Strategisch noch bedeutender war das **Castel Pietra**, das sich hinter Calliano an einen Bergabhang des Monte Finonchio klammert und Hüter des hier engen Taldurchganges war. Im Innern wurden Fresken des 15. Jh. entdeckt. Leider ist die in Privatbesitz befindliche Burg nicht öffentlich zugänglich.

Nördlich des Ansitzes dehnt sich jene Ebene aus, in der die berühmte *Schlacht von Calliano* 1487 stattfand, in der die Venezianer von den Tirolern geschlagen wurden. Ihr Heerführer *Roberto Sanseverino* ertrank damals in der Etsch. Er wurde im Dom von Trient beigesetzt; Kaiser Maximilian stiftete das Grabmal [s. S. 88].

34 Rovereto

Eine alte, venezianisch geprägte Kulturstadt.

Das mittlere Lagarinatal beherrscht die Stadt Rovereto. Sie liegt an den Ausläufern der Monti Finonchio und Zugna, gegenüber der Kette des Bondone-Stivo. Der sich um die Stadt ausbreitende Industriegürtel sollte nicht davon abhalten, ihr einen Besuch abzustatten. Der älteste Kern der Stadt entwickelte sich um die Burg, die im 14. Jh. von den Castelbarco auf einer älteren Anlage neu gebaut wurde. Die Architektur der Stadthäuser trägt deutliche Spuren der Herrschaft Venedigs, die von 1416–1509 dauerte. Mit der Einführung der Seidenraupenzucht durch die Serenissima kam die Seidenindustrie in den Ort und brachte ihm Reichtum und Blüte. In dieser Epoche entstanden die stattlichen Bauten an der Piazza Erbe, der Piazza Malfatti und in den angrenzenden Straßen.

Ein Bummel durch die Gassen Via Orefici, Via Rialto, Via Mercerie, eine Rast auf der Piazza Erbe, die sich auf die Piazza Malfatti öffnet, und schließlich der Weg durch die mittelalterlichen *Torbögen* der Via Portici vermitteln einen guten Eindruck von der altertümlichen Struktur Roveretos.

Ein Durchgang zwischen zwei Palazzi am Corso Bettini führt zur jüngsten Se-

Die Festung über der Altstadt von Rovereto

henswürdigkeit Roveretos, dem 2002 eröffneten **Museo d'Arte Moderna e Contemporanea di Trento e Rovereto** (MART) (Di–Do 10–18, Fr–So 10–21 Uhr, www.mart.trento.it). Der Schweizer Architekt Mario Botta entwarf dieses grandiose Museum der Gegenwartskunst: um einen kreisrunden überglasten Innenhof mit 40 m Durchmesser zieht sich der zweistöckige Neubau aus hellem Vicenza-Stein. Etwa die Hälfte der 12 000 m^2 Fläche ist Ausstellungen vorbehalten, darunter eine großartige Sammlung italienischer Futuristen wie Bella, Prampolini oder Carrà und amerikanische Minimalisten. Hochkarätige Wechselausstelllungen ergänzen die Dauerexponate.

Die Piazza San Marco beherrscht die barocke Stadtkirche **San Marco** aus dem 16. Jh. Eine gewaltige Tonne überwölbt den Saalbau, der im 18. und 19. Jh. erweitert und mit zahlreichen Altären ausgestattet wurde. Um 1900 brachte der Mailänder Calori die Stuckdekorationen im Stil des Rokoko an. Bemerkenswert ist auch die große Orgel der Kirche.

Das **Rathaus** an der Piazza Podestà zu Füßen der Festung charakterisiert ein niedriger Laubengang. Die Fassade des Gebäudes ist mit Schachbrettdekorationen und einem – leider schlecht erhaltenen – Freskenfries darüber verziert. Den Innenhof schmücken Wappen der Castelbarco, der Venezianischen Dogen sowie der Habsburger, Zeugnisse der wechselhaften Geschichte Roveretos.

Die Kirche **Santa Maria alle Grazie** an der Via Vannetti baute 1727 der Architekt Andrea Colomba als achteckigen Zentralbau mit Kuppel. Besonders schön ist das mit zierlichen Blumenornamenten ausgeführte schmiedeeiserne Gitter vor dem Presbyterium.

Über der Stadt erhebt sich die wehrhafte **Festung** mit drei Türmen und einer Bastei (Juli–Sept. Di–Fr 10–18, Sa/So 9.30–18.30. Okt.–Juni Di–So 10–18 Uhr). Die heutige Anlage wurde im Wesentlichen Ende des 15. Jh. erbaut. Sie ist eine der ersten Festungen, die auf die Verwendung von Feuerwaffen abgestimmt waren. Im Innern wurde 1920 das *Museo Storico Italiano della Guerra* eingerichtet Es enthält eine umfangreichen Sammlung von Waffen, Urkunden, Uniformen und Erinnerungsstücken vor allem aus dem Ersten Weltkrieg. Die eindringliche Warnung vor weiteren Kriegen ist unmissverständlich.

Die gleiche Mahnung für den Frieden symbolisiert die **Friedensglocke Maria Dolens** (Juni/Juli/Sept. Mo–Sa 9–12 und 14–19, So/Fei 9–19, Aug. tgl. 9–19, Mitte Juni–Mitte Sept. tgl. 21–21.30 Uhr) auf dem Hügel Miravalle oberhalb Roveretos. Sie wurde 1924 in Trient aus der Bronze von Kanonen aus dem Ersten Weltkrieg gegossen. 1964 wurde ein neuer Guss notwendig. Täglich um 21.30 Uhr läutet sie im Andenken an die Kriegsopfer.

i Praktische Hinweise

Information

Azienda per il Turismo, Corso Rosmini, 6 a, Rovereto, Tel. 04 64 43 03 63, Fax 04 64 43 55 28, www.apt.rovereto.tn.it

Restaurant

Al Borgo, Via Garibaldi, 13, Rovereto, Tel. 04 64 43 63 00. Das noble Restaurant gilt als das beste im Trentino. Ein Michelin-Stern honoriert die Künste des Küchenchefs, dessen Strudel legendär sind.

35 Avio

Eine interessante Burganlage mit außerordentlich schönen Fresken aus dem 14. Jahrhundert.

Fährt man das Lagarinatal weiter nach Süden, vorbei an dem alten Städtchen Ala, dessen Paläste an die im Mittelalter florierende Seidenindustrie erinnern, erreicht man rechts der Etsch den Marktflecken Avio. Den alten, von engen Gassen durchzogenen Ort überragt TOP TIPP das stattliche **Castello di Sabbionara** (März–Sept. Di–So 10–18, Okt.–Mitte Dez./Febr. Di–So 10–17 Uhr). Die schon 1053 erwähnte Anlage wurde im 13. Jh. von Guglielmo II. Castelbarco umgebaut und vergrößert. Dieser einflussreiche Adlige, ein Zeitgenosse Cangrandes I., war vom Verona der Scaliger stark geprägt, weshalb auch die Burg im veronesischen Stil entstand, als eine Synthese von Verteidigungs- und Wohnschloss. Der Graf war einer der Stifter der Kirche Sant'Anastasia in Verona. Sein Grabmal steht auf dem Bogen des Portals zwischen den Kirchen Sant'Anastasia und San Pietro Martire in Verona [s. S. 119].

Unter dem großen Bergfried fügt sich die repräsentative Anlage dem abfallenden Hanggelände harmonisch an. Die *Befestigungsmauern* reichen den ganzen Berg hinab, schließen nicht nur die verbliebenen Gebäude, sondern auch terrassenförmige Gartenanlagen mit ein. Hervorragend sind die *Freskenzyklen*, die sich noch aus dem 14. Jh. erhalten haben.

In der so genannten **Casetta delle Guardie**, dem Haus der Wachmannschaften, sieht man außerordentlich lebendige *Fresken*, die verschiedene Kriegsszenen sowie eine Darstellung des hl. Georg im Kampf gegen den Drachen zum Inhalt haben. Auch die Burg von Avio ist – zwar perspektivisch noch nicht vollkommen, doch malerisch anschaulich – festgehalten. Es ist dies der früheste profane Freskenzyklus im Trentino. Die realistische Darstellung von Kampfhandlungen zwischen großen, mittelalterlich gerüsteten Kriegerfiguren beeindruckt nachhaltig. Wahrscheinlich sollte sich die Wachmannschaft im Angesicht dieser Szenen in ständiger Alarmbereitschaft halten.

Anders wirken die Fresken im **Turm des Bergfrieds**, wo der Graf sich seine privaten Zimmer romantischer und friedlicher ausmalen ließ. Man hat dem Raum den Namen **Camera d'amore** gegeben; denn anscheinend war er vollständig mit höfischen Liebesszenen ausgestattet, die heute aber nur noch mit viel Fantasie auszumachen sind. Die wenigen anmutigen Damen, die sich in Gärten ergehen, erfüllen kaum die Erwartungen an erotische Szenerien. Man muss sich mit den zarten Andeutungen zufrieden geben, die von den farbenfrohen Fresken des unbekannten Veroneser Künstlers geblieben sind. Aber auch ohne Erotik lohnen sie den Aufstieg in den hohen Turm.

Südlich von Borghetto, an der Grenze zwischen den Provinzen Trentino und Verona, rücken die Felswände immer dichter zusammen. Man erreicht die **Veroneser Klause**, einst gefürchtetes Hindernis und strategisch wichtiger Punkt für die Heere, die nach Süden zogen. Die Klause und die umliegenden Höhen wurden von den jeweiligen Landesherren im Laufe der Zeit mit Befestigungsanlagen geradezu gespickt. 1796 schlug Napoleon bei Rivoli die feindlichen Österreicher; deshalb trägt noch heute eine der elegantesten Straßen in Paris den Namen Rivoli.

Kriegerische Szenen schmücken das Haus der Wachmannschaften in der Burg von Avio (14. Jh.)

OGGI

Verona – das Tor Italiens

»Verona, die uralte, weltberühmte Stadt, gelegen auf beiden Seiten der Etsch, war immer gleichsam die erste Station für die germanischen Wandervölker, die ihre kaltnordischen Wälder verließen und über die Alpen stiegen, um sich im güldenen Sonnenschein des lieblichen Italiens zu erlustigen.« (Heinrich Heine, 1828, Italienreise.) Tatsächlich wird der Reisende, der von Norden kommt, Verona als die erste typisch italienische Stadt empfinden: einerseits voller Leben, voller Geschäftigkeit, zugleich jedoch auch ein geschichtsträchtiger Ort und Hort künstlerischer und architektonischer Kostbarkeiten.

36 Verona

Plan hintere Umschlagklappe

TOP TIPP

Die erste ›italienische‹ Stadt gehört zum Weltkulturerbe der UNESCO und wurde von Römern, Scaligern und Venezianern geprägt.

Die Lage der in die Windungen der Etsch gebetteten Stadt ermöglicht es dem Spaziergänger, immer wieder andere, neue Perspektiven und Ausblicke zu entdecken. Dennoch erschließt sich die Schönheit Veronas nicht spontan; sie verbirgt sich eher mit einer gewissen Scheu, verführt auf sanfte, zurückhaltende Weise. Sie reißt nicht hin, betört nicht wie Florenz oder Venedig, sondern bezaubert durch Würde und einen besonderen, beinahe ernsten Charme.

Als ›Tor Italiens‹ am Fuße der Alpen nahm Verona über Jahrhunderte eine Schlüsselstellung in der Geschichte Oberitaliens ein. Schon mehrere Jahrhunderte v. Chr. hatten Gallier und Veneter hier eine Siedlung gegründet, die im Jahr 89 v. Chr. ohne Widerstand in die römische Provinz *Gallia Cisalpina* integriert wurde.

Römisches Handelszentrum

Die Römer bauten die Stadt in einer weiten Schleife der Etsch zu Füßen der *Lessinischen Alpen*, umgeben von sanften Hügeln, die nach Süden in die Ebene auslaufen. Es war die Heimat Catulls und Vitruvs, der Ort, an dem Julius Caesar gerne verweilte. Nach wohldurchdachten Plänen erbaut, schützten Mauern und prächtige Tore (Porta Borsari, Porta Leoni) die Stadt. Im Jahre 49 v. Chr. erhielten die Bewohner das römische Bürgerrecht.

An der Kreuzung der Via Claudia Augusta und der Via Postumia, die von Norden nach Süden, bzw. von Osten nach Westen verliefen, sowie der Via Gallia, die in west-östlicher Richtung ganz Oberitalien durchzog, entwickelte sich Verona zu einem wichtigen strategischen Knotenpunkt und bedeutenden Handelszentrum. Das römische Straßennetz ist noch heute an den schachbrettartig verlaufenden Verkehrsachsen zu erkennen. Die *Piazza delle Erbe* war ehemals das Forum, das Capitolium stand da, wo sich heute der *Palazzo Maffei* erhebt. Zwei Brücken überquerten die Etsch, von denen der *Ponte Pietra* erhalten geblieben ist. Am linken Ufer der *Etsch* entstand das Theater und auf der Kuppe des Hügels San Pietro das Castrum.

Ostgoten, Langobarden, Karolinger

Die Völkerwanderung berührte natürlich auch Verona, doch blieb die Stadt weitgehend unzerstört. Im Jahre 488 drang der **Ostgotenführer Theoderich** nach Italien vor. 490 besiegte er den herrschenden Germanenführer Odoaker bei Verona und ermordete diesen schließlich nach zweijähriger Belagerung in Ravenna. Theoderichs Reich umfasste schließlich ganz Italien bis zur Provence. In den Jahren 493–526 herrschten Friede und

◁ *Vom Turm des Palazzo Comunale öffnet sich ein besonders schöner Blick auf die Piazza delle Erbe*

Wohlstand. Der Ostgotenkönig förderte Bildung und Kultur der Antike. Der in Verona häufig residierende König ging in die germanischen Heldenepen als *Dietrich von Bern* ein.

568 kamen langobardische Völkerscharen über die Alpen und fielen 569 in Verona ein. Die Stadt wurde zur Residenz ihres Königs Alboin. Erst 774 gelang es **Karl d. Gr.** das Reich der Langobarden zu erobern. Der Kaiser ernannte seinen Sohn **Pippin** zum König von Italien. Dieser residierte in dem von Theoderich erbauten Palast in Verona.

Die italienischen Könige Berengar I. und Berengar II. versuchten im 9./10. Jh. nach dem Untergang der Karolinger ein neues Königreich zu errichten. Doch sie mussten schließlich **Otto I.** weichen, den der Papst nach Italien gerufen hatte und der 962 in Rom zum Kaiser gekrönt wurde. Die von Otto gegründete **Mark Verona** bildete fortan einen der wichtigsten Stützpunkte der deutschen Kaiser jenseits der Alpen.

Kampf der Adelsfamilien

Vom 10. Jh. bis zur Entstehung der freien Kommune Verona (1136) hatte das Haus der Grafen Sambonifazio die Vorherrschaft inne. Zum ersten Mal wurden im Jahre 1136 Konsuln in Verona gewählt.

Die führenden Familien der Stadt begannen nun, um den Einfluss in der Kommune zu kämpfen. Die **Ghibellinen** (Kaisertreuen) – in Verona die Monticoli – stritten mit den **Guelfen** (Papsttreuen), die dem Hause Sambonifazio angehörten. 1226–27 wurde der den Monticoli nahe stehende Ezzelino III. da Romano zum Podestà gewählt. Er verbündete sich mit *Kaiser Friedrich II.* und heiratete dessen uneheliche Tochter Selvaggia. Ezzelino entfachte einen brutalen Kampf gegen die Adelsfamilien. 1259 wurde er in der Schlacht von Cassano d'Adda besiegt. Zu seinem Nachfolger wählte das Volk Mastino della Scala. Mit ihm begann die 128 Jahre (1259–1387) währende Ära der Scaliger in Verona.

Die Herrschaft der Scaliger

Verona erlebte während der Zeit, in der die Familie della Scala regierte, seine größte Blüte. Bis zum Sturz der Scaliger 1387 entwickelte sich die Stadt zu einer Großmacht; fast das gesamte Veneto befand sich im Besitz der Veroneser. Das Haus der della Scala, das eine aufsteigende Leiter (*scala*) im Wappen trug, förderte Handwerk und Kaufmannswesen. Als *Ghibellinen* unterstützten die Scaliger die Interessen des Kaisers. Ihr glanzvoller Hof war ein Hort der Kunst und Literatur; der Florentiner Dichter Dante fand hier Zuflucht während seines ersten Exils. In seiner ›Göttlichen Komödie‹ setzte er den Scaligern ein Denkmal. Überall entstanden zu jener Zeit in Italien die Signorien von Familien, die meist aus dem Kleinadelsstand kamen und die einmal gewonnene Macht durch die Wahl zum Podestà del popolo, eines von den Ständen geschaffenen Amtes, mit allen Mitteln zu halten suchten. Auf diese Weise war **Mastino della Scala** in Verona erstmals an die Regierung gekommen und fortan mit allen Kräften bemüht, den Einfluss der einst mächtigsten Adelsfamilie, der Sambonifazio, auszuschalten. Diese konnte tatsächlich den einmal verlorenen Einfluss nicht mehr zurückgewinnen. Seine Gegner ließ er entweder ausweisen oder hinrichten. Gleichzeitig war Mastino klug genug, den Handel mit Venedig zu verstärken; es gelang ihm, die wirtschaftliche Großmacht für sich zu gewinnen. 1277 wurde Mastino in der Nähe seines Palastes an der Piazza dei Signori von seinen Gegnern ermordet.

Der lächelnde Cangrande della Scala wurde zu einer Symbolfigur Veronas

Sofort wählte das Volk, das einen Niedergang des gerade begonnenen, florierenden Handels befürchtete, Mastinos Bruder **Alberto della Scala** (1277–1301), zum neuen Podestà. Dieser sicherte sich weitreichende Rechte und Machtbefugnisse, um den Einfluss der Familie zu festigen. So ließ er sich zum Capitano del Popolo auf Lebenszeit ausrufen. Auf diese Weise entwickelte sich eine Art Erbrecht, das allerdings kaum als legitim angesehen werden kann.

Alberto folgten seine Söhne Bartolomeo (gest.1304), Albuin (gest.1311) und Canfrancesco, genannt Cangrande, der 1329 starb. Unter der Herrschaft des Bartolomeo soll sich die Geschichte von **Romeo und Julia** zugetragen haben. Obwohl nicht verbürgt, wirft sie doch ein Licht auf die herrschenden Zustände und Streitigkeiten in Verona zu dieser Zeit.

Cangrande I. della Scala (1311–29) war die bedeutendste Persönlichkeit des Geschlechts der Scaliger; er verkörperte das Ideal eines Signore des 14. Jh.; er war ein bedeutender Feldherr und Eroberer, ein kluger Taktiker, aber auch ein eigennütziger Intrigant. Seinen Gegnern gegenüber galt er trotzdem als milde und gerecht. »Seine wohlbekannte Großmut wird sich so offenkundig zeigen, dass selbst seine Feinde vor ihr verstummen«, schrieb Dante im ›Paradiso‹. Cangrandes Hof wurde zu einem der glanzvollsten in Italien. Künstler, Gelehrte, auch Handelsherren und Heerführer kamen nach Verona. Neben Dante weilte auch Giotto hier, um einen Saal des Scaliger-Palastes auszumalen.

Heinrich VII. erhob Cangrande schließlich zum kaiserlichen Vikar von Verona. Mit dieser Machtposition gelang es ihm, beinahe das ganze Veneto zu unterwerfen. Sein Traum war ein norditalienisches Großreich.

Seinem Nachfolger **Mastino II.** (gest. 1351) wäre dieser Traum beinahe gelungen, was jedoch andere Adelsfamilien – wie die Visconti von Mailand oder die Gonzaga von Mantua – auf den Plan rief. Nach seiner Niederlage in der Schlacht von Padua (1337) musste Mastino II. große Teile seines Reiches abtreten.

Das Ende der Scaliger und die Herrschaft Venedigs

Die Regierung der folgenden Scaliger erwies sich als wenig ruhmreich. Sie taten sich vor allem als Tyrannen und Brudermörder hervor. **Cangrande II.** (1351–59) ließ 1354–56 das Castelvecchio am Ufer der Etsch erbauen, weil er sich – vom Volk gehasst – in seinem Stadtpalast nicht mehr sicher fühlte. Verona nannte ihn *Can Rabbioso* (tollwütiger Hund). Bei einem seiner seltenen Ausgänge wurde er von seinem Bruder **Cansignorio** ermordet. Dieser ließ die elegante Brücke vom Castelvecchio über die Etsch errichten, um notfalls einen Fluchtweg ans andere Ufer und in die Berge zu haben. Um die Herrschaft seiner illegitimen Söhne zu sichern, ließ Cansignorio (1359–75) auch seinen Bruder Albuin hinrichten, angeblich weil er Verrat an ihm begangen habe. Als aber der eine der Söhne, Bartolomeo, ermordet wurde und der Verdacht auf seinen Bruder Antonio fiel, machte der Veroneser Adel der Skrupellosigkeit und politischen Unfähigkeit der Scaliger ein Ende.

Die Familien Bevilacqua, Malaspina und andere traten als ›Condottiere‹ in den Dienst der Visconti. Verona, dessen Stadttore von den Bürgern geöffnet worden waren, fiel kampflos in ihre Hände.

Antonio della Scala floh im Oktober 1387 mit einem Schiff nach Venedig. Damit hatte die Tyrannei der Scaliger ein Ende gefunden, zugleich aber auch die politische Unabhängigkeit der Stadt Verona, die nun die Visconti in Besitz nahmen. Ihre Herrschaft erwies sich jedoch als ebenso tyrannisch wie die der Scaliger. Sie dauerte bis 1404.

1405 unterwarf sich Verona der **Republik Venedig**. Es folgte eine lange Epoche des Friedens. ›Die Herrschaft der sanften Hand‹ der Serenissima ließ im 16. Jh. Verona zu einer außerordentlich wohlhabenden Stadt erblühen.

Venedigs Regentschaft endete erst mit dem Einfall der Napoleonischen Truppen 1796. Verona kam zunächst an Österreich, wurde 1801 bis 1805 zwischen Frankreich und Österreich geteilt und 1814 wieder österreichisch. 1866 fiel es dann endgültig an das neu gegründete italienische Königreich.

Die Stadtmauern

Veronas Stadtmauern sind zum großen Teil noch erhalten. Im Laufe der Jahrhunderte wurden sie vielfach verändert, erweitert und den Belangen der jeweiligen Zeit angepasst.

Die römische Stadtmauer verlief von der heutigen Brücke Vittorio Emanuele zur noch erhaltenen Porta Borsari, folgte der jetzigen Via A. Cantore bis zur Kirche San Nicolo. Von dort verlief sie in nördlicher Richtung durch die Via Leoncino und traf auf das stark befestigte Ausfalltor Porta Leoni, von dem noch ein kleiner Teil in der Via Leoni, der Verlängerung der Via Capello, zu sehen ist.

Die ›muri novi‹ des Mittelalters wurden weiter stadtauswärts errichtet, denn sie sollten auch die im Hochmittelalter ent-

Der Baumeister Veronas

Michele Sanmicheli (1484–1559), der berühmte Erbauer von Befestigungsanlagen, Kirchen und Privatpalästen, arbeitete entlang der Küste der Levante, vorrangig aber in seiner Vaterstadt Verona, wohin er nach Lehrjahren in Rom zurückgekehrt war. Beeinflusst von den klassischen Formen der Antike steht er im gleichen Rang wie Palladio und Sansovino. In Verona baute er die ersten vorspringenden Bastionen und die schönen Stadttore, z. B. die Porta del Palio, zugleich aber auch bedeutende Paläste, die Kuppel von San Giorgio in Braida und die klassisch schöne Cappella Pellegrini in San Bernardino.

standenen neuen Stadtviertel am Etschufer schützen. Die *Arena*, die in römischer Zeit außerhalb lag, war nun in den Mauerring miteingeschlossen.

Zwischen 1132 und 1153 wurden die alten römischen und frühmittelalterlichen Mauern auch am linken Ufer bis zu den Hügeln hinaufgezogen, wo man sie noch heute sieht. Die Scaliger ließen während ihrer Regierungszeit die Stadtmauern noch

Die Porta del Palio stellt Sanmichelis ausgezeichnetes Gespür für Formen und Proportionen unter Beweis

einmal so erweitern, dass die vor der Stadt angesiedelten Klöster wie San Zeno, San Bernardino und Santa Maria in Organo am linken Etschufer miteingeschlossen wurden. Während der langen, friedvollen Regierungszeit der Venezianer entstanden dennoch die starken Bastionen mit den sehenswerten Stadttoren, die der Architekt und Festungsbaumeister *Michele Sanmicheli* schuf. Er verbreiterte die mittelalterlichen Mauern durch sternförmige, bis zu 6 m breite Bastionen und Wälle. Die **Porta del Palio** 1, eines der Ausfalltore im Südwesten der Stadt, gilt als das schönste Stadttor Italiens. Die Österreicher errichteten während ihrer Besatzungszeit (1814–66) die so genannten ›Toricelle‹ – wehrhafte Zitadellen, Wachtürme und Forts – auf den strategisch wichtigen Hügeln rund um die Stadt. Von hier hat man einen herrlichen Rundblick über Verona und die Etschschleifen bis hinein in die Poebene.

Piazza delle Erbe 2

Seit Jahrhunderten konzentriert sich Leben und Treiben der Veroneser auf drei Plätze, deren Charakter und Formen sehr unterschiedlich sind. Die Piazza delle Erbe (Platz der Kräuter) dient seit Beginn der Stadt als **Markt**. Die Römer hatten an der gleichen Stelle ihr Forum, allerdings mit größeren Ausmaßen als sie der heutige Platz umfasst. Goethe faszinierten »Gemüse und Früchte«, während Heinrich Heine sich vom Lächeln der Frauen »wie's nur auf der Piazza delle Erbe so lieblich geschah« angezogen fühlte. Beides lässt sich auch heute noch bei einem Bummel zwischen den hölzernen Marktbuden, die von weißen, kunstvoll übereinander geschichteten Sonnenschirmen beschattet werden, erleben.

Früher versammelte sich das Volk zur Abstimmung auf dem Platz. Die Beschlüsse des Podestà sowie Gerichtsurteile wurden von dem in der Mitte postierten baldachinartigen ›*Capitello*‹ – im Volk auch ›Berlina‹ genannt – verkündet. Gegenüber diesem steinernen Baldachin erhebt sich über einem mächtigen römischen Wasserbecken die Statue der **Madonna Verona**, das Wahrzeichen der Stadt. Die Masken zu ihren Füßen, aus denen das Wasser sprudelt, stellen Verona, Kaiser Lucius Verus und die Könige Alboin und Berengar dar. Die Figur der Madonna ist eigentlich eine römische Statue, deren Kopf und Arme im 14. Jh. ergänzt wurden.

Malerisch ist der Ausblick vom Colle di San Pietro über die Altstadt von Verona

In der Südwestecke des Marktes ließ Gian Galeazzo Visconti die **Colonna del Mercato** aus rotem Veroneser Marmor errichten. Einst war sie mit den Wappen der Visconti geschmückt. Am anderen Ende des Platzes, vor der mächtigen barocken Fassade des **Palazzo Maffei** a, steht als Symbol der venezianischen Herrschaft eine Säule mit dem geflügelten *Markuslöwen*. Der barocke Maffeipalast von 1668 erscheint in seiner prachtvollen, verschwenderischen Architektur mit einer statuengeschmückten Balustrade ungewöhnlich im Stadtbild Veronas. Er wird von dem **Torre Gardello** flankiert, der die älteste, von Cansignorio della Scala 1370 gestiftete *Stadtuhr* trägt. Der Mechanismus und das Gehäuse der Uhr gehen auf das Jahr 1421 zurück.

Schräg gegenüber dem Torre Gardello erhebt sich 83 m hoch (mithilfe eines Aufzugs zu ›besteigen‹) der **Torre dei Lamberti** (1172 ursprünglich für einen Familienpalast begonnen), der die mittelalterliche Stadt beherrschte und einen der prägnantesten Akzente in der Silhouette Veronas darstellt. Er gehört zum **Palazzo Comunale** [s. S. 104], einem mächtigen Vierflügelbau mit großem Innenhof. Die um 1194 beendete Anlage diente als Repräsentationsbau und Justizpalast der Stadtrepublik Verona. Er war Versammlungsort der höchsten Gremien der Stadt, wie dem Rat der 500, der zeitweise bis zu 1200 Mitglieder umfasste.

Das im streng romanischen Stil erbaute Gebäude wird durch die in Verona typische Verwendung zweifarbiger Steine (roter Ziegelstein mit hellem Tuffstein versetzt) aufgelockert. Dreifache Rundbogenfenster und Bogenfriese beleben zusätzlich die Mauerwände. An der Front, zur Piazza delle Erbe hin, erhielt sich die klassizistische Verkleidung von 1810, die an den anderen Fassaden wieder entfernt wurde. Den abgeschlossenen Hof umgeben hohe Rundbogenarkaden, unter denen sich im Mittelalter Kaufläden ausbreiteten, weshalb der Hof noch heute *Cortile del Mercato Vecchio* (alter Markt) heißt. Eine elegante, aus rosafarbenem Marmor gehauene Freitreppe – *die Scala della Ragione* – entstand während der venezianischen Regierung zwischen 1447–50. Stilistisch gehört die Treppe mit ihrer kunstvoll gearbeiteten Balustrade in die Übergangszeit zwischen venezianischer Gotik und Renaissance.

Gegenüber dem Palazzo Comunale steht die mit Zinnen gekrönte und von Arkaden unterbrochene **Casa dei Mercanti** b (Ecke Via Pelliciai), das ehemalige Versammlungsgebäude der Kaufleute. Das Haus ist eine Rekonstruktion des alten Gebäudes aus dem Jahr 1878 und Sitz der Handelskammer.

Das schönste Ensemble des Platzes bilden zweifellos die gegenüberliegenden **Case dei Mazzanti** c, benannt nach der Familie Mazzanti, die die Häuser 1517 erwarb. Im 14. Jh. waren sie im Besitz der Scaliger. Die neuen Eigentümer, reich gewordene Gewürzhändler, ließen die Fassaden von dem Maler Alberto Cavalli mit mythologischen Fresken schmücken. Bemerkenswert ist auch der durchgehende Balkon mit Außentreppe an der Rückseite der Gebäude, die im Laufe der Zeit gleichsam zu einem Haus zusammengewachsen sind.

Rund um die Piazza dei Signori

Während man die Piazza delle Erbe als merkantilen Mittelpunkt Veronas erlebt, erscheint die **Piazza dei Signori** 8 als ein vornehmer, etwas kühler Platz, wo die Regierung und die Gerichtsbarkeit residierten und die Verwaltung der Kommune Verona ihren Sitz hatte; sie war das Zentrum der Scaligerherrschaft. Fünf Straßendurchgänge, die reich verzierte Bögen überspannen, münden auf den Platz. Von der Piazza delle Erbe erreicht man ihn durch den *Arco della Costa*, vorbei an den monumentalen Mauern des **Palazzo Comunale** d. Man betritt ein saalartiges Rechteck, das von Gebäuden verschiedener Epochen und Stilarten flankiert wird. Der älteste Bau ist der Palazzo del Comune (1183–94), gleichsam das Bindeglied zwischen Piazza delle Erbe und Piazza dei Signori.

Daneben erhebt sich der düstere **Palazzo dei Tribunali** e. Der gedrungene Wehrturm des Palastes ist der Rest einer gewaltigen festungsartigen Anlage des Cansignorio della Scala von 1365. Die venezianischen Umbauten im 15. Jh. und das vorgebaute Säulenportal, das *Michele Sanmicheli* 1530 schuf, verminderten kaum das bedrohliche Erscheinungsbild. Im Innenhof erinnern Kanonen und Trophäen an die Artillerieschule, die hier untergebracht war. Reste der römischen Stadt können unter dem freigelegten Pflaster des Hofes besichtigt werden.

Einen interessanten Eindruck von Geist und Macht der Scaliger vermittelt noch immer der **Palazzo del Governo** f (heute Provinzregierung) am Ostende des Platzes. Mit dem Tribunalspalast ist er durch den *Arco della Tortura* verbunden, wo während der venezianischen Herrschaft zur Ermahnung und Abschreckung die Folterwerkzeuge aufgehängt wurden.

Der Palast mit seinem auffallenden ghibellinischen Zinnenkranz war die Stadtresidenz der Scaliger, Herrschaftssitz des Cangrande della Scala in der Blütezeit Veronas. Im 14. Jh. hatte er den Ruf, ein bedeutender, künstlerischer Mittelpunkt Italiens zu sein, als Giotto und Altichiero hier arbeiteten und Dante den Schutz des großen Cangrande genoss. Die von den Scaligern gegen den Platz hin geschlossene Front wurde 1419 von dem venezianischen Podestà, der fortan in dem Palast residierte, durch Arkaden geöffnet. *Michele Sanmicheli* schuf 1553 das prachtvolle, repräsentative Renaissancetor. Den schönen Innenhof der alten ›Reggia della Scala‹ umgeben frühromanische und gotische Loggien. Ein Brunnen aus Veroneser Marmor bildet den Mittelpunkt des Hofes. Der Palast ist nicht zugänglich. Die Fresken, mit denen Giotto den Festsaal der Scaliger ausmalte, sind nicht mehr erhalten, die des Altichieri nur noch bruchstückhaft.

Die kleine romanische Kirche **Santa Maria Antica** g mit einem etwas düsteren dreischiffigen Innenraum war die Hauskirche der Familie della Scala. Auf dem Platz zwischen der Kirche und dem Palast erheben sich die eigenartigen, in ihrer Architektur einmaligen **Grabmonumente** der della Scala. Dies ist gewiss der ungewöhnlichste Friedhof, der sich denken lässt.

Den ›Cimitero‹ umschließt ein kunstvolles schmiedeeisernes Gitter aus dem 14. Jh., in dem immer wieder das Symbol der Scaliger – die Leiter – eingeflochten ist. Das älteste Grab, das des **Cangrande** (gest. 1329), befindet sich noch außerhalb des eigentlichen Friedhofs. Es ist in der Fassade über dem Portal der Kirche Santa Maria Antica eingelassen. Auf einem mit den Reliefs der Verkündigung und einer Pietà geschmückten Sarkophag ruht eine Skulptur des Toten unter einem von korinthischen Säulen getragenen Baldachin. Ein zweites Mal ist er als Ritter zu Pferde auf der Spitze des Baldachindaches dargestellt. Die Reiterstatue fasziniert nicht nur durch das hintergründige Lächeln des Cangrande, interessant ist auch sein hoher Helm, der mit Schwingen und einem Hundekopf (*Cane*) verziert ist. Die Originalstatue steht heute im Museo Civico d'Arte im Castelvecchio.

Auf dem umzäunten Friedhof sind die schlichten Sarkophage der Mitglieder der Familie eng beisammen aufgestellt. Herausragend und alle übrigen Gräber in den Schatten stellend, erscheinen die freistehenden Monumente des Mastino II. (gest.1351) und des Cansignorio (gest. 1375). Der Sarg des **Mastino** ruht auf einem von vier Säulen getragenen Podest. Den Toten umgeben vier schöne Engelsfiguren. Wimperge und zierlich gearbeitete Statuettenhäuschen zieren den Baldachin über dem Sarkophag. Auf der Spitze des Pyramidaldaches erscheint Mastino als Ritter im Helm mit geschlossenem Visier. Wirkt dieses Grab in seiner gotischen Formgebung noch verhältnismäßig schlicht, so erscheint das achteckige Monument des **Cansignorio** verschwenderisch, mit einer Fülle raffinierter, spätgotischer Details, mit Figuren und Reliefs, filigranen Statuettenhäuschen und symbolischen Gestalten. Der Aufbau dieses Prunkgrabes ist der gleiche wie der der beiden anderen: Der Herrscher ruht als Toter auf dem Sarkophag, während er auf der Dachkrone als lebender Krieger zu Pferd dargestellt ist. Grabmal und Denkmal sind hier erstmals als eine Einheit gestaltet.

Kehrt man von hier aus zur Piazza dei Signori zurück, wird man von der schönen, heiter wirkenden **Loggia del Consiglio** **h** rechts des Palazzo del Governo angezogen. Dieser Bau nimmt eine Sonderstellung inmitten der schweren, monumentalen Gebäude der Scaliger ein. Außerordentlich elegant, repräsentiert er mit der von schlanken Rundbögen geöffneten Arkadenreihe der Loggia, über der sich im ersten Stock zweiteilige Fenster öffnen, die ›toskanische‹ Leichtigkeit. Zwischen 1476 und 1493 entstanden, trägt der Palast die Züge der italienischen Frührenaissance; er wird dem Veroneser Architekten Fra Giovanni Giocondo zugeschrieben. Typisch für Norditalien und Verona ist die in warmen Farben gestaltete Fassade.

Der Saal im ersten Stockwerk diente als Versammlungsort des Stadtrates, während die Loggia für repräsentative Anlässe genutzt wurde. *Marmorstatuen* Veroneser Persönlichkeiten aus römischer Zeit schmücken das Dach des Gebäudes: der Poet Valerius Catull, der Literat Plinius d. Ä., der Historiker Cornelius Nepos und der Architekt Vitruv.

Durch einen Bogen mit der Loggia del Consiglio verbunden, folgt nun ein schlichter Renaissancebau (um 1500), in dem Veronas ältestes und berühmtestes Café, das **Caffè Dante**, zum Verweilen einlädt. Ehemals war es ein bekannter Literatentreff. Hier lässt es sich trefflich ausruhen vis-à-vis der würdevollen *Statue Dante Alighieris*, der Verona 1316–20 als ›Exil‹ gewählt hatte. Die neoklassizistische Skulptur schuf der Veroneser Bildhauer Ugo Zanoni (1865).

Die obere Schmalseite des Platzes wird von dem **Palazzo dei Giudici** **i** abgeschlossen, dem früheren Sitz der venezianischen Richter. Er stammt aus der 2. Hälfte des 17. Jh. Unter dem Bogen neben dem Palazzo befindet sich eine Tafel, die an den ungeklärt gebliebenen Mord an *Mastino I.* 1277 an dieser Stelle erinnert.

Vornehm gibt sich die Piazza dei Signori; hier wurde regiert, verwaltet, gerichtet

Zum Balkon der Julia pilgern Liebende und Neugierige aus aller Welt

Casa di Giulietta

Von der Piazza delle Erbe führt die *Via Capello* – eine lebhafte Geschäftsstraße – in Richtung Etsch. Das Haus Nr. 23, der **Palazzo Capuleti** 4 (Di–So 9–18.30 Uhr), wird als Wohnsitz der Familie Capuleti bezeichnet, in dem sich ein Teil der Geschichte von *Romeo und Julia* zugetragen haben soll, und zwar während der Regierungszeit Bartolomeos I. della Scala (1301–04). Die Ereignisse sind historisch nicht belegt, enthalten vermutlich aber einen wahren Kern. Im Hof des mittelalterlichen Gebäudes scharen sich die Besucher in Massen um den legendären *Balkon*, wo sich Shakespeares berühmte Szene »in geheimer Nacht« ereignet haben soll. Dies ist der vielleicht bekannteste Ort der Literaturgeschichte, den der Autor der Tragödie selbst jedoch nie gesehen hat. Das stark restaurierte Haus vermittelt nur noch ein verblasstes Bild jener Jahre am Anfang des 14. Jh.

Das Grab der Julia (Tomba di Giulietta), eine schlichte Steintumba, befindet sich im alten Kapuzinerkonvent Via del Pontiere.

Piazza Brà und Arena 5

Die Piazza delle Erbe und die Piazza Brà verbindet Veronas beliebteste und eleganteste Einkaufsstraße, die **Via Mazzini**. Am Nachmittag und am Abend herrscht hier lebhaftes Treiben. In den Schaufenstern der Geschäfte spiegelt sich Veronas Rang als moderne Modestadt, die selbst den Vergleich mit Mailand – in kleinerem Rahmen – nicht zu scheuen braucht. Am Ende der eher engen Straße öffnet sich die **Piazza Brà** mit dem monumenta-len Rund der Arena, mit den repräsentativen Gebäuden von *Stadtverwaltung* und *Gran Guardia* – einst Kaserne der venezianischen Garnison – sowie den verwitterten Palazzi am **Listón**, dem ›breiten Streifen‹, Veronas beliebtester Flaniermeile. Der mit rotem Veroneser Marmor gepflasterte Gehsteig ist allabendlicher Treffpunkt der Einheimischen zu einem Bummel oder nachbarlichen Plausch.

Der Name der weiten, unregelmäßigen Piazza Brà, deren Mitte ein von der Schwesterstadt München gestifteter Marmorbrunnen (die Alpen darstellend) zwischen Bäumen und Grünanlagen einnimmt, leitet sich von ›Braida‹ her. Das deutschstämmige Wort bezeichnete den ›breiten‹ unbebauten Platz zwischen der römischen und der mittelalterlichen Stadtmauer. An der Südseite neben der Gran Guardia ist die *Portone della Brà* erhalten, die ehemals Teil des gedeckten Ganges zwischen dem Castelvecchio und der von Gian Galeazzo Visconti errichteten – nicht erhaltenen – Citadella war.

TOP TIPP Das beherrschende Gebäude der Piazza Brà ist die **Arena di Verona** (Mo 13.45–19.30, Di–So 9–18.30 Uhr, während der Festspiele tgl. 8 –15.30 Uhr), eines der ältesten Amphitheater Italiens, das den Ruhm der Stadt an der Etsch über ganz Europa verbreitet hat. »Das Amphitheater ist also das erste bedeutende Monument der alten Zeit, das ich sehe, und so gut erhalten«, schrieb *Goethe* in seiner ›Italienischen Reise‹. »Als ich hineintrat, mehr noch aber, als ich oben auf dem Rande umherging, schien es mir seltsam, etwas Großes und doch eigentlich nichts zu sehen. Auch will es leer nicht gesehen sein, sondern ganz voll von Menschen ...«

Die Faszination der Arena entspringt denn auch, wie Goethe richtig erkannte, dem Eindruck, wenn sie mit Menschen gefüllt ist. Die jedes Jahr im Juli und August stattfindenden *Opernfestspiele* (Tel. 04 58 00 51 51, www.arena.it) in dem berühmtesten Freiluft-Opernhaus der Welt sind gewiss die konkurrenzlosen Höhepunkte im Jahresverlauf der Stadt Verona, ein Fest für Augen und Ohren, zugleich ein fröhliches Spektakel, in dem das Volk, d.h. die Zuschauer, eine der Hauptrollen spielt.

Die *Geschichte der Arena* ist ungewöhnlich und wechselhaft. Nach dem Kolosseum von Rom (188 m Länge) und dem Amphitheater von Capua in Kampanien (167 m Länge) ist sie das drittgrößte römische Theater mit einem oval geschlossenen Zuschauerraum. Ihre heutigen Ausmaße betragen 138 m Länge und 109 m Breite; sie bietet Platz für 22 000 bis 25 000 Zuschauer. Erbaut wurde sie wie das Kolosseum im 1. Jh. n.Chr. als Arena für Gladiatorenkämpfe und Tierhetzen.

Die heutige, klassisch gegliederte Fassade mit monumentalen Arkadenbögen diente ursprünglich nur als innere Stützmauer. Eine 30 m hohe, dreigeschossige Außenmauer aus rotem Veroneser Marmor, der aus dem Steinbruch Sant'Ambrogia im Valpolicella stammt, umgab die Arena mit einer 72-achsigen *Prunkfassade*. Von ihr sind am nördlichen Rand noch vier Bögen und fünf Stützpfeiler, die so genannte *Ala*, erhalten. Pfeiler und Bögen wurden ›a secco‹ gemauert, d. h. ohne Verwendung von Mörtel, die Wölbung der die Arena umgebenden Umgänge hingegen besteht aus Bruchsteinen und Zement. Im Jahre 265 n. Chr., während der Regierungszeit des *Kaisers Gallienus*, wurde das Amphitheater, das ursprünglich außerhalb der Stadt lag, in den Stadtmauerring mit eingeschlossen. *Theoderich* ließ das zu seiner Zeit schon beschädigte Monument erneuern. Mehrere Erdbeben im 12. und 13. Jh. fügten dem Bauwerk schwere Zerstörungen zu. Außerdem wurde es von den Stadtbewohnern häufig als Steinbruch genutzt.

Im frühen Mittelalter diente es den Bischöfen als *Festung*; die Scaliger wiederum benutzten es als Hinrichtungsstätte. Spektakulär war die Verbrennung von mehr als hundert Bürgern Sirmiones 1278 unter der Herrschaft Alberto della Scalas. Sie gehörten der *Patariner-Bewegung* an, die der Papst der Ketzerei beschuldigte und verfolgen ließ [s. S. 39 f.].

In den folgenden Jahrhunderten war die Arena Bühne für prunkvolle Feste, Hochzeiten, Ritterturniere, auch Stier-

Die Veroneser schätzen die Piazza Brà als Treffpunkt für einen Plausch im Café

Mächtige Mauern mit eleganten Bögen umgeben das gewaltige Amphitheater aus römischer Zeit, das heute natürlich nur noch unblutige kulturelle Ereignisse bietet

kämpfe mit abgerichteten Hunden, also ein Ort für Spektakel und Volksbelustigungen. 1569 erneuerten die Venezianer den Zuschauerraum und schufen die bis heute erhaltenen 41 Stufenreihen. Die Balustraden über den Toren zum Spielfeld entstanden 1668. In den Arkaden des Erdgeschosses gab es Werkstätten der Handwerker und auch Prostituierte gingen hier ihrem Gewerbe nach. Am 10. August 1913 wurde aus Anlass des 100. Geburtstages von Giuseppe Verdi zum ersten Mal die Oper ›Aida‹ in der Arena von Verona aufgeführt. Damit begann die glanzvollste Zeit in der Geschichte des altehrwürdigen Gebäudes.

Gegenüber der Gran Guardia, etwas versteckt an der Ecke zur Via Roma, steht das 1716 erbaute **Teatro Filarmonico**. Im Atrium des Theaters lohnt für den archäologisch Interessierten der Besuch des von dem Veroneser Gelehrten *Scipione Maffei* begründeten **Museo Lapidario Maffeiano** 6 (Di–So 9–14.30 Uhr). Skulpturen, Grab- und Weihereliefs, Altäre, Sarkophage aus der römischen Zeit Veronas bilden die Sammlung dieses ältesten Museums für antike Steinkunst, die bereits Goethe bewunderte.

Corso Cavour und Porta Borsari 7

Von der Piazza Brà führt die Via Roma direkt zum Castelvecchio. Diese ehemalige Trutzburg der Scaliger liegt unmittelbar an dem antiken *Decumanus maximus* und heutigen Corso Cavour, den im Nordosten die Porta Borsari begrenzt, eines der römischen Stadttore, durch das sowohl die Via Gallia als auch die Via Postumia in Verona mündeten. Das Tor mit der stark verwitterten Doppelbogenfassade, Halbsäulen und Rundbogenfenstern stammt aus der Zeit um 80 n. Chr.

Ein weiterer Torbogen überspannte in der Antike den *Decumanus maximus* auf der Höhe des Castelvecchio. Dieser elegante, einem Triumphtor gleichende *Gavi-Bogen* wurde vermutlich von *L. Vitruvius Cerdone* für die Familie Gavi im 1. Jh. v. Chr. erbaut. Sein klassischer Formenkanon mit vorgesetzten Säulen, die einen Giebel tragen, und mit Nischen, in denen ursprünglich Statuen von vier Mitgliedern der Familie Gavi standen, diente später als Vorbild für die oberitalienische Renaissancearchitektur. 1805 wurde der Bogen von den Franzosen zerstört und erst 1932 in einer Grünanlage beim Castelvecchio wieder aufgebaut.

Am Corso Cavour, zwischen der Porta Borsari und dem Castelvecchio, der dann bis zur Porta Nuova **Corso Castelvecchio** heißt, stehen eine Anzahl sehenswerter Paläste. Leider ist der Verkehr hier so stark, dass man sie kaum in Ruhe betrachten kann. Auch ist das Innere dieser Gebäude dem Besucher gewöhnlich verschlossen. *Michele Sanmicheli* schuf die Paläste für begüterte Veroneser Familien.

Nahe der Porta Borsari ist in einem schönen Renaissancepalast des 16. Jh. das *Museo Civico di Storia Naturale* (Corso Cavour, 11, Mitte Juni–Mitte Sept. Mo–Sa 9–19, So 9–14 , sonst Mo–Sa 9–19, So 14–19 Uhr) untergebracht.

Castelvecchio 8

Als sich die Scaliger im Herzen der Stadt nicht mehr sicher fühlten, begann Cangrande II. 1354 mit dem Bau eines neuen Palastes am Ufer der Etsch, der 1356 fertig gestellt war. Doch Cangrande entging trotzdem nicht seinem Mörder, dem Bruder Cansignorio, der ihn 1359 tötete. Cansignorio zog nun selbst in die Wehrburg, die er von den besten Künstlern seiner Zeit, unter ihnen der Maler *Altichiero*, ausschmücken ließ. Das Geld für die aufwendige Renovierung des Palastes erpresste er von den Veroneser Bürgern durch hohe Steuerabgaben.

Die Anlage der Burg mit sechs quadratischen Wehrtürmen und umlaufendem Zinnenkranz in dunkelroter Ziegelbauweise wurde zweigeteilt zu beiden Seiten der Stadtmauer errichtet, welche an dieser Stelle die Etsch berührte. Zur Stadt hin entstand die eigentliche *Festung* für die Garnison, die den Herrscher vor dem eigenen Volk schützen sollte. Außerhalb der Mauer ließ Cangrande II. seine *Residenz* mit Palast, Türmen und Toren und einer Brücke über die Etsch erbauen. Die Brücke sollte im Notfall als Fluchtweg in die Hügel außerhalb der Stadt dienen. Der Palast war gänzlich von Wasser umgeben und nur über zwei Eingänge mit *Zugbrücken* erreichbar.

Der 120 m lange **Ponte Scaligero** 9, den man durch einen mächtigen Torturm betritt, besticht durch seine elegante Architektur ebenso wie durch die massive Wehrhaftigkeit. Zwei schwere Stützpfeiler mit aufgesetzten Türmen tragen drei verschieden weit gespannte Bögen. Zinnen in Schwalbenschwanzform krönen die roten Ziegelmauern. Die weißen Streifen der Bögen und Pfeiler bilden einen reizvollen Kontrast zu dem dunklen Mauerwerk. Sie ist ein besonders schönes Beispiel mittelalterlicher Brückenarchitektur. Von ihren Zinnen bietet sich einer der eindrucksvollsten Ausblicke auf den Fluss und die Stadt Verona.

Nach der Vertreibung der Scaliger begann *Gian Galeazzo Visconti* mit dem Bau eines neuen Kastells an der Piazza Brà. Deshalb nannte man die Scaligerburg ›Castelvecchio‹, d.h. ›altes Schloss‹. Venedig benutzte die Anlage als Militärakademie, Kaserne und Arsenal. Im 18. Jh., während der französischen Besatzung, wurde der Palast weitgehend zerstört und verkam zusehends. Auch während der österreichischen Herrschaft wurden ihm weitere Schäden zugefügt. Erst 1923 begann man damit, die Festung und die Reste der Residenz zu restaurieren.

Top Tipp

Der ausgedehnte Gebäudekomplex beherbergt jetzt das **Museo Civico d'Arte**, Veronas bedeutendstes *Kunstmuseum* (Mo 13.45–19.30, Di–So 8.30–19.30 Uhr). An beispielhaften Gemälden – von Stefano da Verona, Antonio Pisano gen. Pisanello, über die Meister der Venezianischen Schule, etwa die Brüder Giovanni und Gentile Bellini, Pao-

Der Innenhof des Castelvecchio, in dem Veronas bedeutendste Kunstsammlung einen angemessenen Platz fand

Trutzig und doch elegant – der Ponte Scaligero wurde als Fluchtweg über die Etsch erbaut

lo Veronese, Jacopo Tintoretto bis zu Giovanni Battista Tiepolo – lässt sich die Entwicklung der Kunst von der höfischen Gotik bis zum Barock nachvollziehen. Zu den besten Werken zählen Gemälde des Mantuaners *Andrea Mantegna*; beachtenswert auch die Arbeiten Gerolamo dai Libris und Giovanni Francesco Carotos, die der Veroneser Malschule angehörten.

Im Erdgeschoss sind Skulpturen des Mittelalters ausgestellt, z.B. eine eindrucksvolle Kreuzigungsgruppe von Enrico di Rigino und ein Sarkophag, der dem Meister Nicolò zugeschrieben wird.

Zentrale Figur des Museums ist die *Reiterstatue des Cangrande*, der man hier unmittelbar gegenübertreten kann. Das geheimnisvolle Lächeln des bedeutendsten Herrschers der della Scala, der wie erstaunt wirkende Blick des Pferdes, die feine, überaus kunstvolle Steinmetzarbeit in den Details (z.B. die Schabracke des Pferdes) veranschaulichen die überragende Kunst des ›Meisters der Scaligergräber‹, der das Standbild schuf.

Bemerkenswert ist die gelungene Raumaufteilung des Museums und die beispielhafte Präsentation der Kunstwerke, die sehr viel Raum haben, sich frei entfalten zu können. Die heutige Anlage des Museums schuf 1958–60 der berühmte Architekt *Carlo Scarpa*.

Um den Unterhalt der wertvollen Kunstdenkmäler in Verona zu sichern, werden in einigen der bedeutendsten **Kirchen** Eintrittsgelder erhoben. Die Öffnungszeiten für diese Gotteshäuser sind genau festgelegt (sie sind auch über Mittag geöffnet), während der Zutritt zu den anderen Kirchen den jeweiligen Pfarreien überlassen ist. Es gibt eine (günstige) Eintrittskarte, die für die Kirchen San Zeno, San Lorenzo, Sant'Anastasia, San Fermo sowie den Dom gültig ist.

San Lorenzo 10

Vom Corso Cavour lohnt sich ein Abstecher in die romanische Kirche San Lorenzo (März–Okt. Mo–Sa 9.30–18, So 13.30–18, Nov.–Febr. Mo–Sa 10–13 und 13.30–16, So 13.30–17 Uhr) gegenüber dem Palazzo Bevilacqua – die Fassade ist von Häusern umbaut. Der streng strukturierte romanische Bau geht ungefähr auf das Jahr 1117 zurück. Die Kirche ist dreischiffig. Kreuzpfeiler wechseln mit Säulen ab, die teilweise antike Kapitelle im korinthischen Stil tragen. Drei Apsiden, deren größte ein *Altarbild* von *Domenico Brusasorci* schmückt, schließen den Altarraum ab. San Lorenzo ist die einzige romanische Emporenbasilika Veronas. Die charakteristischen rot-weißen Streifen aus Ziegelstein und Tuff an Säulen und Pilastern bilden die Schmuckelemente dieses schlichten Gotteshauses. Zwei für Italien untypische runde Türme flankieren die Fassade. In ihrem Innern sind Treppen eingebaut, die die Emporen mit dem Kirchenschiff verbinden.

TOP TIPP San Zeno Maggiore 11

Veronas wertvollster Kirchenbau (März–Okt. Mo–Sa 9.30–18, So 13.30–18, Nov.–Febr. Mo–Sa 10–13 und 13.30–16, So 13.30–17 Uhr) steht in der Neustadt, eingebunden in den venezianischen Wehrmauerring. Das ehemals dazu gehörende Benediktinerkloster, das im Mittelalter außerhalb der Stadtmauern lag, entwickelte sich zu einer der bedeutendsten Abteien der Stadt. Es wurde 1773 säkularisiert und weitgehend zerstört. Von der ausgedehnten Anlage, die im Mittelalter den durchziehenden Kaisern und Heerführern als Herberge diente, ist nur der *Kreuzgang* und der massive, aus Backsteinen errichtete *Abteiturm* erhalten.

Die Kirche San Zeno mit ihrem hohen frei stehenden Campanile und dem gestreiften Veroneser Mauerwerk gilt als die schönste Basilika der Hochromanik in Oberitalien. Im Laufe der Jahrhunderte kaum verändert, erscheint sie als weitgehend stilreiner Bau des 12. Jh. Eine ältere Kirche wurde während des Erdbebens von 1117 zerstört. Schon ein Jahr nach der Katastrophe begann man mit dem Neubau. Der Glockenturm war 1178 vollendet. Die Basilika ist dem hl. Zeno, Bischof und Patron Veronas geweiht. Er starb 380 und wurde auf dem alten Friedhof begraben, über dem in der Folgezeit die erste Kirche gegründet wurde. Seine schwarze Hautfarbe deutet darauf hin, dass er aus einer afrikanischen Provinz Roms stammte.

Die monumentale **Fassade** der Kirche, rechts von dem etwas zurückgesetzten Campanile und links von dem Abteiturm flankiert, überragt noch das dahinter liegende Dach. Ihre straff gegliederte Vertikale lockert die Zwerggalerie auf, die in Höhe des Tympanons einen horizontalen Akzent setzt. Unter dem Dachgiebel symbolisiert eine große, zwölfstrahlige *Rosette* das Rad der Fortuna. Sie ist ein Werk des Bildhauers *Brioloto* (Anfang des 13. Jh.). Allegorische Figuren versinnbildlichen die Vergänglichkeit des Glücks: Vier Gestalten sind im Fallen bzw. Aufsteigen begriffen, eine sitzt oben gekrönt und in feierlichem Gewand, während die letzte unten nackt auf der Erde liegt. »Ich, das Glück, regiere allein die Sterblichen, ich erhebe und stürze, gebe allen Gutes und Böses«, besagt eine Inschrift in lateinischer Sprache in der Nabe des Rades. Eine andere ergänzt: »Ich kleide die Nackten, entkleide die Bekleideten. Wer sich auf mich verlässt, wird ausgelacht.«

Klosterturm und Campanile flankieren die Kirche von San Zeno Maggiore

Meisterwerke des Mittelalters: die Bronzetüren von San Zeno Maggiore

Zu den hervorragendsten Werken romanischer Kunst gehört das **Portal**, ein vorgesetzter Säulenbaldachin mit Tympanon und Steinreliefs zu beiden Seiten, dessen Säulen von zwei Löwen getragen werden. Es ist eine Arbeit des Meisters *Nicolò* (1138), der auch das Portal der Kathedrale von Verona schuf. Das Tympanonrelief zeigt den hl. Zeno als Drachenbezwinger, wie er dem Volk die Standarte Veronas überreicht, eine erstaunlich frühe Darstellung bürgerlicher Souveränität.

Eine besondere Bedeutung erhält die Fassade durch die kunstvollen *Reliefs*, die rings um die Eingangshalle eingelassen sind. Links und rechts des Portals werden Szenen aus dem Alten und dem Neuen Testament erzählt. Die Darstellungen auf der rechten Seite erzählen die Schöpfungsgeschichte von der Erschaffung der Tiere bis zur Feldarbeit Adam und Evas. Sie stammen von der Hand des Meisters Nicolò selbst, während die Szenen links aus dem Leben Christi von der Verkündigung bis zur Kreuzigung sein begabter Schüler Guglielmo arbeitete. Er ordnete seine Figuren zwischen den Bögen einer Säulenhalle an. Beachtenswert ist das unterste Reliefpaar auf der rechten Seite. Man sieht den Gotenkönig *Theoderich auf der Jagd*. Der verfolgte Hirsch lockt ihn bis in die Hölle (rechts der Teufel und die Höllenflammen), ein Hinweis darauf, dass Theoderich Arianer, d.h. in den Augen der Kirche Häretiker war.

Von besonderer Faszination sind die **Bronzetüren** mit 48 Plattenreliefs, die auf Holztüren montiert wurden. Kaum ein Betrachter wird sich ihrer starken Aussagekraft entziehen können. Die Darstellungen stammen aus zwei verschiedenen Epochen: Die älteren werden um 1120 datiert, die jüngeren sind wahrscheinlich aus dem späten 12. Jh. 23 der älteren Platten, die wohl einer früher bestehenden Tür entnommen sind, wurden am linken Türflügel, fünf am rechten angebracht. Die Unterschiede lassen sich relativ leicht erkennen: Bei den älteren Werken scheinen die Figuren im Raum zu schweben. Sie haben noch keine ausgearbeitete Standfläche. Nur die Köpfe treten plastisch aus dem Reliefgrund hervor. Bewegend ist die Lebendigkeit und Aussagekraft dieser altertümlichen Figuren und Szenen, die stilistisch den starren Formenkanon der byzantinischen Kunst sprengen. Die Bildfelder des 12. Jh. sind schon perspektivisch konstruiert. Personen im Hintergrund werden kleiner dargestellt als die im Vordergrund Agierenden. Ein zaghafter Versuch, Raumtiefe zu erzeugen, ist deutlich erkennbar. Im unteren Feld der rechten Tür werden Szenen aus dem Leben des hl. Zeno geschildert; sie stammen offenbar von einem anderen Meister als die vorhergehenden.

Zwischen den Reliefplatten sind Masken, kleine Königsbüsten, Personifikationen der Tugenden und andere Figuren angebracht.

Beeindruckend ist die bildhafte Erzählweise dieser Werke, die der Betrachter wie ein aufgeschlagenes Buch liest. Die Türen sind nur während der Öffnungszeiten der Kirche zu sehen, ansonsten werden sie mit einem Eisentor abgeschirmt.

Das **Innere** von San Zeno betritt man durch das Seitenportal. Imponierend ist jedoch der Blick von den erhöhten Stufen des Hauptportals über den mächtigen, dreischiffigen Raum der Basilika. Man überblickt das lang gestreckte Schiff, den erhöhten gotischen Chor, der in drei Apsiden endet, und erkennt die über die ganze Breite reichende Krypta mit den vorgesetzten offenen Arkaden. Im Mittelschiff wechseln Pfeiler mit Säulen ab; über ihren Bögen erheben sich die klaren, monumentalen Wandflächen. Kein Gewölbe, sondern eine kielförmige Holzdecke in Dreipassform aus dem 14. Jh. schließt den Raum nach oben hin ab. Die neunschiffige **Krypta** ist ebensogroß wie das Hauptschiff. Ihr Gewölbe wird von 48

Säulen getragen, deren Kapitelle mit kunstvollen Skulpturen geschmückt sind. In der Krypta ruhen die *Gebeine des hl. Zeno* unter einer Altarmensa von 1889. Steigt man die Treppen hinauf, sollte man die Wandfresken aus dem 13./14. Jh. beachten. Über den Bögen der Krypta erhebt sich eine Balustrade, die den Chor zum Mittelschiff hin abschließt und wertvolle Skulpturen aus Veroneser Werkstätten um 1260 trägt (Christus und die Apostel).

Das Hauptwerk des mit Fresken reich dekorierten Kirchenraumes ist das **Altarbild**, eine thronende Madonna von *Andrea Mantegna* (1431–1506). Dieses in prächtigen Farben ausgeführte Triptychon entstand zwischen 1456 und 1459. Obwohl ein Frühwerk des berühmten Malers, besticht es durch den meisterhaften Bildaufbau, die Anordnung der dekorativen Elemente und die illusionistische Malerei, deren Begründer Mantegna war. Der vergoldete, plastische Rahmen mit vier Säulen setzt sich in der gemalten Architektur fort. Die Gestalten sind auf drei Tafeln verteilt, dennoch erscheinen sie räumlich als eine Einheit. Das Thema des Bildes ist eine ›Sacra conversazione‹. Den Mittelpunkt der Komposition bildet die auf einem Thron sitzende Madonna mit dem stehenden Kind, das den linken Arm zärtlich um den Hals der Mutter legt. Eine Gruppe von Engeln umgibt das Paar. Die beiden vordersten, musizierenden Engel scheinen plastisch aus dem Rahmen hinauszutreten. Die Madonna wird von den Heiligen Petrus, Paulus, Johannes d. Evangelisten, Zeno, Benedikt, Laurentius, Gregor und Johannes d. Täufer umgeben. Typisch für Mantegna sind der üppige Dekor – Blumengirlanden ziehen sich über die drei Tafeln – und die Vorliebe für antike Elemente, die in der architektonischen Umrahmung ihren Niederschlag fand. Im Hintergrund erkennt man einen mit Wolken bedeckten Himmel. Mantegna beherrscht nicht nur perfekt die räumliche Gruppierung der Personen, er gibt ihnen auch Plastizität und vermittelt meisterhaft die Illusion des Dreidimensionalen. Bemerkenswert ist, dass der

Veronas große Maler

Altichiero da Zevio (geb. um 1330 in Zevio bei Verona, gest. um 1390) war ein Schüler des gotischen Meisters Turone und gilt als einer der bedeutendsten Maler des 14. Jh. Seine lebendig erzählten, im Detail naturgetreuen Bildzyklen bestechen durch ihre zarte, erlesene Farbigkeit.

Antonio Pisano, gen. Pisanello (geb. vor 1395, gest. nach 1450) war der Begründer der Medaillenkunst und ein Vertreter der frühen Porträtmalerei. Pisanello stand unter dem Einfluss der lombardischen Gotik, vermochte jedoch den höfischen Stil zu überwinden. Schließlich begründete er eine die Renaissance vorbereitende Stilrichtung.

Liberale da Verona (geb. ca. 1445 in Verona, gest. zwischen 1529 und 1536) ist vor allem als Miniaturist berühmt geworden. Vorbild für seine Malerei war die Sieneser Schule.

Domenico Morone (geb. 1442 in Verona, gest. nach 1517) wuchs in der Blütezeit der höfischen Gotik heran, versuchte jedoch das Erbe der Gotik unter dem Einfluss der Paduaner Schule Mantegnas sowie Jacopo und Gentile Bellinis zu überwinden.

Francesco Morone (geb. zwischen 1470 und 1472 in Verona, gest. 1529) war Schüler seines Vaters Domenico, der ihn im Stil der Paduaner Schule ausbildete. Doch arbeitete er auch unter dem Einfluss der lombardischen Schule. Seine Werke zeichnen sich durch Heiterkeit und gelungene Farbgebung aus.

Giovanni Francesco Caroto (geb. um 1480 in Verona, gest. 1555) war ein Schüler Liberale da Veronas und Mantegnas. Beeinflusst wurde er auch von Raffael und Correggio. Das Bild im Castelvecchio ›Knabe mit Zeichnung‹ zeigt die erste Kinderzeichnung der Kunstgeschichte.

Paolo Caliari, gen. Veronese (geb. 1528 in Verona, gest. 1588 in Venedig) ging früh nach Venedig, wo er seine Meisterwerke schuf. Er verband Elemente der Hochrenaissance mit solchen des Manierismus zu einem klassischen Stil. Das Spätwerk weist bereits auf den Barock voraus. In seinen Gemälden entwickelte er mit reichen Figurenkompositionen und äußerst raffinierten Lichteffekten eine besondere, heitere Stimmung. Die Kompositionen haben festlich inszenierte mythologische und biblische Themen zum Gegenstand.

Der stille Kreuzgang des Klosters San Bernardino

Heiligenschein der Muttergottes als Wiederholung des Radfensters der Fassade erscheint.

San Zeno ist reich ausgestattet mit gut erhaltenen **Fresken**, deren Schöpfer weitgehend unbekannt sind. Das Fresko im rechten Obergaden von 1397 wird dem Kreis um Altichiero zugeschrieben. Es zeigt Heilige, die den Abt Capelli der Gottesmutter anempfehlen. Gotische Fresken befinden sich an der rechten Wand des Chores. Die ›Taufe Christi‹ und die ›Auferweckung des Lazarus‹ stammen aus dem späten 13. Jh. Das beste Werk ist der *›Hl. Georg als Drachentöter‹*, das dem sog. zweiten Meister von San Zeno zugeordnet wird (14. Jh.). Vom ersten Meister von San Zeno stammt die noch sehr statisch wirkende *Schutzmantelmadonna* an der linken Chorwand. Die ›Verkündigung‹ auf dem Triumphbogen wird *Martino da Verona* zugeschrieben (spätes 14. Jh.) ebenso wie die ›Kreuzigung‹ in der Apsis. In der linken Seitenapsis steht die Marmorstatue des hl. Zeno im Bischofsornat (Ende 13. Jh.). Das Volk nennt sie *›San Zeno che ride‹* (den lachenden San Zeno). Wie das lächelnde Standbild des Cangrande della Scala ist sie zu einer Symbolfigur Veronas geworden.

Links der Kirche betritt man den stillen **Kreuzgang**. Die beiden Gänge mit Rundbögen auf Doppelsäulen aus rotem Marmor stammen aus dem Jahr 1123, während die beiden anderen, die Spitzbögen aufweisen, um 1400 entstanden sind. Dort, wo die Arkaden apsisartig in den Binnenhof vortreten, stand früher der Waschbrunnen der Mönche.

San Bernardino 12

Ein Besuch der Kirche und des Klosters San Bernardino, die nicht weit von San Zeno (Via San Bernardino/Stradone Antonio Prevolo) stehen, lohnt einen Abstecher. Zwei Jahre nach der Heiligsprechung des *Bernhard von Siena*, der öfter in Verona gepredigt hatte, begannen die Franziskaner 1452 mit dem Bau der dem Heiligen geweihten Kirche, der 1466 beendet war. Man betritt zunächst einen weiten Kreuzgang, an dessen Stirnseite die hohe Fassade der Kirche mit einem Renaissanceportal aufragt. Der große, einschiffige Bau repräsentiert das typische schlichte Gotteshaus eines Bettelordens. Zusätzlichen Schmuck erhielt es jedoch durch mehrere Kapellen, die zwischen 1486 und 1522 an der rechten Langhauswand angebaut wurden. Das Langhaus selbst ragt hoch auf und wird von einem offenen Sparrendach aus Holz bekrönt.

Die **Kapellen**: Die erste Kapelle stattete Nicolò Giolfino (ca. 1512–22) mit einem reichen Freskenschmuck aus, der Szenen aus dem Leben des hl. Franziskus präsentiert. In der zweiten Kapelle dominiert ein

Altarbild von Francesco Bonsignori (1488). Besonders kostbar ist die *fünfte Kapelle*: Die Familie Avanzi ließ Gemälde berühmter Veroneser Renaissancemaler in die Wandtäfelung einfügen. Bemerkenswert sind vor allem die ›Auferweckung des Lazarus‹ an der linken Wand, ein Werk *Antonio Badiles*, sowie die ›Kreuzigung‹ von *Francesco Morone*. Die übrigen Bilder sind Kopien. Die Originale befinden sich im Castelvecchio. Auch wenn diese Werke von Giolfino, Caroto und Veronese nicht mehr im Original vorhanden sind, besticht diese Kapelle durch ihre reiche, für die Veroneser Renaissance beispielhafte Ausstattung.

Berühmt ist die **Cappella Pellegrini** rechts vor dem Presbyterium, ein Meisterwerk *Michele Sanmichelis*, das 1529 im Stil der römischen Hochrenaissance der Kirche angefügt wurde. Abgeschlossen wurden die Bauarbeiten allerdings erst 1557. Man spürt den Einfluss Bramantes und Raffaels angesichts der hohen Kuppel, die durch Fensteröffnungen beleuchtet wird und durch die feine Ornamentik besticht. Der Grundriss der Kapelle ist fast eine Kopie des Pantheon in Rom.

Die gewaltige, an der gegenüber liegenden Langhauswand angebrachte *Orgel* von 1481 trägt an den Türflügeln Malereien von Domenico Morone. Das *Hochaltarbild* ist eine Arbeit *Francesco Benaglios* aus dem Jahre 1463. Es ist eine Nachahmung von Mantegnas Triptychon in San Zeno, erreicht jedoch nicht dessen herausragende Qualität.

Im **Kloster** ist der ehemalige *Bibliothekssaal* – die *Sala Morone* – sehenswert. (Man muss den Pförtner um den Schlüssel bitten.) Domenico Morone und sein Sohn Francesco dekorierten diesen Saal mit Fresken von Heiligen und Gelehrten des Franziskanerordens. An der Stirnwand sieht man die thronende Muttergottes mit Engeln. Vor ihr knien der Stifter und seine Gemahlin, die von den Heiligen Franziskus und Clara der Madonna anempfohlen werden. Von links nähern sich ihnen fünf Franziskaner, die als Hinweis auf ihr grausames Martyrium in Marokko mit Messern im Kopf erscheinen. Rechts präsentieren sich weitere Heilige: Antonius von Padua, Bonaventura, Bernhard von Siena und Ludwig von Toulouse. Sehr schön ist der in zarten Farben gehaltene Hintergrund mit einer Ansicht von Malcesine, dem Gardasee und den Lessiner Bergen.

San Fermo Maggiore 13

An der Stelle, wo die beiden – übrigens einzigen – Märtyrer Veronas, Fermo und Rustico, 361 den Tod fanden, bauten Benediktinermönche die große Doppelkirche San Fermo Maggiore (März–Okt. Mo–Sa 9.30–18, So 13.30–18, Nov.–Febr. Mo–Sa 10–13 und 13.30–16, So 13.30–17 Uhr). Der Altar mit den Reliquien der Heiligen, den eine ältere Kirche umgab, sollte nicht verändert werden. Da das Niveau des Platzes sich durch Überschwemmungen der Etsch gesenkt hatte, musste über dem unteren, in den Boden abgesunkenen Kirchenschiff ein weiteres errichtet werden. Der Bau dauerte von 1065 bis 1138 und wurde, nachdem 1260 Franziskaner die Kirche und das Kloster übernommen hatten, verändert und erweitert.

Die ursprünglich dreischiffige romanische Kirche wurde nach franziskanischem Muster in eine einschiffige Hallenkirche umgewandelt, die durch ihre helle Weite besticht. Die zweifarbige, romanisch-gotische Fassade entspricht in ihrer harmonischen Gliederung durch hohe Lanzettfenster und Blendbögen sowie dem von zwei Rundfenstern flankierten Triforium und dem repräsentativen Portal durchaus dem gängigen Vorbild Veroneser Kirchenfassaden dieser Zeit. Zwei Bögen unterbrechen die Symmetrie der Westfront. Unter dem linken ist das

Typische Elemente der mittelalterlichen Kirchen Veronas waren Tuffstein und Ziegel: die Fassade von San Fermo

Pisanellos Meisterwerk ›Aufbruch des hl. Georg zum Kampf mit dem Drachen‹ in der Kirche Sant' Anastasia

Wandgrab von *Aventino Fracastoro* (gest. 1368), einem Leibarzt der Scaliger, aufgestellt.

Verblüffend wirkt die Architektur des Chorabschlusses mit dem angebauten *Campanile*, die in ihrer Art für Verona beispiellos ist. Während die Seitenapsiden noch der Romanik angehören, strebt die polygonale Mittelapsis im Stil der Gotik turmartig in die Höhe. Sie ist mit Halbsäulen und Lisenen gegliedert und endet oben in dem filigranen Werk von hell gegen die dunkle Backsteinmauer abgesetzten Dreiecksgiebeln. Ein ornamentaler Kreuzbogenfries und hohe Fialen aus leuchtendem Tuffstein setzen zusätzliche dekorative Akzente. Den kräftigen Glockenturm mit kegelförmigem Dach aus dem 13. Jh. zieren dreibögige Säulenfenster. Die Franziskaner verlängerten die ursprünglich dreischiffige Basilika der Benediktiner und schufen einen weiten Saalraum, der ihren Vorstellungen und Ansprüchen an eine Predigerkirche entsprach. Die Chorkapellen begrenzen das Schiff, dessen schöne, kielförmige Holzdecke besondere Beachtung verdient. Die Kirche ist reich an gotischen **Fresken** des 14. und 15. Jh. und an hervorragenden Werken der Bildhauerkunst. Von besonderem künstlerischen Wert sind: das Fresko einer Kreuzigungsgruppe in der Lünette über dem Hauptportal, das Turone zugeschrieben wird, die Engel mit Spruchbändern an der rechten Wand – vermutlich ein Werk Stefano da Veronas – sowie eine Gottesmutter mit Heiligen von Giovanni Francesco Caroto, links in der im 15. Jh. angebauten *Marienkapelle.*

Das wertvollste Fresko ist die *Verkündigung* von *Pisanello*. Es befindet sich über dem *Grabmal des Nicolò Rangoni di Brenzone* links vom Eingang. Dieses früheste erhaltene Werk Pisanellos fasziniert vor allem aufgrund der lebhaften Darstellung des Engels. Während sein feines Antlitz die Ergriffenheit des Sendboten zum Ausdruck bringt, scheinen die großen Flügel des Herbeieilenden noch wie im Flug zu beben. Das Grabmal ist eine Arbeit des Florentiners *Nanni di Bartolo* (1424–26). Vorne öffnen zwei Putten einen schweren Baldachin. Über dem Sarkophag erscheint der aus dem Grab auferstandene Christus. Zu seinen Füßen schlafen in bewegten Posen die Grabwächter. Der Grabmal und Fresko umschließende Rahmen fügt die beiden Werke zu einer künstlerischen Einheit zusammen.

Die Fresken des **Presbyteriums**, die aus der ersten Hälfte des 14. Jh. stammen, sind gute Beispiele des frühen gotischen Malstils in Verona. Es fällt auf, dass die Figuren statt der üblichen idealisierten jetzt individualisierte Gesichter haben. Auf die zukünftige Entwicklung weisen vor allem die beiden Porträts der Stifter hin: Links erscheint der knieende Prior des Franziskanerklosters, Daniele Gusmerio, in dessen Amtszeit die Kirche umgebaut wurde, und rechts der Graf Castelbarco, der das Kloster mit Spenden unterstützte. Er trägt ein Modell der Kirche in den Händen. Sehr schön sind auch die Fresken mit der ›Krönung Mariens‹ und der ›Anbetung der Könige‹. Die Künstler dieser Werke sind unbekannt.

In der *linken Chorkapelle* beachte man das Altarbild, welches den hl. Antonius zwischen den Heiligen Augustinus und Nikolaus zeigt, ein Spätwerk von *Liberale da Verona*. Nebenan befindet sich die Kapelle der Familie della Torre mit einem prachtvollen Grabmal aus Marmor und Bronze. Es wurde um 1510 von dem Paduaner Briosco, genannt *Il Riccio*, für den Naturwissenschaftler *Gerolamo della*

Torre und seinen Sohn Marc'Antonio geschaffen.

Die **Unterkirche** ist die älteste romanische Kirche Veronas. Den dreischiffigen Chor, im Wechsel von kreuzförmigen und quadratischen Säulen getragen, schließen drei Apsiden ab. Der Grundriss geht auf die frühe benediktinische Zeit zurück. In das Mitteljoch wurde später beim Bau der Oberkirche aus statischen Gründen eine weitere Reihe von schlanken Stützen eingezogen, sodass der Eindruck eines Säulenwaldes von würdevoller Strenge entstand. Auffallend sind die Fresken an den Wänden und Pfeilern, die die Franziskaner im 13./14. Jh. anbringen ließen, sowie das eindrucksvolle Kruzifix über dem Altar.

Sant'Anastasia 14

Von der Piazza delle Erbe führen schmale, enge Gassen in die Altstadt Veronas. Dort, wo in römischer Zeit die Via Postumia auf die Etsch stieß, erhebt sich unvermittelt an einer kleinen Piazetta zwischen den sich dicht aneinander reihenden Häusern die Kirche Sant'Anastasia (März–Okt. Mo–Sa 9.30–18, So 13.30–18, Nov.–Febr. Mo–Sa 10–13 und 13.30–16, So 13.30–17 Uhr). Dieser gotische Kirchenbau – der größte in Verona – gehörte zu einem Dominikanerorden und wurde zu Ehren des hl. Pietro Martire errichtet. Der Name Sant'Anastasia geht auf ein früheres, bescheidenes Gotteshaus zurück, das dieser Heiligen geweiht war. Der schlichte Backsteinbau mit einem hohen Campanile entstand zwischen 1290 und dem späten 15. Jh.

Für die **Fassade** war eigentlich eine Marmorverkleidung vorgesehen, die nicht ausgeführt wurde. Nur das feierliche *Doppelportal* mit nach innen abgeschrägtem Gewände wurde fertig gestellt. Eine gedrehte Säule mit einer *Figur des hl. Dominikus* teilt das Portal. Der rechte Pfeiler ist mit einem Flachrelief bedeckt, auf dem die Geschichte des Märtyrers San Pietro erzählt wird. Die Reliefs auf dem Türsturz stellen Szenen des Neuen Testaments dar.

Bemerkenswert ist der rückwärtige Teil der Kirche, der am besten vom gegenüber liegenden Etschufer aus zu sehen ist. Der mit anmutigen Lisenen und kleinen Bögen geschmückte *Glockenturm* überragt ein Ensemble von sechs polygonalen *Chorkapellen*, die sich an das weit ausladende Querschiff lehnen.

Das **Innere** ist eine typische dreischiffige Bettelordenskirche mit hohem Kreuzrippengewölbe. Mächtige Rundpfeiler aus rotem Marmor tragen die Mittelschiffsarkaden. Hölzerne Zugbalken wurden zur Unterstützung der Statik vertikal eingebaut. Der Innenraum ist überaus reich an Farben sowie an plastischen und architektonischen Elementen; sehr dekorativ der weiß-blau-rote Marmorfußbo-

Fresko von Altichiero in der Cappella Cavalli von Sant'Anastasia

den im Dreisaßmuster, eine Arbeit von Pietro da Forlezza (1462). Das Gewölbe ist mit lebhaften floralen Ornamenten bemalt. Da die Kirche nur sehr schmale Fenster hat, ist das Schiff in mystisches Halbdunkel gehüllt. Um die Hauptwerke gut sehen zu können, sollte man den Kustoden darum bitten, die Beleuchtung anzuschalten. Wertvolle Kunstwerke – *Fresken* und *Tafelbilder* von *Caroto*, *Liberale da Verona*, *Francesco Morone* u. a. – sowie herausragende *Grabmonumente* schmücken das Langhaus und die Seitenkapellen der Kirche. Vor dem ersten Pfeiler eines jeden Seitenschiffes fallen die *Weihwasserbecken* auf, die von den berühmten ›due gobbi‹, den Buckligen, getragen werden. Die rechte Figur entstand 1591, die linke 1500. Sie wird *Gabriele de Cagliari*, dem Vater von Paolo Veronese, zugeschrieben.

Die bedeutendsten Kunstwerke der Kirche befinden sich in den fünf Chorkapellen im Querschiff. Sie stammen aus der Zeit der Scaligerherrschaft und repräsentieren die ›höfische Gotik‹, die sich damals in Verona entwickelte und deren wichtigste Vertreter *Turone*, *Altichiero* und *Pisanello* waren.

Die **Cappella Cavalli**: Die erste Kapelle des rechten Querschiffes umschließt das Grab von Federico Cavalli (ca. 1390) mit einer Freskomalerei von *Martino da Verona* in der Lünette.

An der oberen Seitenwand der Kapelle, von dem Grabmal teilweise verdeckt, sieht man ein großartiges *Votivfresko* des Veroneser Malers *Altichiero da Zevio*. Es stellt knieende Ritter aus dem Geschlecht der Cavalli dar, die von den Heiligen Georg, Martin und Jakob der Muttergottes empfohlen werden. Den Hintergrund nehmen fantasievoll gestaltete gotische Gebäude ein, die reich mit Loggien, Spitzbögen und Fialen geschmückt sind. Das Bild entstand auf dem Höhepunkt von Altichieros Schaffen (ca.1390). In Ausdruck und Bewegung vermittelt es das feine Malempfinden des Meisters, dessen Arbeiten von Giotto beeinflusst waren und doch weicher und realistischer im Ausdruck erscheinen. Das Fresko der Gottesmutter darunter stammt aus der 2. Hälfte des 14. Jh.

Die **Cappella Pellegrini** daneben birgt das Grabmal des Tommaso Pellegrini (1392); in der Lünette ein Fresko des Altichiero-Schülers *Martino da Verona*. Gegenüber erhebt sich das Grabmonument der Familie Bevilacqua, dem Altichiero selbst ein Fresko gemalt hat. Bemerkenswert in dieser Kapelle sind die 24 *Terrakottareliefs* aus der Zeit von 1430–35. Sie zeigen Szenen aus dem Neuen Testament. Stilistisch sind sie schon der Frührenaissance verpflichtet.

Das berühmteste und kostbarste Werk der Kirche Sant'Anastasia befindet sich außen über dem Eingangsbogen dieser Kapelle: Das Fresko *Aufbruch des hl. Georg zum Kampf mit dem Drachen* von Antonio Pisano, gen. *Pisanello*.

Es entstand zwischen 1433 und 1438 und gilt als Höhepunkt der gotischen Malerei in Oberitalien. Man sieht den hl. Georg, der gerade dabei ist, sein Pferd zu besteigen, um in den Kampf gegen den Drachen zu reiten. Rechts die Prinzessin, in kostbare Gewänder gekleidet, die sich mit großem Ernst von dem Ritter verabschiedet. Dazwischen steht in eigenartig verkürzter Perspektive das Pferd, mit dem Hinterteil zum Betrachter. Szenen aus dem Ritterleben, fantastische Landschaften und imaginäre Architekturen füllen den Hintergrund, daneben auch symbolische Gestalten wie etwa die Gehenkten. Jenseits des Flusses erkennt man den Drachen inmitten der Skelette seiner Opfer. Traditionellerweise wird Georg im Kampf mit dem Drachen dargestellt. Pisanello wählte jedoch einen anderen Moment für seine ungewöhnliche Darstellung. Georg nimmt Abschied von der als Opfer auserkorenen Prinzessin, die er vor dem Drachen retten wird.

Den **Hauptchor** dominiert die Reiterstatue über dem Grabmal des letzten – erfolglosen – Feldherren der Scaliger, *Condottiere Cortesia Serego*. Es ist ein Werk *Nanni di Bartolos*, eines Schülers von Donatello. Der Condottiere erscheint in prunkvoller Rüstung hinter einem monumentalen Vorhang, den zwei Knappen halten. Die Szene wirkt übertrieben theatralisch, wird jedoch durch die Blattrankenornamente und Fresken rund um die Reiterfigur aufgelockert. Das ›Jüngste Gericht‹ gegenüber ist ein Werk *Turones*, eines der ersten Vertreter des ›höfischen Stiles‹ in der Veroneser Malerei.

Im linken Seitenschiff verdient die *Cappella del Rosario* mit einem Altarbild der Madonna aus dem 13. Jh. Beachtung. Das Bild ist von einer prunkvollen barocken Ausstattung umgeben.

Tritt man aus der Kirche hinaus auf die Piazzetta, fällt rechts über dem Torbogen, der früher Eingang zum Kloster war, das Grabmal für *Guglielmo di Castel-*

barco (gest. 1320) auf, eine hervorragende Arbeit Enrico di Riginos.

Duomo Santa Maria Matricolare 15

Veronas Dom (März–Okt. Mo–Sa 9.30–18, So 13.30–18, Nov.–Febr. Mo–Sa 10–13 und 13.30–16, So 13.30–17 Uhr) erhebt sich am Rande eines kleinen Platzes unweit der Stelle, wo die Etsch einen großen Bogen macht, um dann weiter nach Süden zu fließen. Der heutige Bau wurde zwischen 1139 und 1187 errichtet, nachdem die Vorgängerkirche aus dem 10. Jh. dem Erdbeben von 1117 zum Opfer gefallen war. Das **Äußere** weist noch weitgehend romanische Stilelemente auf, während das Innere zwischen 1444 und 1520 im Stil der Gotik umgestaltet wurde. Den *Glockenturm* trägt ein romanischer Sockel; sein Mittelteil entstand im 16. Jh. nach Entwürfen von *Sanmicheli*, während der obere Teil erst 1926 fertig gestellt wurde. Die Fassade, das rechte Seitenportal und der gewaltige Chorabschluss der Kirche sind in ihrer harmonischen Gliederung durch horizontale Schichten aus Backstein und Tuff klassische Beispiele der Veroneser Romanik.

Die **Fassade** erscheint als ein eindrucksvolles, perfekt gestaltetes ›Compositum‹ aus romanischen und gotischen Formen. Die hervorragende *Portalanlage* mit einem doppelgeschossigen Baldachin ruht auf gedrehten Säulen, die zwei Fabeltiere (Greife) tragen. Sie ist ein Spätwerk des Bildhauers *Nicolò* (1138), der auch den Portikus von San Zeno gestaltete. Eine für das Mittelalter seltene Inschrift bezeugt die Autorenschaft des Künstlers. Unter dem Baldachinvorbau bestechen die in das abgestufte Gewände eingestellten romanischen Plastiken,

Meister Nicolò schuf 1138 den figurenreichen Portikus des Domes Santa Maria Matricolare

Ein Meisterwerk des großen Tizian im Dom: ›Himmelfahrt Mariens‹

vor allem die Jagdszenen und Tiere sowie die Gestalten der Propheten, die als früheste Beispiele mittelalterlicher Gewändeskulpturen eine besondere Bedeutung haben. An den vordersten Pfeilern erkennt man zwei ausdrucksstarke Kriegerfiguren. Es sollen die *Paladine Karls d. Gr.* – Roland (links) und Olivier (rechts) – sein. Im farbig gefassten Tympanon thront die Gottesmutter mit dem Kind zwischen anbetenden Hirten und den Heiligen Drei Königen, während Engel die Geburt Christi verkünden. Zu beiden Seiten der Vorhalle wird die Fassade von großen Fenstern durchbrochen.

Hohe, weit gespannte Arkaden überwölben den dreischiffigen **Innenraum**. Sie ruhen auf mit dekorativen Blattkapitellen und Blattkonsolen geschmückten Bündelpfeilern aus rotem Marmor. Die mächtigen Bögen laufen in einem Kreuzrippengewölbe aus, das den hallenartigen Raum schwungvoll abschließt.

Die drei ersten **Kapellen** rechts und links nach dem Hauptportal sind mit spielerisch gestalteten Scheinarchitekturen dekoriert, die der Architekt *Giovanni Maria Falconetto* 1503 schuf.

Das bedeutendste Kunstwerk des Domes befindet sich in der **1. Kapelle links** vom Eingang. Das Altarblatt zeigt eine *›Himmelfahrt Mariens‹* von *Tizian*, die der Meister 1530–35 malte. Es ist das einzige Werk des großen Venezianers in Verona. Maria gleitet über die Wolken himmelwärts und blickt noch einmal hinab zu den Aposteln, die in Verwunderung und Staunen der Entschwebenden nachblicken. Zwei der Apostel schauen verblüfft in den leeren Sarg. Die rechte vordere Figur, die betend niedergekniet ist, wird als ein Porträt des Architekten *Michele Sanmicheli* angesehen. Meisterhaft stimmte Tizian die matten, sanften Farben aufeinander ab. Eine besondere Stille und Andacht wirkt in diesem Gemälde. Die dramatische Überhöhung und Pathetik der berühmten ›Assunta‹ in der Frari-Kirche von Venedig ist hier einer vereinfachten, verinnerlichten Bildsprache gewichen.

Ein Hauptwerk des Veroneser Malers *Liberale da Verona* ist in der **2. Seitenkapelle rechts** vom Eingang zu sehen. Die *›Anbetung der Könige‹* entstand Ende des 15. Jh. Sie besticht durch die Fülle der noch im kleinsten Detail ausdrucksvollen Porträts (Liberale war als Miniaturmaler in Siena tätig), gleichzeitig aber auch durch den fantastischen Landschaftshintergrund, der an Dürer denken lässt. Bemerkenswert sind auch die lustigen Tierdarstellungen im Vordergrund und die Vielzahl von Engelsköpfen, die sich hinter der Heiligen Familie auftürmen. Die Anmut und der Formenreichtum der höfischen Gotik erreichten mit diesem Werk einen Höhepunkt.

Am Ende des rechten Seitenschiffes fällt in der **Cappella Mazzanti** das *Grabmal der hl. Agatha* (1353) auf. Die mit qualitätvoller Steinmetzarbeit von Domenico da Luge gerahmte Kapelle umschließt eine Tomba, die an die der Scaliger erinnert. An die Stelle der Reiterstatue tritt hier die Darstellung des Martyriums der hl. Agatha von Catania. Allerdings wurden im Sarkophag 1353 die Gebeine der hl. Agatha von Verona aufgefunden. Die Chorschranken des Presbyteriums im schlichten klassischen Stil sind ein Werk *Michele Sanmichelis* (1534). Die Apsis ist mit Fresken der Renaissance ausgestattet, die Francesco Torbido 1534 nach Entwürfen von Giulio Romano schuf.

Vom linken Seitenschiff aus erreicht man den weitläufigen **Kreuzgang** des Domes. Bevor man ihn betritt, passiert man einen Gang, der noch einen Teil des Mosaikfußbodens und eine Säule der alten Kirche des 5. Jh. bewahrt. Der Kreuzgang mit Doppelsäulen aus rotem Marmor stammt aus dem 12. Jh., der Erbauungszeit des Domes.

Links neben den Chorschranken des Domes führt eine Tür zum **Baptisterium** San Giovanni in Fonte, 1123–35 erbaut. Man betritt einen dreischiffigen Raum mit einem ungewöhnlich breiten Mittelschiff. Romanische und gotische Freskenfragmente bedecken die Wände. Ein Meisterwerk ist das *Taufbecken* aus der Zeit um 1200, das aus einem einzigen roten Marmorblock gemeißelt wurde. *Reliefs* mit Darstellungen aus dem Leben Jesu bedecken die Wände des Oktogons. Sie gehören zu den wertvollsten Zeugnissen romanischer Bildhauerkunst in Oberitalien. Antike Tradition, byzantinische Einflüsse und die expressive, aus dem Norden kommende Formensprache der Romanik verbinden sich in diesen Reliefs zu einer großartigen Stilsynthese. Die verschiedenen Szenen aus dem Leben Christi – von der Verkündigung bis zur Taufe – werden aufgrund ihrer unterschiedlichen Ausarbeitung mehreren Meistern zugeschrieben.

Rechts vom Hauptportal des Domes befindet sich die Kapitularbibliothek **Biblioteca Capitulare** (Fr–Mi 9.30–12.30 Uhr, Juli geschl. Tel. 0 45 59 65 16), die, schon im 5. Jh. gegründet, eine der ältesten der Welt ist. Sie birgt einen kostbaren Schatz von Pergamenten, Codices, Gold- und Silberarbeiten. Entstanden ist sie als Skriptorium der ›Schola sacerdotum‹ und birgt daher vor allem wertvolle mittelalterliche Handschriften und Inkunabeln (z.B. den Codex Iustinianus).

Über den Ponte Pietra zum linken Etschufer

Geht man vom Dom vorbei an dem anschließenden Bischofspalast Richtung Etsch, stößt man auf den Ponte Pietra, die einzige aus römischer Zeit erhaltene Brücke. Sie überquert mit fünf Bögen unterschiedlicher Spannweite die Etsch. Allerdings stammen nur die beiden ersten Bögen am linken Ufer noch aus der römischen Epoche. Sie sind aus Naturstein, während die folgenden im 16. Jh. aus Ziegelstein erneuert wurden. Den letzten Bogen mit dem Wachturm am rechten Ufer hatten die Scaliger im 13. Jh. angefügt. Im Zweiten Weltkrieg wurde die Brücke gänzlich zerstört, jedoch ebenso wie die Brücke der Scaliger mit dem alten Baumaterial in gleicher Form wieder aufgebaut.

Von der Brücke hat man einen besonders schönen Blick auf das linke Etschufer mit dem Römischen Theater und der malerischen Kulisse des *Colle di San Pietro*. Dieser Stadtteil ist weniger bekannt und sehr viel ruhiger als die Straßen rings um die Piazza delle Erbe und die Arena. Auch im Mittelalter war die Siedlung links der Etsch nur ein Randgebiet, obwohl die Scaliger sie durch den Bau eines neuen Mauerrings in das alte Stadtgebiet miteinbezogen hatten und bedeutende Klöster und Kirchen gebaut worden waren. Die Kirchen bergen einen großen Reichtum an Kunstwerken der Renaissance und der Veroneser Malschule des 15. Jh. Für diese beispielhafte Kunstmeile entlang der Etsch entwickelte sich daher der Begriff ›Pantheon der Veroneser Malerei‹. Ein Abstecher in diesen Stadtteil lohnt also nicht nur des Römischen Theaters wegen, sondern auch, um die eine oder andere Kirche zu besichtigen, zugleich aber, um auch den unvergleichlichen Ausblick vom Colle di San Pietro zu genießen.

Teatro Romano 16

Das Römische Theater (Mo 13.45–19.30, Di–So 8.30–19.30 Uhr) schmiegt sich an den Hügel, den einst ein antiker Tempel krönte. Es wurde schon um die Zeitwende für die Aufführung von Dramen errichtet und ist damit älter als die Arena. Offenbar fanden in Verona Schauspiel und Literatur ein ebenso großes Interesse wie Gladiatorenkämpfe und Tierhetzen. Was man heute noch sieht, ist allerdings nur ein Bruchteil des ursprünglichen Theaters, das mit einer 152 m langen, statuengeschmückten Frontmauer am Etschufer zwischen Ponte Pietra und dem verschwundenen Ponte Postumia abschloss. Zweigeschossige Galerien rahmten die Tribüne, doch Erdbeben, Hochwasser und Erdrutsche zerstörten nach und nach die Anlage. Im Mittelalter wurde das Areal überbaut und die Reste des Theaters dienten als Steinbruch. Erst 1834 begann man mit den Ausgrabungen. Die Römer hatten den weichen Tuffstein als Baumaterial verwendet, deshalb mussten die erhaltenen Stufen nach und nach mit Marmor ausgebessert werden.

Als einzige Reste der mittelalterlichen Überbauung blieben die Kirche *SS. Siro e Libera* aus dem 10. Jh. mit einem schönen Portal (14. Jh.) und einer dekorativen Marmortreppe (17. Jh.) sowie das Kloster *S. Girolamo* erhalten, dessen wuchtige Mau-

Das römische Theater ist nur noch ein Fragment der riesigen antiken Anlage

ern das Theater oben abschließen. Es beherbergt heute das *Museo Archeologico*, (Mo 13.45–19.30, Di–So 8.30–19.30 Uhr) in dem u. a. Mosaiken, Statuen, ein Bronzekopf aus der Zeit des Augustus, eine weibliche Sitzfigur, die römische Kopie eines griechischen Originals, ausgestellt sind. Das Museum kann mit einem Aufzug erreicht werden.

Das Theater dient zwischen Juli und September als Freilichtbühne für Schauspiel-, Musik- und Tanzaufführungen.

TOP TIPP Eine Treppe links vom Römischen Theater führt hinauf auf den **Hügel von San Pietro**. Dieser Anstieg mit dem reizvollen Wechselspiel der Ausblicke findet seinen Höhepunkt im grandiosen Panorama vom Gipfel aus. Kirchen, Türme und Brücken des alten Verona fügen sich zu einem beeindruckenden Stadtbild.

Das Gebäude, welches den Hügel beherrscht, ist ein Kasernenbau der Österreicher von 1854. Einst soll hier – nach der römischen Tempelanlage – die sagenumwobene *Burg des Theoderich* gestanden haben, in der auch der fränkische König Pippin residierte. Später verlor die Burg an Bedeutung und geriet in Vergessenheit. Erst die Visconti bauten sie zu einem wichtigen strategischen Sitz aus. 1793 wurde die stark befestigte mittelalterliche Anlage durch die Truppen Napoleons endgültig zerstört.

San Giorgio in Braida

Geht man vom Römischen Theater flussaufwärts, vorbei an der Kirche **San Stefano** (17), die zu den ältesten Veronas gehört und unter den Langobarden Bischofssitz war, erreicht man die mit einer hohen Kuppel überwölbte Kirche **San Giorgio in Braida** (18), auch San Giorgio Maggiore genannt. Der Turm, der die Kirche flankiert, stammt noch aus dem 11. Jh., als hier ein Benediktinerkloster gegründet worden war. Später übernahmen Augustiner das Kloster und führten es zu großer wirtschaftlicher Blüte. 1477 wurde die heutige Kirche gebaut, nachdem das Kloster der Kongregation San Giorgio in Alga in Venedig übertragen worden war. Der Entwurf für die Kuppel geht auf *Michele Sanmicheli* zurück. Die einfache, harmonisch gegliederte Fassade ist aus weißem Marmor. Obwohl im 17. Jh. entstanden, zeigt sie noch starke Elemente der Renaissance; sie stimmt auf gelungene Weise mit dem benachbarten Stadttor San Giorgio aus dem Jahre 1525 überein.

Der schlichte, einschiffige **Innenraum** wurde von dem Venezianer *Antonio Rizzo* entworfen und zwischen 1536 und 1543 vollendet. Die Klarheit der Formen und ein vorbildliches Gleichgewicht der Raumgestaltung zeichnen den Bau aus. Das Licht verteilt sich im Wesentlichen durch die Fensteröffnungen der Kuppel. Es reicht allerdings nicht aus, um die zahlreichen bedeutenden *Gemälde* der Kapellen zu beleuchten, sodass man den Kustoden bitten sollte, die künstliche Beleuchtung einzuschalten. *Goethe* pries bei seinem Besuch 1786 die »Galerie von guten Gemälden« in San Giorgio in Braida, eine wahre »Pinakothek« oberitalienischer Malerei des 16. Jh. Nicht nur Veroneser Künstler, sondern auch die beiden Venezianer Jacopo und Domenico *Tintoretto* oder die Brescianer *Romanino* und *Moretto* sind hier vertreten.

Das Hauptwerk ist das ›Martyrium des heiligen Georg‹ von *Paolo Veronese* (1566) am **Hochaltar**, welches der Maler während eines kurzen Aufenthaltes in seiner Geburtsstadt schuf. Er hatte einige Jahre zuvor Verona verlassen, um in der Kunstmetropole Venedig zu arbeiten. Das Bild besticht durch seine meisterliche Komposition, vor allem aber durch die geniale Lichtgestaltung.

Die das Presbyterium flankierende Verkündigungsgruppe malte *Giovanni Caroto*. An der rechten Wand sieht man eine ›Brotvermehrung‹ von *Paolo Farinati*, gegenüber die ›Mannalese‹ von *Felice Brusasorci*.

Von den vielen qualitätvollen Werken der Kirche seien hervorgehoben: über dem Portal eine *Jacopo Tintoretto* zugeschriebene ›Taufe Christi‹; in der dritten Seitenkapelle rechts das ›Pfingstwunder‹ von *Domenico Tintoretto*, in der vierten Kapelle ein Gemälde von *Felice Brusasorci*, eine überaus feinfühlige ›Maria mit drei Engeln‹. In der ersten Seitenkapelle links verdient ›Hl. Ursula mit hl. Frauen‹, ein Spätwerk *Giovanni Francesco Carotos*, Beachtung; es weist schon manieristische Züge auf. In der vierten Kapelle links befindet sich *Gerolamo dai Libris* ›Thronende Madonna zwischen S. Zeno und S. Laurentius‹.

Santa Maria in Organo 19

Weiter flussabwärts stößt man auf eine der schönsten Kirchen Veronas, Santa Maria in Organo (Eingang Itinerario delle Acque Morte). Die ursprüngliche Stiftskirche des Benediktinerordens (7./8. Jh.) wich im 12. Jh. einem romanischen Bau, von dem noch die Krypta erhalten ist. Im späten 15. Jh. erhielt die Kirche ihre heutige Form. Damals hatten Mönche aus dem Kloster Monte Oliveto Maggiore bei Siena die Abtei übernommen.

Der untere Teil der **Fassade** mit drei unterschiedlichen, in klassischem Stil gestalteten Bögen geht wahrscheinlich auf einen Entwurf Michele Sanmichelis zurück. Im oberen Teil, ebenso wie an den Seitenwänden, blieb das charakteristische Mauerwerk der Veroneser Romanik – wechselnde Schichten von Tuff- und

Goethe pries San Giorgio in Braida als eine reich ausgestattete Pinakothek

Der Mönch Fra Giovanni schuf die kostbaren Intarsien in der Kirche Santa Maria in Organo, hier die Darstellung der Kirche

Ziegelstein – erhalten. Den von einer Kuppel gekrönten Campanile konzipierte vermutlich der Olivetanermönch Fra Giovanni da Verona (gebaut 1525–33).

Den dreischiffigen **Innenraum** im Renaissancestil schließt in der Vierung eine Kuppel ab. Charakteristisch ist das über der Krypta aufgestockte Querschiff und das anschließende tiefe Presbyterium. Die schöne Kassettendecke ist eine Arbeit Francesco Canellas von 1790.

Auch diese Kirche ist äußerst reich an Kunstwerken. Die Wände im Mittelschiff zieren Fresken aus dem Alten Testament, rechts Arbeiten von *Giovanni Francesco Caroto* (1480–1555), links von *Nicolò Giolfino* (1475–ca. 1555), einem der bedeutendsten Maler der Renaissance in Verona und Schüler Liberales. Er malte auch die kleine Apsis der Cappella della Croce rechts aus. Im Presbyterium sieht man gewaltige Gemälde von *Paolo Farinati* (1556), die den ›Bethlehemitischen Kindermord‹ sowie den ›Triumph des Konstantin‹ zum Thema haben.

Hinter dem aus prachtvollem, mehrfarbigem Marmor ausgeführten Hochaltar betritt man den tiefen **Mönchschor**, in dem sich die wertvollsten Kunstwerke der Kirche befinden. Zwischen 1493 und 1499 fertigte der geniale Olivetanermönch *Fra Giovanni* kunstvolle Intarsien und Schnitzereien an, die das **Chorgestühl** zieren. Giovanni da Verona war ein ungewöhnlich vielseitiger Künstler: Architekt, Schnitzer, Miniaturist und Bildhauer; er gilt zudem als ein hoch begabter Meister der Perspektive. Von den 41 Chorstühlen sind 27 mit intarsierten Rücklehnen versehen. Kleine Pfeiler trennen die Chorstühle, aus deren Kapitellen eine Konsole mit umlaufendem Gebälk hervorspringt. Ein Bogen rahmt die Intarsien ein und jeder Pfeiler weist andere Schnitzereien auf: Girlanden, Waffen, Tiere, Kandelaber sowie die Passionssymbole. Die Armlehnen der Stühle werden von Greifen und geflügelten Chimären getragen. Die außerordentlich fein und präzise gearbeiteten Intarsien sind religiösen und profanen Themen gewidmet. Eine Vorliebe zeigt der Künstler für Kästen und Schränke, hinter deren halb geöffneten Türen symbolische Gegenstände erscheinen. Bemerkenswert sind die perspektivischen Darstellungen von Kirchen (z. B. Santa Maria in Organo), Palästen und Straßen sowie Stadtansichten des mittelalterlichen Verona.

In der Mitte des Chorgestühls steht ein *Lesepult*, das Fra Giovanni um 1500 schnitzte. Der dreieckige Sockel ist mit dekorativen Schnitzereien und Einlegearbeiten verziert. Interessant ist die Darstellung eines Hasen, dessen Fell durch die raffiniert angeordnete Holzteilchen äußerst naturnah und lebendig wirkt. Fra Giovanni hat das Pult mit Intarsienarbeiten von aufgeschlagenen Chorbüchern geschmückt. Verblüffend ist die Perfektion, mit der der Mönch Licht- und Schattenreflexe sowie auch perspektivische Raumwirkungen allein durch verschieden getönte Holzarten hervorruft.

Als besondere Schönheit präsentiert sich die **Sakristei**, von der Vasari schrieb, sie sei die schönste, »die in ganz Italien bestand«. Die Wände bemalte *Francesco Morone* 1506 mit Porträts von ›heiligen und berühmten Persönlichkeiten‹ des Benediktinerordens. Sie sind in die weiße Kutte der Olivetaner gekleidet.

An der linken Sakristeiwand stehen Kastenbänke, die Fra Giovanni 1519–23 mit Intarsien von höchster Meisterschaft schmückte. Die holzverkleidete Wand gegenüber ist mit stimmungsvollen Landschaften von Domenico Brusasorci bemalt.

Vor dem Hochaltar der Kirche steht ein weiteres wertvolles Werk des *Fra Giovanni*: ein geschnitzter, 4 m hoher *Kandelaber* für die Osterkerze. Hervorragend sind die Darstellung der Karyatiden, die Heiligenfiguren tragen, sowie die ausdrucksstarken Bildnisse von Dante, Petrarca und Boccaccio.

TOP TIPP Giardini Giusti 20

Die Via S. Maria in Organo geht weiter südlich in die Via Giardini Giusti über. Dort erhebt sich die finster wirkende Fassade des **Palazzo Giusti**. Durchquert man aber das Eingangstor und den von Arkaden überwölbten Innenhof des Palastes mit einem beachtenswerten großen Leuchter, so betritt man eine Parkanlage (tgl. 9–20 Uhr, im Winter bis Einbruch der Dunkelheit) von großer Schönheit.

Die Familie Giusti stammte aus Florenz, musste aber im 15. Jh. aus politischen Gründen die Toskana verlassen. Um ein Stück der Heimat zu bewahren, schuf sie den Garten im Stil der toskanischen Renaissance, gleichsam als natürliches Bühnenbild zu ihrem mit Fresken und repräsentativen Treppenanlagen ausgestatteten Palast. Fortan nannte sich die Familie voll Stolz ›Giusti dei Giardini‹. Die heutige Anlage geht auf das Jahr 1570 zurück. Im 19. Jh. war ein Park im englischen Stil entstanden, der aber im 2. Weltkrieg durch Bomben zerstört wurde.

Der Garten, in dem Natur, Kunst und Geschichte ihren Ausdruck finden sollten, hat zwei Gesichter. Im unteren Teil wandelt man durch kunstvoll geschnittene, von Buchsbaumhecken gerahmte Labyrinthe. Effektvolle Statuen, Brunnen und Blumenanpflanzungen beleben die strenge, antikische Architektur des Gartens. Rückwärtig steigt ein Hügel an, in dessen Hang sich Grotten und Tempelchen in der reichen Vegetation verbergen. Heute sind die Grotten weitgehend verfallen, waren aber einst mit Spiegeln, Edelsteinen, buntem Glas und illusionistischer Malerei ausgestattet. Der Ruhm des Gartens beruht auf der herrlichen *Zypressenallee*, die sich Stufe um Stufe die Terrassen hinaufzieht und vor einer Tropfsteinhöhle endet. Darüber tritt die *Mascherone*, eine dämonische Groteske, aus dem Felsen. Aus ihrem Riesenmaul konnten Feuerzungen ausströmen. Auf dem Haupt trägt sie eine Art Balkon, den *Belvedere*, von dem man einen großartigen Blick über den Garten und die Stadt hat. Kurz vor dem Ausgang steht eine Steinskulptur, an deren Sockel ein Holzhammer befestigt ist. Schlägt man ihn gegen die Statue, erklingt ein heller, nachschwingender Ton, während der Sockel nur einen dumpfen, klanglosen Laut hervorbringt. Früher war der Garten mit Wasserspielen, Vogelvolieren und Wild, das in einem zugehörigen Wald lebte, bereichert.

i Praktische Hinweise

Information

I.A.T. Piazza Brà, Via degli Alpini, 9, Verona, Tel. 04 58 06 86 80, Fax 04 58 00 36 38, www.tourism.verona.it

Die ›*Verona Card*‹, zu kaufen in Museen und bei der Touristeninformation, ermöglicht kostenlose Benutzung der öffentlichen Verkehrsmittel sowie freien Eintritt zu zahlreichen Museen und Kirchen.

Hotels

*******Due Torri Hotel Baglioni**, Piazza S. Anastasia, 4, Verona, Tel. 0 45 59 50 44, Fax 04 58 00 41 30, www.baglionihotels.com. Luxuriöses Haus an historischem Platz (ehem. Poststation), Einrichtung im Stil des Veroneser ›Ottocento‹;

Toskanische Gärten standen Pate für die kunstvolle Anlage der Giardini Giusti

behagliches Wohnen, das aber seinen Preis hat.

****Colomba d'Oro, Via C. Cattaneo, 10, Verona, Tel. 0 45 59 53 00, Fax 0 45 59 49 74, www.colombahotel.com. Unweit der Piazza Brà, gemütliches Hotel mit besonders freundlichem Service.

****Hotel Accademia, Via Scala, 10–12, Verona, Tel. 0 45 59 62 22, Fax 04 58 00 84 40, www.accademiavr.it. Zentral gelegenes, modernes Haus mit viel Komfort und einer sehr guten Küche.

**Hotel Aurora, Piazza delle Erbe, 2, Verona, Tel. 0 45 59 47 17, Fax 04 58 01 08 60, www.hotelaurora.biz. Einfaches, preiswertes Haus mit schönem Ausblick auf die Piazza; gutes Frühstück.

Restaurants

La Pigna – Antica Trattoria, Via Pigna, 4b, Verona, Tel. 04 58 00 40 80. Nahe dem Dom gelegene Trattoria, mit abwechslungsreicher Küche zu zivilen Preisen.

Ristorante 12 Apostoli, Corticella S. Marco, 3, Verona, Tel. 0 45 59 69 99. Dieses beliebte Traditionslokal gehört zu den besten in Verona.

Ristorante Greppia, Vicolo Samaritana, 3, Verona, Tel. 04 58 00 45 77. Angenehmes Lokal im ›centro storico‹, in dem viele Veroneser verkehren; regionale Küche.

Ristorante Re Teodorico, Piazzale Castel S. Pietro, 1, Verona, Tel. 04 58 34 99 90. Vor allem die unvergleichliche Lage über der Stadt besticht bei diesem Lokal.

37 Valpolicella

Nördlich von Verona beginnt die liebliche Hügellandschaft des Valpolicella, die sich zwischen der Etsch im Westen und dem Valpantena ausbreitet.

Berühmt ist diese Gegend für ihren schmackhaften *Wein*, den roten Valpolicella und den Recioto. Ebenso berühmt ist der rote Veroneser *Marmor*, der hier gebrochen wird und in der Stadt überall Verwendung fand. Das Valpolicella ist ein reizvolles Ausflugs- und Wandergebiet. Die Weinberge, die Hügel mit Villen und Dörfern des südlichen Teiles weichen zum Gebirge hin einer herberen Landschaft, die mehr und mehr alpinen Charakter annimmt. Die Dörfer mit ihren rustikalen Natursteinhäusern sind häufig recht ursprünglich geblieben.

Im Mittelalter gehörte dieses Gebiet dem Geschlecht der della Scala. Die Venezianer verliehen ihm eine eigenständige Verwaltung unter Führung eines Vikars. Reiche Veroneser Familien bevorzugten das Valpolicella seines angenehmen Klimas wegen und bauten Villen und Landhäuser, die als *Sommersitze* dienten. Ein Teil dieser Villen hat sich erhalten und die meisten befinden sich noch heute in Privatbesitz. Dichte Bebauung und Zersiedelung haben leider dem Valpolicella viel von seinem besonderen Reiz genommen.

Villa Mosconi-Bertani: Hinter Arbizzano, bei dem Straßenschild Novare, führt rechts eine kleine Straße in ein ausgedehntes Weinbaugebiet und stößt am Ende auf die Villa Mosconi-Bertani, einen repräsentativen Bau des 18. Jh. Der Architekt der noblen Anlage war *Adriano Cristofali*. Die klassische Fassade des Mitteltraktes ist durch Halbsäulen und Lisenen gegliedert. Darüber fügt sich der Dreiecksgiebel in eine mit Statuen geschmückte Attika ein. Im Innern besticht der über zwei Geschosse reichende Saal mit reichem Freskenschmuck, der Allegorien der Künste und der Jahreszeiten zum Inhalt hat. Die Villa gehört der Familie Bertani, die zu den bedeutendsten Repräsentanten des Valpoliceller Weinbaus zählt. Eine Besichtigung ist auf Anfrage möglich.

Villa Serego Boccoli: Versteckt in einem Park liegt bei Pedemonte die Villa Serego Boccoli, die heute zu dem Weingut S. Sofia gehört. Marcantonio Serego ließ die Villa 1560 nach Plänen *Andrea Palladios* bauen. Der große Architekt hatte eine weite, sich um einen Innenhof gruppierende, vierflügelige Anlage vorgesehen, von der jedoch nur ein Teil ausgeführt wurde. Palladio dachte an die Konstruktion eines römischen Hauses mit Peristyl und Atrium, wie sie der Architekt Vitruv beschrieben hatte. Ungewöhnlich ist die Verwendung von rohem Naturstein, durch den der Bau einen bodenständigen, rustikalen Charakter erhält. Die Villa ist nicht frei zugänglich; man kann in dem Weingut S. Sofia um Zutritt bitten.

Villa del Bene: In Volargne di Dolce bei *Affi* lohnt sich der Besuch der Villa del Bene, die heute ein *Museo Nazionale* beherbergt. Eine hohe Mauer mit dem Hauptportal zur Etsch hin umgibt den repräsentativen Bau, der um 1500 errichtet wurde. 1551 beauftragte man *Michele Sanmicheli*, die Anlage umzubauen und zu erweitern. Besonders sehenswert ist der reiche Freskenschmuck der Räume, den Francesco Caroto und Domenico Brusasorci schufen.

Kirche **San Giorgio:** Im Valpolicella sind eine Anzahl romanischer Kirchen erhalten. Herausragend und einen Besuch wert ist die Kirche San Giorgio in Ganna bei Sant'Ambrogio di Valpolicella. Der kleine Weiler liegt hoch auf einem Hügel über Sant'Ambrogio, von dem aus man einen wunderschönen Blick über die Hügelwelt des Valpolicella hat.

Die Pieve steht an der Stelle eines antiken Heiligtums, von dem ein Opfertisch erhalten ist. Während der Langobardenzeit gab es hier eine bedeutende Klerikerschule, die bis ins späte Mittelalter als ein religiöses Zentrum wirkte. Die heutige Kirche mit dreiseitigem Kreuzgang stammt vermutlich aus dem 11. Jh. Es handelt sich um eine doppelchörige Basilika, die den drei Apsiden der Ostwand eine Apsis am Westende gegenüber stellt. Diese ist mit einem Fresko ausgemalt, das Christus in der Mandorla als Weltenrichter zeigt. Er wird von vier apokalyptischen Gestalten umgeben. Die Darstellung ist noch ganz der byzantinischen Tradition verpflichtet.

Niedrige Rundbogenarkaden teilen den Innenraum in drei Schiffe. Berühmt ist das in der Ostapsis aufgestellte *Ziborium*. Inschriften zufolge entstand es während der Regierung des langobardischen Königs Liutprand (712–744). Es erhebt sich mit vier Säulen über dem Altar, der 1923 nach dem Vorbild von San Prospero in Perugia zusammengesetzt wurde, nachdem man die Einzelteile zerstreut gefunden hatte. Der Baldachin, den die Säulen tragen, ist mit den für die langobardischen Steinmetze typischen Flechtbandornamenten geschmückt. Der kleine *Kreuzgang* rechts der Kirche ist besonders reizvoll. Die niedrigen Arkaden ruhen auf anmutigen Säulen, deren Kapitelle Blattwerk, Ranken und Tiere zieren. Er wird in die Zeit zwischen dem 10. und dem 12. Jh. datiert.

Santa Maria in Stelle: Nördlich von Verona, nur wenige Kilometer außerhalb der Stadt, Richtung Bosco Chiesanova befindet sich im Valpantena, Ortsteil Santa Maria in Stelle, gleich neben der Pfarrkirche ein unterirdisches Heiligtum aus römischer Zeit (2.–3. Jh. n. Chr.). Durch einen langen Gang erreicht man einen tonnengewölbten Raum mit zwei Seitenräumen, die in Apsiden enden. Die Funktion dieser unterirdischen römischen Tempelanlage ist unbekannt. Im 4. Jh. entstand hier eine christliche Kultstätte, die im 5. Jh. mit sehr schönen Fresken ausgestattet wurde. Im Laufe der Zeit sind sie zwar weitgehend verblasst, doch ihre Wirkung ist unvermindert stark.

i Praktische Hinweise

Hotel

******Hotel Villa del Quar**, Pedemonte, Tel. 04 56 80 06 81, Fax 04 56 80 06 04, www.hotelvilladelquar.it. Im Valpolicella (ca. 20 Autominuten bis Verona) sehr ruhig gelegenes Landhotel; Schwimmbad.

Die Villa Serego Boccoli bei Pedemonte entstand nach Plänen Andrea Palladios

Gardasee aktuell A bis Z

Vor Reiseantritt

ADAC Info-Service:
Tel. 0 18 05/10 11 12, Fax 0 18 05/30 29 28 (0,12 €/Min.)

ADAC im Internet:
www.adac.de
www.adac.de/reisefuehrer

Gardasee im Internet:
www.gardasee.de
www.lagodigarda.it
www.lagodigardamagazine.com

Informationen erteilt auch das **Staatliche Italienische Fremdenverkehrsamt ENIT** (Ente Nazionale Italiana per il Turismo)**:**
www.enit-italia.de,
www.enit.at,
www.enit.ch

Prospektbestellung:
Tel. 0 08 00 00 48 25 42 (gebührenfrei)

Deutschland
Kontorhaus Mitte, Friedrichstraße 187, 10117 Berlin, Tel. 030/2 47 83 98, Fax 030/2 47 83 99, enit-berlin@t-online.de

Kaiserstr. 65, 60329 Frankfurt/Main, Tel. 069/23 74 30, Fax 069/23 28 94, enit.ffm@t-online.de

Lenbachplatz 2, 80333 München, Tel. 089/53 13 17, Fax 089/53 45 27 enit-muenchen@t-online.de

Österreich
Kärntnerring 4, 1010 Wien, Tel. 01/5 05 16 39, Fax 01/5 05 02 48 delegation.wien@enit.at

Schweiz
Uraniastr. 32, 8001 Zürich, Tel. 04 34 66 40 40, Fax 04 34 66 40 41, info@enit.ch

Allgemeine Informationen

Reisedokumente

Für Deutsche, Österreicher und Schweizer genügt ein gültiger Personalausweis oder ein Reisepass, für Kinder unter 16 Jahren ein Kinderausweis oder Eintrag im Pass der Eltern.

Kfz-Papiere

Neben Führerschein und Fahrzeugschein empfiehlt es sich, die *Internationale Grüne Versicherungskarte* mitzunehmen. Wer einen fremden Wagen fährt, benötigt eine Vollmacht des Fahrzeughalters.

Krankenversicherung

Vor Reiseantritt erhalten gesetzlich Versicherte bei ihrer Krankenkasse seit 2005 die scheckkartengroße *Europäische Krankenversicherungskarte*, die eine eventuell notwendige ärztliche Behandlung und Versorgung garantiert.

Sicherheitshalber empfiehlt sich jedoch der Abschluss einer zusätzlichen *Reisekranken- und Rückholversicherung*.

Hund und Katze

Für Hunde und Katzen ist bei Reisen innerhalb der EU ein gültiger, vom Tierarzt ausgestellter EU Heimtierausweis vorgeschrieben, ebenso Kennzeichnung durch Mikrochip oder Tätowierung. Bis zum Jahr 2011 gelten Übergangsregelungen.

Zollbestimmungen

Reisebedarf für den persönlichen Gebrauch obliegt innerhalb der EU keinen Beschränkungen und darf abgabenfrei eingeführt werden. Es gelten allerdings Richtmengen für den Privatreisenden: 800 Zigaretten, 400 Zigarillos, 200 Zigarren, 1 kg Tabak, 10 l Spirituosen, 20 l Zwischenerzeugnisse, 90 l Wein (davon max. 60 l Schaumwein), 110 l Bier.

Bei Reisen in und durch **Drittländer** (Schweiz) dürfen zollfrei mitgeführt werden: 1 Stange Zigaretten, 1 l Spirituosen über 22 % oder 2 l Spirituosen unter 22 %, 50 ml Parfum, 250 ml Eau de Toilette, 500 g Kaffee und 100 g Tee.

Geld

Die gängigen *Kreditkarten* werden von Banken, Hotels und vielen Geschäften akzeptiert. Zum Geldabheben rund um die Uhr stehen zahlreiche *EC-Bankomaten* zur Verfügung. Auch mit der *Postbank SparCard* erhält man an VISA PLUS-Automaten 24 Stunden täglich Bargeld.

Tourismusämter im Land

Unter **Praktische Hinweise** im Haupttext sind Außenstellen der *Tourismusämter* aufgeführt, die reichhaltiges Prospektmaterial, auch in deutscher Sprache, bereithalten. Die meisten Büros sind tgl. 9–12.30 und 15–19.30 Uhr geöffnet, in kleineren Badeorten nur von Mai bis Ende September.

Kompetente Ansprechpartner findet man auch bei der **Comunità del Garda**, Via Roma, 8, Gardone/Riviera, Tel. 03 65 29 04 11, Fax 03 65 29 00 25, www.lagodigarda.it.

Notrufnummern

Polizeinotruf, Unfallrettung: 113

Polizei (Carabinieri): 112

Notarzt: 118

Feuerwehr: 115

ACI-Pannendienst (Soccorso Stradale): Tel. 80 31 16, Mobil-Tel. 800 11 68 00. Man beachte die *gelben Notrufsäulen* auf den Autobahnen (ca. alle 2 km).

ADAC-Notrufstation Mailand (rund um die Uhr, mehrsprachig), Tel. 02 66 15 91

ADAC-Notrufzentrale München, Tel. (00 49) 89/22 22 22 (rund um die Uhr)

ADAC-Ambulanzdienst München, Tel. (00 49) 89/76 76 76 (rund um die Uhr)

Österreichischer Automobil Motorrad und Touring Club
ÖAMTC Schutzbrief Nothilfe:
Tel. 00 43/(0)1/2 51 20 00

Touring Club Schweiz
TCS Zentrale Hilfsstelle:
Tel. 00 41/(0)2 24 17 22 20

Bei Unfällen mit *Sachschäden* ist es dringend erforderlich, die Versicherung und die Versicherungsnummer des Unfallgegners zu notieren. Bei Unfällen mit *Personenschäden* muss die Polizei verständigt werden.

Diplomatische Vertretungen

Deutsches Generalkonsulat, Via Solferino, 40, Mailand, Tel. 0 26 23 11 01, Fax 0 26 55 42 13, www.mailand.diplo.de

Österreichisches Generalkonsulat, Piazza del Liberty, 8/4, Mailand, Tel. 02 78 37 43, Fax 02 78 36 25, www.austria.it

Schweizer Generalkonsulat, Via Palestro, 2, Mailand, Tel. 0 27 77 91 61, Fax 02 76 01 42 96, www.eda.admin.ch/milano

Besondere Verkehrsbestimmungen

Tempolimits (in km/h): Im Ortsbereich Pkw (auch mit Anhänger), Motorräder und Wohnmobile 50. Auf Land- und Gemeindestraßen Pkw (ohne Anhänger) und Motorräder 90 (auf Schnellstraßen 110, Beschilderung beachten), Pkw mit Anhänger 70. Auf Autobahnen Pkw (ohne Anhänger) 130 (Erhöhung auf 150 geplant) bei Regen jedoch nur 110, mit Anhänger 80.

Auf allen Straßen außerhalb von Stadtzentren und Orten muss auch tagsüber mit *Abblendlicht* gefahren werden. Motorräder müssen grundsätzlich mit Abblendlicht fahren. Es besteht *Anschnallpflicht* und für Lenker und Mitfahrer von Zweiradfahrzeugen *Sturzhelmpflicht*. Kinder unter 12 Jahren müssen auf dem Rücksitz befördert werden. Das *Telefonieren* während der Fahrt ist nur mit Freisprechanlage erlaubt. Das *Nationalitätenkennzeichen* ist Pflicht, es sei denn, das Fahrzeug besitzt ein EU-Kennzeichen.

Jede Person, die im Falle einer Panne oder eines Unfalls auf offener Straße den Wagen verlässt, muss eine reflektierende *Warnweste* tragen. Die *Promillegrenze* liegt bei 0,5.

Öffentliche *Parkplätze* sind durch weiße oder blaue Markierungen gekennzeichnet. Die ›blauen‹ Parkplätze sind gebührenpflichtig.

Wichtig: Jede Ladung, die nach hinten überragt (Surfbretter, Boote, Fahrradständer etc.), muss mit einer 50 x 50 cm großen, rot-weiß-roten, reflektierenden Warntafel gekennzeichnet werden. Keine Ladung darf über die Vorderkante des Fahrzeugs hinausragen.

Anreise

Auto

Umfangreiches **Informations- und Kartenmaterial** können Mitglieder des ADAC kostenlos bei den ADAC-Geschäftsstellen oder unter Tel. 0 18 05/10 11 12 (0,12 €/Min.) anfordern. Außerdem sind im ADAC Verlag erschienen: das Reisemagazin *Gardasee*, die UrlaubsKarte *Gardasee/Venetien/Friaul* (1:200 000), die LänderKarte *Nord-Italien* (1:500 000) sowie derTravelAtlas *Europa* (1: 750 000).

Am schnellsten ist die Anfahrt über den Brenner und die Autobahn A22. Die Abfahrt zum Gardasee Nord liegt hinter Rovereto, zum Gardasee Süd bei Affi. Von Trient kann man auch die Staatsstraße N 45 bis Richtung Riva durch das Sarcatal nehmen.

Die österreichischen und Schweizer Autobahnen sind **mautpflichtig** (Vignetten beim ADAC und an den Grenzen erhältlich). Die Autobahngebühren in Italien werden nach Fahrzeugklasse und zurückgelegter Strecke berechnet. Die Maut wird bei der Autobahnabfahrt in Euro oder Fremdwährung bezahlt. Besitzer der *Viacard* (Karten zu 25 €, 50 € oder 75 € beim ADAC, in Italien an der Grenze und an Autobahnraststätten erhältlich) werden an vielen Mautstellen auf eigenen Fahrspuren bargeldlos oft schneller abgefertigt.

Autobahn-Tankstellen sind durchgehend geöffnet, die meisten übrigen Tankstellen Mo–Fr 7–12.30 und 15–19 Uhr. Auf Hauptstrecken gibt es *SB-Tanksäulen*, die Geldscheine zu 5 €, 10 € und 20 € sowie Kreditkarten annehmen.

Bahn und Autoreisezug

Die Züge über den Brenner erreichen Brescia und Verona direkt. Züge nach Rom oder Venedig halten in der Regel in Trient, Rovereto und Verona, allerdings ist die Weiterfahrt von dort zum Gardasee kompliziert, da das Bahnnetz in dieser Region schlecht ausgebaut ist: Die Bahntrasse verläuft von Nord nach Süd entlang der Autobahn, also relativ weit vom See entfernt, sowie am Südufer des Sees. Hier ist Peschiera an das Streckennetz angeschlossen. **Autoreisezüge** fahren von mehreren deutschen Städten aus nach Verona, teilweise allerdings nur im Sommer.

Fahrplanauskunft:

Deutschland

Deutsche Bahn,
Tel. 1 18 61 (gebührenpflichtig), Tel. 08 00/1 50 70 90 (sprachgesteuert),
www.bahn.de

Deutsche Bahn AutoZug,
Tel. 0 18 05/24 12 24 (0,12 €/Min.),
www.autozug.de

Österreich

Österreichische Bundesbahn,
Tel. 05 17 17, www.oebb.at

Schweiz

Schweizerische Bundesbahnen,
Tel. 09 00 30 03 00, www.sbb.ch

Bus

Von mehreren deutschen Großstädten fahren Busse nach Verona. Zentrale Reservierungsstelle:

Deutsche Touring,
Am Römerhof 17, 60486 Frankfurt/Main,
Tel. 069/79 03 50, Fax 069/7 90 32 19,
www.deutsche-touring.com

Flugzeug

Der *Flughafen* für die Gardasee-Region ist Verona Villafranca, Aeroporto Valerio Catullo. Linienflüge verkehren von Frankfurt, Köln und München sowie von Wien, nur aus der Schweiz gibt es keine Direktverbindungen. Mitunter wird auch der Flughafen Brescia Montichiari, Aeroport D'Annunzio, angeflogen.

Auskunft: Tel. 04 58 09 56 66,
www.aeroportoverona.it

Bank, Post, Telefon

Bank

Die Banken sind überwiegend Mo–Fr 8.30–13.30 und 14.30–15.45 Uhr geöffnet.

Post

Die Postämter sind in der Regel Mo–Fr 8–13.30 bzw. 14 und Sa 8–12 Uhr geöffnet.

Briefmarken (*Francobolli*) gibt es sowohl in Postämtern als auch in manchen Tabakläden (*Tabacchi*), zu erkennen am Monopolzeichen ›T‹ über der Tür, oder in Souvenirläden.

Telefon

Internationale Vorwahlen:
Italien 00 39
Deutschland 00 49
Österreich 00 43
Schweiz 00 41

In Italien ist die Ortsnetzkennzahl fester Bestandteil der Telefonnummern und muss **immer** (inkl. der 0) mitgewählt werden. Bei der Handy-Nr. fällt die 0 weg.

Die öffentlichen Telefonzellen sind fast ausschließlich für **Telefonkarten** (*Scheda telefonica*, perforierte Ecke abreißen) eingerichtet, die zu 1 €, 2,50 € und 5 € in Telecom-Läden, Kiosken und manchen Bars verkauft werden. Die 800-Nummern, *Numero Verde*, gelten nur innerhalb Italiens und sind gebührenfrei.

Die Benutzung handelsüblicher **GSM-Mobiltelefone** ist in Italien möglich. Man sollte sich vor Reiseantritt über das günstigste Netz vor Ort informieren.

Einkaufen

Öffnungszeiten: Mo–Fr 9–13 und 16.30–19.30 Uhr, am Gardasee haben jedoch viele Geschäfte während der Saison länger und Sa/So geöffnet.

Mode und Kulinaria

Die Orte rund um den Gardasee bieten eine Fülle von Souvenirläden, Modeboutiquen, Sportwarenläden und anderen Geschäften. Beliebte Artikel sind nach wie vor *Lederwaren* und *Schuhe*, die auch auf den Märkten angeboten werden. Preiswerter als in Deutschland ist *Zinn*, das meist aus Brescia kommt. Gutes *Olivenöl* vom Gardasee hat seinen Preis. Sein Geschmack ist mild und sehr angenehm.

Verona ist eine sehr angenehme Einkaufsstadt für elegante *Mode*, *Pelze* und *Schuhe*. Außer in den Geschäften kann man die Produkte auch direkt bei den Fabriken in der Umgebung erwerben. Kulinarische Spezialitäten sind die *Baci di Giulietta*, mit Likör gefüllte süße Köstlichkeiten, sowie der berühmte *Pandoro*, ein trockener, aromatischer Kuchen.

Märkte

In **Verona** werden Märkte Di – Fr in verschiedenen Stadtteilen abgehalten; am dritten Samstag im Monat findet der ›Mercato 3A‹ (Artigianato, Arte, Antiquario) auf der *Piazza San Zeno* mit Kunsthandwerk, Antiquitäten und Kunst statt.

In **Brescia** gibt es neben dem täglich auf der *Piazza Mercato* veranstalteten Markt jeden Samstag auf der *Piazza Loggia* einen großen Wochenmarkt.

Obwohl die Märkte an Originalität verloren haben, lassen sich manchmal noch hübsche Leder- oder Strickwaren finden. Ein Besuch lohnt sich allein schon, um die geschäftige und doch entspannte Atmosphäre zu beobachten.

Viele Märkte enden um 13 Uhr, deshalb sollte man einen Besuch auf den Vormittag legen oder sich vorab nach den genauen Zeiten erkundigen.

Märkte rund um den Gardasee

Montag: Peschiera, Moniga, Torri del Benaco, Cisano di Bardolino, Colombare di Sirmione

Dienstag: Castelletto di Brenzone, Castelnuovo del Garda, Desenzano, Limone (1. u. 3. Di im Monat), Pieve di Tremosine, Tignale, Torbole (April–Sept. 2. u. 4. Di im Monat)

Mittwoch: Arco (Mai– Sept. 1. u. 3. Mi im Monat), Gargnano, Lazise, Riva (2. u. 4. Mi im Monat), S. Felice del Benaco

Donnerstag: Bardolino, Bussolengo, Lonato, Toscolano-Maderno

Freitag: Garda, Manerba, Sirmione

Samstag: Caprino Veronese, Malcesine, Pacengo di Lazise, Padenghe, Salò, Valeggio sul Mincio

Sonntag: Rivoltella di Desenzano

Essen und Trinken

Der Tourismus beeinflusste lange die Gastronomie rund um den Gardasee. Für die Gegend eigentlich untypische Pizzerien dominierten die gastronomische Landschaft. Italienische Einheitskost verdrängte die einheimischen Spezialitäten. Doch seit einigen Jahren kommt es zu einer Rückbesinnung auf heimische Produkte und traditionelle Rezepte.

Diese neue ›alte‹ Küche versucht, dem Bedürfnis nach leichter, natürlicher Kost Rechnung zu tragen, ohne jedoch auf Überliefertes zu verzichten. Die Veroneser Gardaseeküche der *Riviera degli Olivi* mit dem Monte-Baldo-Gebiet, der Gegend um Rivoli und dem Minciotal stellt regionale Produkte wie Olivenöl, heimische Gemüsearten und vor allem **Fisch** in den Mittelpunkt ihrer Kochkunst. *Gardaseeforellen*, *Karpfen*, *Schleien*, *Zander* und *Aale* sind seit Jahrhunderten die Hauptnahrungsmittel der Region. Unter den Gemüsen nimmt im Frühjahr der *Spargel* aus dem Gebiet von Rivoli und Cavaion eine Vorrangstellung ein.

Im **Minciotal** ist schon der Einfluss der Küche Mantuas spürbar. Es gibt herrliche **Pasta-Gerichte**. Berühmt sind die *Tortellini di Valeggio* mit delikater Fleischfüllung. Ragouts von *Wildhasen* oder *Kaninchen* begleiten selbst gemachte Spaghetti. Eine Spezialität der Küche des oberen Gardasees sind die *Agole* oder *Aole sale*, kleine gesottene Fische, die im Ganzen verzehrt werden. Im **Monte-Baldo-Gebiet** stehen **Wildgerichte**, *Kaninchen*, *Ziege* und *Lamm* auf der Speisekarte. Sie werden mit heimischen Käsen, Bergkräutern und Pilzen angereichert und verfeinert.

Aus **Verona** kommt das berühmte Hauptgericht *Bollito misto con la pearà*. Es besteht aus verschiedenen gekochten Fleischsorten mit einer Pfeffersoße aus Knochenmark, Semmelmehl und Fleischbrühe. Eine Besonderheit ist auch die *Pastissada de caval*, ein pikant gewürztes, in Rotwein (Barolo oder Amarone) geschmortes Pferderagout. Zu den Hauptgerichten isst man vielfach Polenta.

Im **Valténesi** haben sich verschiedene gastronomische Betriebe zu einem ›Club Pesce di Lago‹ zusammengeschlossen, um traditionelle **Fischgerichte** wiederzubeleben. Vor allem der *Coregone*, eine weiße Lachsart, die in großen Seen lebt, wird hier präsentiert. Olivenöl *extra vergine* und der fruchtige Rosé *Chiaretto* ergänzen die Tafelfreuden des Valténesi.

Wein

Überall findet man **Vinotheken**, in denen die Weine der Region angeboten werden. Vier Weingebiete grenzen an den See, die *Riviera del Garda Bresciana*, *Lugana*, *Custoza* und *Bardolino*. Im Lugana wächst ein angenehmer Weißer, ebenso in Custoza südöstlich von Peschiera. Der *Bardolino* ist ein leichter süffiger Rot- oder Roséwein, der jung getrunken wird. Schwerer sind die Weine aus dem Valpolicella nordwestlich von Verona. *Valpolicella*, *Recioto* und *Amarone* aus dem Veroneser Hügelland gehören zu den Spitzenweinen Italiens.

Sehr gute weiße und rote Weine kommen aus dem Trentino. Berühmt ist der schwere *Marzemino*, dem Mozart im ›Don Giovanni‹ ein Denkmal setzte.

In Italien gilt ein **Rauchverbot** in Bars, Restaurants und Diskotheken, die nicht über separate Räumlichkeiten verfügen.

Feste und Feiern

Feiertage

1. Januar (*Capodanno*, Neujahr), 6. Januar (*Epifania*, Heilige Drei Könige), Ostersonntag (*Pasqua*) und Ostermontag (*Pasquetta*), 25. April (*Liberazione*, Fest der Befreiung von Faschismus und deutscher Besatzung 1945), 1. Mai (*Festa del Lavoro*, Tag der Arbeit), 15. August (*Ferragosto*, Mariä Himmelfahrt), 1. November (*Ognissanti*, Allerheiligen), 8. Dezember (*Immacolata Concezione*, Mariä Empfängnis), 25./26. Dezember (*Natale*, Weihnachten).

Rund um den Gardasee werden außerdem vor allem die Patroziniumsfeste (*Sagra*) der Kirchen feierlich begangen. Während des Sommers finden in verschiedenen Orten außerdem die *Regatte delle bisse* statt, Wettkämpfe mit schmalen, flachen Booten, die von vier Männern wie Gondeln im Stehen vorwärts bewegt werden.

Feste

Februar/März

Verona: Fasching mit einem Umzug und Spektakeln in den Stadtteilen.

März/April

Brenzone: Karfreitagsprozession

Juni

Trient: *Feste Vigiliane* – Festwoche zur Erinnerung an den Schutzpatron S.Vigilio. Dabei finden der *Palio dell'Oca* (Geschicklichkeitskämpfe mit Flößen auf der Etsch, der Sieger erhält eine Gans = *Oca*) sowie das mittelalterliche Maskenfest *Ciusi e Gobj* auf dem Domplatz statt.

August

Garda: *Palio delle Contrade* – Wettkampf mit traditionellen Booten (15.8., Mariä Himmelfahrt).

September

Bardolino: *Sagra dei Osei* – Fest der Vögel, traditionelles Volksfest (Ortsteil Cisano, 1. Septemberwoche).

Desenzano: *Festa dell'Ánitra* – ›Entenfest‹, traditionelles Volksfest.

Oktober

Bardolino: *Festa dell'Uva* – Weinfest (1. Wochenende im Okt.)

November

Bardolino: *Festa del vino Bardolino Novello DOC* – Weinfest, bei dem der neue Wein vorgestellt wird.

Klima und Reisezeit

Das Klima ist im Gardaseegebiet sehr mild, da die Berge die kalten Nordwinde fernhalten. Die jahreszeitlichen Temperaturschwankungen werden außerdem durch die großen Wassermassen ausgeglichen. Die Hitze des Sommers mildern zudem kühlende Winde. Die mittlere Jahrestemperatur beträgt 12 °C.

Frühjahr und Herbst gelten als die besten Reisezeiten. Im April und Mai entfaltet sich die reiche Blütenpracht am See; das Monte-Baldo-Gebiet besticht im Frühsommer durch seine einzigartige Flora. Im Herbst ist es ruhig am See und die Silhouetten der Berge scheinen sich im hellen Dunst aufzulösen.

Klimadaten Gardasee

Monat	Luft (°C) min./max.	Wasser (°C)	Sonnen-std./Tag	Regen-tage
Januar	1/ 5	8	3	5
Februar	1/ 7	6	4	5
März	4/12	8	5	7
April	9/17	10	6	9
Mai	13/20	13	7	11
Juni	17/24	18	7	10
Juli	19/27	20	8	8
August	18/26	21	7	8
September	15/21	19	6	7
Oktober	10/16	16	5	8
November	11/ 5	12	3	8
Dezember	2/ 6	9	3	8

Kultur live

Das kulturelle Angebot ist vor allem im Sommer sehr groß, zahlreiche Festivals und historische (oder historisierende) Feste finden in den Schlössern statt. Ende September/Anfang Oktober kommt mit der Weinlese im Gebiet Trentino/Garda die Zeit der Traubenkuren, die der Entschlackung dienen. Damit einher gehen Konzerte und andere Veranstaltungen. Kultureller Höhepunkt sind jedoch zweifellos die sommerlichen Opernfestspiele in Verona.

Juli/August

Dro: *Drodesera* – Theater- und Tanzfestival, Tel. 04 64 50 47 00, www.drodesera.it (Ende Juli/Anfang August).

Gardone Riviera: *Stagione teatrale del Vittoriale* – Theateraufführungen im Amphitheater des Vittoriale, Tel. 03 65 29 65 06, Fax 0 36 52 03 85, www.vittoriale.it/teatro/home.

Riva del Garda: *Notte di Fiaba* – Musik- und Theaterfest mit Feuerwerk, Tel. 04 64 56 01 19, Fax 04 64 52 09 00, www.nottedifiaba.it

Riva del Garda: *Musica Riva* – internationales Treffen junger Musiker in Riva, Tel. 04 64 55 40 73, Fax 04 64 52 06 83, www.musicarivafestival.com (2. Julihälfte/Anfang August).

Juli–September

Verona: Opernfestspiele in der Arena, Tel. 04 58 00 51 51, Fax 04 58 06 47 90, www.arena.it.

September

Rovereto: *Oriente Occidente* – Theater und Tanz im Theater von Rovereto und in den Schlössern der Umgebung, Tel. 04 64 43 16 60 (1. Septemberhälfte).

Rovereto: *Mozart-Fest* – Konzerte mit der Musik von Wolfgang Amadeus Mozart. Das Wunderkind gab bereits als 13-Jähriger in Rovereto Konzerte. Tel. 04 64 43 99 88, Fax 04 64 43 82 82 (2. Septemberhälfte).

Trient: *Trento Musicantica* – Konzerte und Konferenzen mit alter und über alte Musik (September–Oktober).

Museen und Kirchen

Museen

Die *Öffnungszeiten* der Museen sind uneinheitlich und können sich kurzfristig ändern. In der Regel sind sie aber zumindest 9–13 Uhr geöffnet. Montag gilt als Ruhetag.

Kirchen

Die meisten Kirchen sind in den Mittagsstunden geschlossen. Kleinere Kirchen in abgelegenen Orten sind häufig verschlossen. Es findet sich jedoch oft jemand in der Nähe, der dabei behilflich sein kann, einen Schlüssel aufzutreiben.

Nachtleben

Nachtschwärmer finden am Gardasee gute Möglichkeiten, sich auszutoben. Mehrere Orte haben Diskotheken und Nachtlokale, die bis 3 oder 4 Uhr morgens geöffnet sind. Die Renner sind zur Zeit die Diskotheken **Sesto Senso** in Desenzano (Via Tommaso Dal Molin, 99, Tel. 03 09 14 26 84), die bekannteste der gesamten Region und berühmt durch den Film ›I Ragazzi della Notte‹, sowie die Disko **Genux** bei Lonato (Via Fornace dei Gorghi, 2, Tel. 03 09 91 99 48). Doch auch klassische Nachtlokale, Pubs oder Piano Bars findet man in allen größeren Ortschaften wie in Riva, Torri del Benaco, Salò, Lazise oder Malcesine.

Sport

Angeln

Im Gardasee und im Mincio mit Angelschein erlaubt. Den Antrag für den Schein erhält man bei den Fremdenverkehrsämtern oder Gemeinden.

Baden

Die schönsten Strände finden sich im Süden und an der Ostseite des Sees, im Westen sind Badestrände wegen der steil zum See abfallenden Felswände selten. Badeschuhe werden empfohlen, da die Ufer meist sehr steinig sind.

Golf

Arzaga Golfclub (27 Loch), Loc. Carzago, 25080 Calvagese della Riviera (Bs), Tel. 0 30 68 06 00, Fax 03 06 80 61 68

Ca' degli Ulivi Country Golf (27 Loch), Via Ghiandare, 2, 37010 Marciaga di Costermano (Vr), Tel. 04 56 27 90 30, Fax 04 56 27 90 39

Gardagolf Country Club (27 Loch), Via Angelo Omodeo, 2, 25080 Soiano del Lago (Bs), Tel. 03 65 67 47 07, Fax 03 65 67 47 88

Golf Bogliaco (9 Loch), Via Golf, 21, 25088 Toscolano-Maderno (Bs), Tel., Fax 03 65 64 30 06

Golf Club Verona (18 Loch), Loc. Cà del Sale, 15, 33066 Sommacampagna (Vr), Tel. 0 45 51 00 60, Fax 0 45 51 02 42

Klettern

Die besten Klettermöglichkeiten bietet Arco. Dort findet im September auch der Free-Climber-Wettbewerb ›Rock Master‹ statt (www.rockmaster.com). Ansonsten kann man in Torbole oder Nago klettern, Auskünfte erteilen die Fremdenverkehrsämter.

Motorschifffahrt

Auf dem See überall erlaubt, mit Ausnahme des zum Trentino gehörenden Teiles (vor der Küste Riva, Torbole). Auskünfte über Sicherheitsbestimmungen, Lärmschutz, Geschwindigkeitsbeschränkungen usw. erteilen die Hafeninspektoren, die Fremdenverkehrsbüros und die Polizeistationen. Ausführliche Informationen – auch für Segler – hält die **ADAC-Sportschifffahrt** bereit: Tel. 0 89/7 67 60, Fax 0 89/7 60 75 72 26 13, www.adac.de/sport schifffahrt.

Mountainbike

Biken wird in der Region immer beliebter, vor allem am Monte Baldo, dessen Seilbahn Mountainbikes mitnimmt. Schön zu befahren sind außerdem die alten Straßen nach Pregasina und zum Ledrosee sowie das Tennotal oder der Monte Tremalzo. *Auskunft:*

Allgemeiner Deutscher Fahrrad-Club (ADFC), Postfach 10 77 47, 28077 Bremen, Tel. 04 21/ 34 62 90, Fax 3 46 29 50, www.adfc.de

Segeln

Fast jeder Ort am Gardasee hat eine Segelschule. Auskünfte erteilen die Fremdenverkehrsämter. Man kann aber auch Boote chartern. ADAC-Mitglieder sollten sich vor Ort nach günstigen Konditionen erkundigen. Die schönsten Segelreviere liegen in der Mitte des Sees, wo an den Ufern die Alpen der Hügellandschaft Platz machen. Segelwettbewerbe gibt es u. a. im März in Riva, im August in Salò und im September in Gargnano.

Surfen

Surfschulen findet man in den meisten Orten am See. Am beliebtesten ist allerdings der Nordteil, vor allem Torbole mit seinen starken Winden. Dort sowie in Campione und Riva finden im August und September Windsurfmeisterschaften statt.

Wandern

Das Gebiet um den Gardasee und im Sarca- und Tennotal bietet dem Wanderer vielfältige Möglichkeiten: leichte Wege entlang der Hügel über dem Seeufer bzw. den Tälern, aber auch anspruchsvolle Bergtouren in den Höhenlagen. Besonders beliebt ist das Monte-Baldo-Gebiet zwischen Monte Altissimo und Monte Maggiore mit einer Vielzahl gut zu gehender Wege und einmaliger Flora. Am Westufer sind es die Umgebung des Ledrosees und die Hochebene von Tremosine, wo besonders reizvolle Wanderungen locken. Auskünfte erteilen auch hier die örtlichen Fremdenverkehrsämter.

Wintersport

Wintersport ist auf das Gebiet des Monte Baldo beschränkt. Nicht weit vom Gardasee entfernt liegen jedoch die Skigebiete des Trentino.

Statistik

Der Gardasee liegt 65 m über dem Meeresspiegel und ist an seiner tiefsten Stelle 346 m tief. Seine maximale Länge beträgt 51,6 km, die maximale Breite 17,5 km. Insgesamt 368 km² werden von dem See eingenommen. Die durchschnittliche Wassertemperatur beträgt an der Oberfläche 13 °, die der Luft 12 °C. Rund 130 000 Menschen leben an seinen Ufern. Das Reisegebiet dieses Führers umfasst das Land zwischen Trient und Verona, die Ufer des Gardasees, das Sarca-, Tenno- und Minciotal sowie die Stadt Brescia und berührt damit die Regionen Venetien (Veneto), Lombardei (Lombardia) sowie die Provinz Trient (Trentino).

Unterkunft

Agriturismo

Der Urlaub auf dem Land erfreut sich in Italien großer Beliebtheit, allerdings sind nicht alle Betriebe ganzjährig geöffnet. *Auskunft:*

Agrituristi, Corso Vittorio Emanuele, 101, Rom, Tel. 0 66 85 23 37, www.agriturist.it.

Terranostra, Via Tommaso Salvini, 1, Mailand, Tel. 02 76 01 51 51, Fax 02 76 01 51 23, oder Piazza San Carlo, 197, Turin, Tel. 0 11 54 37 20, Fax 0 11 53 70 17, www.terranostra.it

Camping

Das Angebot an Campingplätzen ist groß. Eine Beschreibung geprüfter Campingplätze bietet der jährlich erscheinende **ADAC Camping-Caravaning-Führer** mit CD-Rom, Band Südeuropa.

Ferienhäuser

Im ganzen Reisegebiet werden Ferienhäuser und Ferienwohnungen angeboten. Sie sind komplett eingerichtet, Bettwäsche und Handtücher müssen häufig mitgebracht werden, können aber oft auch vor Ort ausgeliehen werden.

Hotels

Hotels werden mit * (sehr bescheiden) bis ***** (Luxushotel) klassifiziert. Wer gerne unmittelbar am Seeufer wohnt, sollte sich unbedingt vorher über die genaue Lage des Hotels informieren.

In der Hochsaison, vor allem während der italienischen Schulferien (Mitte Juni bis Mitte September), sind die Hotels häufig ausgebucht.

Jugendherbergen

Über Jugendherbergen informiert die **AIG** (Associazione Italiana Alberghi per la Gioventù), Via Cavour 44, 00184 Roma, Tel. 0 64 87 11 52, Fax 0 64 88 04 92, www.ostellionline.org.

Verkehrsmittel im Land

Bahn

Die Orte am Gardasee sind nicht durch Eisenbahnlinien miteinander verbunden, lediglich Peschiera del Garda ist ans Bahnnetz angeschlossen. Von dort bestehen Zugverbindungen nach Trient, Brescia und Verona.

Bus

Das Busnetz zwischen den Küstenorten ist gut ausgebaut. Fahrkarten für die Linienbusse erhält man an Kiosken oder in Geschäften, die den Verkauf extra anzeigen. In manchen Orten gibt es auch Automaten an den Haltestellen. Beim Busfahrer kann nicht bezahlt werden.

Mietwagen

In den Städten und größeren Orten sind die internationalen Autovermieter mit Filialen vertreten. Für Mitglieder bietet die **ADAC Autovermietung GmbH** günstige Konditionen. Buchungen über die jeweiligen ADAC-Geschäftsstellen oder unter Tel. 018 05/31 81 81 (0,12 €/Min.).

Schiff

Zwischen allen wichtigen Orten am See besteht von Mitte März bis Oktober ein regelmäßiger täglicher Linienverkehr mit *Motorschiffen* oder *Tragflügelbooten*. Von Ende März bis Ende September werden außerdem in vielen Häfen rund um den See *Ausflugsfahrten*, u.a. zur Isola del Garda, angeboten. Zwischen Toscolano-Maderno und Torri del Benaco verkehren während des ganzen Jahres täglich *Autofähren*, zwischen Malcesine und Limone täglich nur im April und Mai, sonst an Wochenenden sowie Feiertagen. *Auskunft:*

Navigazione Lago di Garda, Piazza Mattetti, 25015 Desenzano, Tel. 03 09 14 95 11, Fax 03 09 14 95 20, www.navigazionelaghi.it

Sprachführer

Italienisch für die Reise

Das Wichtigste in Kürze

Ja/Nein	*Si/No*
Bitte/Danke	*Per favore/Grazie*
In Ordnung./ Einverstanden.	*Va bene./ D'accordo.*
Entschuldigung!	*Scusi!*
Wie bitte?	*Come dice?*
Ich verstehe Sie nicht.	*Non La capisco.*
Ich spreche nur wenig Italienisch.	*Parlo solo un po' d'italiano.*
Können Sie mir bitte helfen?	*Mi può aiutare, per favore?*
Das gefällt mir (nicht).	*(Non) Mi piace.*
Ich möchte …	*Vorrei …*
Haben Sie …?	*Ha …?*
Wie viel kostet …?/	*Quanto costa …?*
Kann ich mit Kreditkarte bezahlen?	*Posso pagare con la carta di credito?*
Wie viel Uhr ist es?	*Che ore sono?/ Che ora è?*
Guten Morgen!/ Guten Tag!	*Buon giorno!*
Guten Abend!	*Buona sera!*
Gute Nacht!	*Buona notte!*
Hallo!/Grüß dich!	*Ciao!*
Wie ist Ihr Name, bitte?	*Come si chiama, per favore?*
Mein Name ist …	*Mi chiamo …*
Ich bin Deutsche(r)	*Sono tedesco(-a)*
Ich komme aus Deutschland.	*Sono della Germania.*
Wie geht es Ihnen?	*Come sta?*
Auf Wiedersehen!	*Arrivederci!*
Tschüs!	*Ciao!*
Bis bald!	*A presto!*
Bis morgen!	*A domani!*
gestern/heute/ morgen	*ieri/oggi/ domani*
am Vormittag/ am Nachmittag	*la mattina/ al pomeriggio*
am Abend/in der Nacht	*la sera/la notte*
um 1 Uhr/um 2 Uhr …	*all' una/alle due…*
um Viertel vor (nach) ...	*alle... meno un quarto (e un quarto)*
um ... Uhr 30	*alle ... e trenta*
Minute(n)/Stunde(n)	*minuto(-i)/ora(-e)*
Tag(e)/Woche(n)	*giorno(-i)/settimana(-e)*
Monat(e)/Jahr(e)	*mese(-i)/anno(-i)*

Zahlen

0	*zero*	19	*diciannove*
1	*uno*	20	*venti*
2	*due*	21	*ventuno*
3	*tre*	22	*ventidue*
4	*quattro*	30	*trenta*
5	*cinque*	40	*quaranta*
6	*sei*	50	*cinquanta*
7	*sette*	60	*sessanta*
8	*otto*	70	*settanta*
9	*nove*	80	*ottanta*
10	*dieci*	90	*novanta*
11	*undici*	100	*cento*
12	*dodici*	200	*duecento*
13	*tredici*	1000	*mille*
14	*quattordici*	2000	*duemila*
15	*quindici*	10 000	*diecimila*
16	*sedici*	1 000 000	*un millione*
17	*diciassette*	1/2	*mezzo*
18	*diciotto*	1/4	*un quarto*

Wochentage

Montag	*lunedì*
Dienstag	*martedì*
Mittwoch	*mercoledì*
Donnerstag	*giovedì*
Freitag	*venerdì*
Samstag	*sabato*
Sonntag	*domenica*

Monate

Januar	*gennaio*
Februar	*febbraio*
März	*marzo*
April	*aprile*
Mai	*maggio*
Juni	*giugno*
Juli	*luglio*
August	*agosto*
September	*settembre*
Oktober	*ottobre*
November	*novembre*
Dezember	*dicembre*

Maße

Kilometer	*chilometro(-i)*
Meter	*metro(-i)*
Zentimeter	*centimetro(-i)*
Kilogramm	*chilo(-i)*
Pfund	*mezzo chilo*
100 Gramm	*etto(-i)*
Liter	*litro(-i)*

Unterwegs

Nord/Süd/West/Ost	*nord/sud/ovest/est*
oben/unten	*sopra/sotto*
geöffnet/geschlossen	*aperto/chiuso*
geradeaus/links/rechts/zurück	*diritto/sinistra/destra/indietro*
nah/weit	*vicino/lontano*
Wie weit ist ...?	*A che distanza si trova...?*
Wo sind die Toiletten?	*Dove sono le toilette?*
Wo ist die (der) nächste ...	*Dove si trova nelle vicinanze ...*
Telefonzelle/	*una cabina telefonica/*
Bank/	*una banca/*
Geldautomat/	*un bancomat/*
Post/	*la posta/*
Polizei?	*la polizia?*
Bitte, wo ist ...	*Scusi, dov'è ...*
der Hauptbahnhof/	*la stazione centrale/*
der Busbahnhof/	*la stazione autolinee/*
der Flughafen?	*l'aeroporto?*
Wo finde ich ...	*Dove si trova ...*
eine Bäckerei/	*un panificio/*
Fotoartikel/	*gli articoli fotografici*
ein Kaufhaus/	*un grande magazzino/*
ein Lebensmittelgeschäft/	*un negozio di alimentari/*
den Markt?	*il mercato?*
Ist das der Weg/die Straße nach ...?	*È questa la strada per ....?*
Ich möchte mit ...	*Vorrei andare ...*
dem Zug/	*col treno/*
dem Schiff/	*colla nave/*
der Fähre/	*col traghetto/*
dem Flugzeug	*col aereo*
nach ... fahren.	*a ...*
Gilt dieser Preis für Hin- und Rückfahrt?	*È la tariffa di andata e ritorno?*
Wie lange gilt das Ticket?	*Fino a quando è valido il biglietto?*
Wo ist das Fremdenverkehrsamt/	*Dov'è l'Ufficio per il turismo/*
ein Reisebüro?	*un'agenzia viaggi?*
Ich suche eine Hotelunterkunft.	*Cerco un albergo.*
Wo kann ich mein Gepäck lassen?	*Dove posso depositare i miei bagagli?*
Ich habe meinen Koffer verloren.	*Ho perso la mia valigia.*
Ich möchte eine Anzeige erstatten.	*Vorrei fare una denuncia.*
Man hat mir ...	*Mi hanno rubato ...*
Geld/die Tasche/	*i soldi/la borsa/*
die Papiere/	*i documenti/*
die Schlüssel/	*le chiavi/*
den Fotoapparat/	*la macchina fotografica/la valigia/*
den Koffer/	
das Fahrrad gestohlen.	*la bicicletta.*

Freizeit

Ich möchte ein ...	*Vorrei noleggiare ...*
Fahrrad/	*una bicicletta/*
Motorrad/	*un moto/*
Surfbrett/	*una tavola da surf/*
Mountainbike/	*un mountain bike/*
Boot/	*una barca/*
Pferd mieten.	*un cavallo.*
Gibt es in der Nähe ein(en) ...	*Dove si trova nelle vicinanze ...*
Freizeitpark/	*un parco di divertimento/*
Freibad/	*una piscina pubblica/*
Golfplatz/	*un campo di golf/*
Strand?	*una spiaggia?*
Wann hat ... geöffnet?	*Quando è aperto (aperta) ...?*

Bank, Post, Telefon

Brauchen Sie meinen Ausweis?	*Vuole vedere i miei documenti?*
Wo soll ich unterschreiben?	*Dove debbo firmare?*
Ich möchte eine Telefonverbindung nach ...	*Vorrei un collegamento telefonico con ...*
Wie lautet die Vorwahl für ...?	*Qual è il prefisso per ...?*
Wo gibt es ...	*Dove trovo ...*
Telefonkarten/	*le schede telefoniche/*
Briefmarken?	*i francobolli?*

Tankstelle

Wo ist die nächste Tankstelle?	*Dov'è la stazione di servizio più vicina?*

Hinweise zur Aussprache

c, cc	vor ›e‹ und ›i‹ wie ›tsch‹, Bsp.: **ci**ao; sonst wie ›k‹, Bsp.: **co**me
ch, cch	wie ›k‹, Bsp.: **che**, **chi**lo
g, gg	vor ›e‹ und ›i‹ wie ›dsch‹, Bsp.: **ge**nte; sonst wie ›g‹, Bsp.: **go**la
gli	wie ›Li**li**e‹, Bsp.: fi**gli**o
gn	wie ›Co**gn**ac‹, Bsp.: ba**gn**o
sc	vor ›e‹ und ›i‹ wie ›sch‹, Bsp.: **sci**opero; sonst wie ›sk‹, Bsp.: **sc**ala
sch	wie ›sk‹, Bsp.: I**sch**ia
sci	vor ›a,o,u‹ wie ›sch‹, Bsp.: la**scia**re
z	wie ›ds‹, Bsp.: **zu**ppa

Ich möchte … Liter … Benzin/Super/ Diesel.	*Vorrei … litri … di benzina/super/ diesel.*
Volltanken, bitte.	*Faccia il pieno, per favore.*
Bitte prüfen Sie …	*Verifichi per favore …*
den Reifendruck/	*la pressione delle ruote/*
den Ölstand/	*il livello dell'olio/*
den Wasserstand/	*il livello dell'acqua/*
das Wasser für die Scheibenwischanlage/	*l'acqua per il tergicristallo/*
die Batterie.	*la batteria.*
Würden Sie bitte …	*Per favore, mi può …*
den Ölwechsel vornehmen/	*cambiare l'olio/*
den Radwechsel vornehmen/	*cambiare la ruota/*
die Sicherung austauschen/	*sostituire il fusibile/*
die Zündkerzen erneuern/	*sostituire le candele/*
die Zündung nachstellen.	*regolare l'accensione.*

Panne

Ich habe eine Panne.	*Ho un guasto.*
Der Motor startet nicht.	*La macchina non parte.*
Ich habe die Schlüssel im Wagen gelassen.	*Ho le chiavi in macchina.*
Ich habe kein Benzin/ Diesel.	*Non ho più benzina/ diesel.*
Gibt es hier in der Nähe eine Werkstatt?	*C'è un'officina qui vicino?*
Können Sie mein Auto abschleppen?	*Può effettuare il traino?*
Können Sie mir einen Abschleppwagen schicken?	*Mi potrebbe mandare un carro attrezzi?*
Können Sie den Wagen reparieren?	*Può riparare la mia macchina?*
Bis wann?	*Quando sarà pronta?*

Mietwagen

Ich möchte ein Auto mieten.	*Vorrei noleggiare una macchina.*
Was kostet die Miete …	*Quanto costa il noleggio …*
pro Tag/	*al giorno/*
pro Woche/	*alla settimana/*
mit unbegrenzter km-Zahl/	*senza limite chilometraggio/*
mit Kasko-versicherung/	*con assicurazione ›kasko‹/*
mit Kaution?	*con cauzione?*
Wo kann ich den Wagen zurückgeben?	*Dove posso restituire la macchina?*

Unfall

Hilfe!	*Aiuto!*
Achtung!/Vorsicht!	*Attenzione!*
Rufen Sie bitte schnell …	*Per favore, chiami subito …*
einen Krankenwagen/	*un'ambulanza/*
die Polizei/	*la polizia/*
die Feuerwehr.	*i vigili del fuoco.*
Es war (nicht) meine Schuld.	*(Non) È stata colpa mia.*
Geben Sie mir bitte Ihren Namen und Ihre Adresse.	*Mi dia il suo nome ed indirizzo, per favore.*
Ich brauche die Angaben zu Ihrer Autoversicherung.	*Mi dia i particolari della sua assicurazione auto.*

Krankheit

Können Sie mir einen guten Deutsch sprechenden Arzt/ Zahnarzt empfehlen?	*Mi può consigliare un bravo medico/ dentista che parla il tedesco?*
Wann hat er Sprechstunde?	*Qual è l'orario delle visite?*
Wo ist die nächste Apotheke?	*Dove si trova la farmacia più vicina?*
Ich brauche ein Mittel gegen …	*Vorrei qualcosa contro ...*
Durchfall/	*la diarrea/*
Halsschmerzen/	*mal di gola/*
Fieber/	*la febbre/*
Insektenstiche/	*le punture d'insetti/*
Kopfschmerzen	*mal di testa*
Verstopfung/	*la costipazione/*
Zahnschmerzen	*mal di denti.*

Hotel

Können Sie mir bitte ein Hotel/eine Pension empfehlen?	*Potrebbe consigliarmi un albergo/ una pensione, per favore?*
Ich habe bei Ihnen ein Zimmer reserviert.	*Ho prenotato una camera.*
Haben Sie	*Ha una camera*
ein Einzel-/	*singola/*
Doppelzimmer …	*doppia …*
mit Dusche/	*con doccia/*
mit Bad/WC/	*con bagno/toilette/*
für eine Nacht/	*per una notte/*
für eine Woche/	*per una settimana/*
mit Blick aufs Meer?	*con vista sul mare?*
Was kostet das Zimmer …	*Quanto costa una camera …*
mit Frühstück/	*con prima colazione/*

mit Halbpension/ mit Vollpension?	*con mezza pensione/ con pensione completa?*
Wie lange gibt es Frühstück?	*Fino a che ora viene servita la colazione?*
Ich möchte um … Uhr geweckt werden.	*Vorrei essere svegliato alle ore …*
Ich reise heute Abend/ morgen früh ab.	*Vorrei partire questa sera/ domani mattina.*
Haben Sie ein Fax/ einen Hotelsafe?	*Ha un fax/una cassetta di sicurezza?*
Kann ich mit Kreditkarte zahlen?	*Posso pagare con la carta di credito?*

Restaurant

Ich suche ein gutes/günstiges Restaurant.	*Cerco un buon ristorante/ un ristorante non troppo caro.*
Die Speisekarte/ Getränkekarte, bitte.	*Vorrei la carta/ la lista delle bevande, per favore.*
Welches Gericht können Sie besonders empfehlen?	*Quale piatto mi può consigliare?*
Ich möchte das Tagesgericht/ das Menü (zu …).	*Vorrei il piatto del giorno/ il menù (da …).*
Ich möchte nur eine Kleinigkeit essen.	*Vorrei uno spuntino.*
Haben Sie … vegetarische Gerichte/ offenen Wein/ alkoholfreie Getränke?	*Ha dei … piatti vegetariani/ vini della casa/ analcolici?*
Kann ich bitte … ein Messer/ eine Gabel/ einen Löffel haben?	*Vorrei avere … un coltello/ una forchetta/ un cucchiaio.*
Darf man rauchen?	*Si può fumare?*
Die Rechnung/ Bezahlen bitte!	*Vorrei il conto, per favore!*

Essen und Trinken

Abendessen	*cena*
Apfel	*mela*
Artischoken	*carciofi*
Auberginen	*melanzane*
Bier	*birra*
Brot/Brötchen	*pane/panino*
Butter	*burro*
Ei (Eier)	*uovo (uova)*
Ente	*anitra*
Erdbeeren	*fragole*
Espresso (mit Milch)	*caffè (macchiato)*
Essig	*aceto*
Feigen	*fichi*
Fisch	*pesce*
Flasche	*bottiglia*
Fleisch	*carne*
Fruchtsaft	*succo di frutta*
Frühstück	*prima colazione*
gegrillt	*ai ferri/alla griglia*
Gemüse	*verdura*
Glas	*bicchiere*
Huhn	*pollo*
Kalbfleisch	*vitello*
Kalbshaxenscheibe	*ossobuco*
Kaninchen	*coniglio*
Kartoffeln	*patate*
Käse	*formaggio*
Knoblauch	*aglio*
Kotlett	*costoletta*
Krabben	*gamberetti*
Lamm	*agnello*
Languste	*aragosta*
Maisgericht	*polenta*
Meeresfrüchte	*frutti di mare*
Miesmuscheln	*cozze*
Milch mit einem Schuss Espresso	*latte macchiato*
Milchkaffee	*caffellatte*
Mineralwasser (mit/ ohne Kohlensäure)	*acqua minerale (con/senza gas)*
Mittagessen	*pranzo*
Nachspeise	*dolce*
Obst	*frutta*
Öl	*olio*
Orange	*arancia*
Parmesankäse	*parmigiano*
Pfeffer	*pepe*
Pfirsich	*pesca*
Pilze	*funghi*
Reisbällchen, gefüllt	*arancine*
Rindfleisch	*carne di manzo*
Salat	*insalata*
Salz	*sale*
Schafskäse	*ricotta*
Schinken	*prosciutto*
Schweinefleisch	*maiale*
Spinat	*spinaci*
Steak	*bistecca*
Suppe	*minestra/zuppa*
Tee	*té*
Thunfisch	*tonno*
Tintenfische	*polpetti*
Tomaten	*pomodori*
Venusmuscheln	*vongole*
Vorspeisen	*antipasti*
Wein, Weiß-/ Rot-/ Rosé-Wein	*vino bianco/ rosso/ rosato*
Weintrauben	*uva*
Zucker	*zucchero*
Zwiebeln	*cipolle*

Register

Bildnachweis

Umschlag-Vorderseite: Blick über den Hafen auf die Scaligerburg von Sirmione. *Foto: Udo Bernhart, Langen*

Titelseite
Oben: An der Punta San Vigilio (Wh. von S. 16/17)
Mitte: Palazzo Geremia in Trient (Wh. von S. 88)
Unten: Seepromenade von Riva del Garda (Wh. von S. 44/45)

Klaus Back, Pullach 24, 39,46,47 oben, 55 unten, 58, 64, 78, 82, 85, 98, 100, 103, 105, 111, 117, 127 – *Joachim Hellmuth, München* 16/17 – *Gerold Jung, Ottobrunn* 20 oben, 42, 59, 65, 76, 80 – *laif, Köln* 40 (Arnold & Specht), 60 (H. Specht), 108 (B. Arnold) – *Peter Mertz, Innsbruck* 6/7, 7 oben, 8 (2), 8 / 9, 9 oben, 10/11, 11 oben, 12 oben, 18/19, 20 unten, 22, 23, 26, 28, 29, 30/31, 32 (2), 33, 34, 37, 43, 44/45, 47, 48 unten, 49, 51, 52, 53, 55, 62, 63, 66, 69, 70, 72, 88, 89, 93, 94, 96, 97, 102, 105, 106, 107, 109, 112, 114, 115, 119, 120, 122, 123 – *Martin Thomas, Aachen* 14, 68, 86, 87, 110, 125 – *Hermann-Josef Wöstmann, Kerpen-Buir* 10 oben, 57. Alle anderen Abbildungen stammen aus dem Archiv des Verlages.

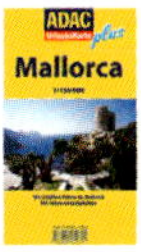

Ägypten
Algarve
Allgäu
Amsterdam
Andalusien
Australien
Bali und Lombok
Barcelona*
Berlin*
Bodensee
Brandenburg
Brasilien
Bretagne
Budapest
Bulgarische Schwarzmeerküste
Burgund
Costa Brava und Costa Daurada
Côte d'Azur
Dalmatien
Dänemark
Deutschland, City Guide
Dominikanische Republik
Dresden*
Dubai, Vereinigte Arabische Emirate, Oman
Elsass
Emilia Romagna
Florenz
Florida
Französische Atlantikküste
Fuerteventura
Gardasee
Germany, City Guide
Golf von Neapel
Gran Canaria
Hamburg*
Hongkong und Macau
Ibiza und Formentera
Irland
Israel
Istrien und Kvarner Golf
Italienische Adria
Italienische Riviera
Jamaika
Kalifornien
Kanada – Der Osten
Kanada – Der Westen
Karibik
Kenia
Kreta
Kuba
Kykladen
Lanzarote
London*
Madeira
Mallorca*
Malta
Marokko
Mauritius und Rodrigues
Mecklenburg-Vorpommern
Mexiko
München*
Neuengland
Neuseeland
New York*
Niederlande
Norwegen
Oberbayern
Österreich
Paris*
Peloponnes
Piemont, Lombardei, Valle d'Aosta
Polen
Portugal
Prag*
Provence
Rhodos
Rom*
Rügen, Hiddensee, Stralsund
Salzburg
Sardinien
Schleswig-Holstein
Schottland
Schwarzwald
Schweden
Schweiz
Sizilien
Spanien
St. Petersburg
Südafrika
Südengland
Südtirol*
Sylt
Teneriffa*
Tessin
Thailand
Toskana
Tunesien
Türkei-Südküste
Türkei-Westküste
Umbrien
Ungarn
USA-Südstaaten
USA-Südwest
Usedom
Venedig*
Venetien und Friaul
Wien*
Zypern

* auch als ADAC Reiseführer Plus mit CityPlan bzw. UrlaubsKarte

Leserforum

Die Meinung unserer Leserinnen und Leser ist wichtig, daher freuen wir uns von Ihnen zu hören. Wenn Ihnen dieser Reiseführer gefallen hat, wenn Sie wichtige Hinweise zu den Inhalten haben – Ergänzungs- und Verbesserungsvorschläge, Tipps und Korrekturen – dann schreiben Sie uns:

Redaktion ADAC Reiseführer
ADAC Verlag GmbH
81365 München
verlag@adac.de

Impressum

Lektorat und Bildredaktion: Juliane Giesecke, München
Aktualisierung: Renate Nöldeke, München
Karten: Mohrbach Kreative Kartographie, München
Herstellung: Martina Baur
Druck, Bindung: Passavia Druckservice, Passau
Printed in Germany

Ansprechpartner für den Anzeigenverkauf:
Kommunalverlag GmbH & Co KG,
MediaCenterMünchen, Tel. 089/92 80 96-44

ISBN 3-87003-612-5
ISBN 3-89905-289-7

Gedruckt auf chlorfrei gebleichtem Papier

Neu bearbeitete Auflage 2006